U0133531

墨人著

本全集保留作者手批手稿

墨人博士作品全集【全60冊】

第二十五冊　紫燕

文史哲出版社印行

國家圖書館出版品預行編目資料

墨人博士作品全集 / 墨人著 -- 初版 -- 臺北
市:文史哲, 民 100.12
頁 : 公分
ISBN 978-957-549-987-7 (全套 60 冊:平裝)

1.現代文學 2. 中國文學 3.別集

848.6　　100022602

墨人博士作品全集【全60冊】

第二十五冊　紫　燕

著　者:墨　人
出版者:文史哲出版社
http://www.lapen.com.tw
登記證字號:行政院新聞局版臺業字五三三七號
發行人:彭　正　雄
發行所:文史哲出版社
印刷者:文史哲出版社
臺北市羅斯福路一段七十二巷四號
郵政劃撥帳號:一六一八〇一七五
電話886-2-23511028 · 傳真886-2-23965656

【全60冊】定價新臺幣 36,800 元

中華民國一百年(2011)十二月初版

著財權所有 · 侵權者必究
ISBN 978-957-549-987-7　　08992

墨人博士著作品全集　總目

一、散文類

二、長篇小說

三、中短篇小說散文合集

四、詩詞及論評

附：外篇

墨人的一部文學千秋史

張萬熙先生，筆名墨人，江西九江人，民國九年生。為一位享譽國內外名小說家、詩人、學者。歷任軍、公、教職。六十五歲始自從國民大會簡任一級加年功俸的資料組長兼圖書館長公職崗位退休，但已是中國文壇上一位閃亮的巨星。出版有：《全唐詩尋幽探微》、《紅樓夢的寫作技巧》、一百九十多萬字的大長篇小說《紅塵》、《白雪青山》、《春梅小史》；詩集：《哀祖國》；散文集：《小園昨夜又東風》……。民國五十年、五十一年連續以短篇小說，兩次入選維也納納富出版公司出版的《世界最佳小說選集》。七十歲時自東吳大學中文系教席二度退休，仍著述不輟，為國寶級文學家。墨人博士在臺勤於創作六十多年（在大陸時期已創作十年），並以其精通儒、釋、道之學養，綜理戎機、參贊政務、作育英才，更以其對傳統文學的精湛造詣，與對新文藝的創作，在國際上贏得無數榮譽，如：美國世界大學榮譽文學博士、美國馬奎士國際大學榮譽文學博士、美國艾因斯坦國際學院榮譽人文學博士（包括哲學、文學、藝術、語言四類）、英國劍橋國際傳記中心副總裁（代表亞洲）、英國莎士比亞詩、小說與人文學獎得主，現在出版《全集》中。

壹、家世・堂號

張萬熙先生，江西省德化人（今九江），先祖玉公，明末時以提督將軍身份鎮守雁門關，蒙古騎兵入侵，戰死於東昌，後封為「河間王」。其子輔公，進士出身，歷任文官。後亦奉召領兵「三定交趾」，因戰功而封為「定興王」。其子貞公亦有兵權，因受奸人陷害，自蘇州嘉定（即今上海市一區），謫居潯陽（今江西九江）。祖宗牌位對聯為：嘉定源流遠，潯陽歲月長；右書「清河郡」、左寫「百忍堂」。

貳、來臺灣的過程

民國三十八年，時局甚亂，張萬熙先生攜家帶眷，在兵荒馬亂人心惶惶時，張先生從湖南長沙火車站，先將一千多度的近視眼弱妻，與四個七歲以下子女，從車窗口塞進車廂，自己則擠在廁所內動彈不得，千辛萬苦的從湖南長沙搭火車南下廣州，從廣州登商輪來臺。七月三日抵基隆，由同學顧天一先生，接到臺北縣永和鎮鄉下暫住。

參、在臺灣一甲子奮鬥的過程

一、初到臺灣的生活

家小安頓妥後，張萬熙先生先到臺北萬華，一家新創刊的《經濟快報》擔任主編，但因財務不濟，四個月不到便草草結束。幸而另謀新職，舉家遷往左營擔任海軍總司令辦公室秘書，負責紀錄整理所有軍務會報紀錄。

民國四十六年，張先生自左營來臺北任職國防部史政局編纂《北伐戰史》（歷時五年多浩大工程，編成綠布面精裝本、封面燙金字《北伐戰史》叢書），完成後在「八二三」炮戰前夕又調任國防部總政治部，主管陸、海、空、聯勤文宣業務，四十七歲自軍中正式退役後轉任文官，在臺北市中山堂的國民大會主編研究世界各國憲法政治的十六開大本的《憲政思潮》，作者、譯者都是台灣大學、政治大學的教授、系主任，首開政治學術化先例。

張先生從左營遷到臺北大直海軍眷舍，只是由克難的甘蔗板隔間眷舍改爲磚牆眷舍，大小一般，但邊間有一片不小的空地，子女也大了，不能再擠在一間房屋內，因此，張先生加蓋了三間竹屋安頓他們。但眷舍右上方山上是一大片白色天主教公墓，在心理上有一種「與鬼爲鄰」的感覺。張夫人有一千多度的近視眼，她看不清楚，子女看見嘴裡不講，心裡都不舒服。張先生自軍中假退役後，只拿八成俸。

張先生因爲有稿費、版稅，還有些積蓄，除在左營被姓譚的同學騙走二百銀元外，剩下的積蓄還可以做點別的事。因爲住左營時在銀行裡存了不少舊臺幣，那時左營中學附近的土地只要三塊多錢一坪，張先生可以買一萬多坪。但那時政府的口號是「一年準備，兩年反攻，三年掃蕩，五年成功。」張先生信以爲真，三十歲左右的人還是「少不更事」，平時又忙著上班、寫作，實在不懂政治、經濟大事，以爲政府和「最高領袖」不會騙人，五年以內真的可以回大陸，張先生又有「戰士授田證」。沒想到一改用新臺幣，張先生就損失一半存款，呼天不應。但天理不容，姓譚的同學不但無后，也死了三十多年，更沒沒無聞。張先生作人、看人的準則是：無論幹什麼都是「誠信」第一，因果比法律更公平、更準。欺人不可欺心，否則自食其果。

二、退休後的寫作生活

張先生四十七歲自軍職退休後，轉任台北市中山堂國大會主編十六開大本研究各國憲法政治的《憲政思潮》十八年，時任簡任一級資料組長兼圖書館長。並在東吳大學兼任副教授二十年、香港廣大學院指導教授、講座教授、指導論文寫作、不必上課。六十四歲時即請求自公職提前退休，以業務重要不准，但取得國民大會秘書長（北京朝陽大學法律系畢業）何宜武先生的首肯，六十五歲依法退休。當時國民大會、立法院、監察院簡任一級主管多延至七十歲退休，因所主管業務富有政治性，與單純的行政工作不同，六十五歲時張先生雖達法定退休年齡，還是延長了四個月才正式退休，何秘書長宜武大惑不解地問張先生：「別人請求延長退休而不可得，你爲什麼反而要求退休？」張先生答以「專心寫作」，何秘書長才坦然不疑。退休後日夜寫作，因胸有成竹，很快完成了一百九十多萬字的大長篇小說《紅塵》，在鼎盛時期的《臺灣新生報》連載四年多，開中國新聞史中報紙連載最大長篇小說先河。但報社還不敢出版，經讀者熱烈反映，才出版前三大冊。當年十二月即獲行政院新聞局「著作金鼎獎」與嘉新文化基金會「優良著作獎」，亦無前例。《台灣新生報》又出九十三章至一百二十二章，只好名爲《續集》。墨人在書前題五言律詩一首：

浩劫未埋身，揮淚寫紅塵，非名非利客，孰晉孰秦人？
毀譽何清問？吉凶自有因。天心應可測，憂道不憂貧。

二〇〇四年初，巴黎 youfeng 書局出版豪華典雅的法文本《紅塵》，亦開「五四」以來中文作家大長篇小說進入西方文學世界重鎮先河。時爲巴黎舉辦「中國文化年」期間，兩岸作家多由政府資助出席，張先生未獲任何資助，亦未出席，但法文本《紅塵》卻在會場展出，實爲一大諷刺。張先生一生「只問耕耘，不問收穫」的寫作態度，七十多年來始終如一，不受任何外在因素影響。

肆、特殊事蹟與貢獻

一、《紅塵》出版與中法文學交流

《紅塵》寫作時間跨度長達一世紀，由清朝末年的北京龍氏家族的翰林第開始，寫到八國聯軍、滿清覆亡、民國初建、八年抗日、國共分治下的大陸與臺灣，續談臺灣的建設發展、開放大陸探親等政策。空間廣度更遍及大陸、臺灣、日本、緬甸、印度，是一部中外罕見的當代文學鉅著。墨人五十七歲時應邀出席在西方文藝復興聖地佛羅倫斯所舉辦的首屆國際文藝交流大會，會後環遊地球一周。七十歲時應邀訪問中國大陸四十天，次年即出版《大陸文學之旅》。《紅塵》一書最早於臺灣新生報連載四年多，並由該報連出三版，臺灣新生報易主後，將版權交由昭明出版社出版定本六卷。由於本書以百年來外患內亂的血淚史爲背景，寫出中國人在歷史劇變下所顯露的生命態度、文化認知、人性的進取與沉淪，引起中外許多讀者極大共鳴與回響。

旅法學者王家煜博士是法國研究中國思想的權威，曾參與中國古典文學的法文百科全書翻譯工作，他認爲深入的文化交流仍必須透過文學，而其關鍵就在於翻譯工作。從五四運動以來，中西文化交流一直是西書中譯的單向發展。直到九十年代文建會提出「中書外譯」計畫，臺灣作家才逐漸被介紹到西方，如此文學鉅著的翻譯，算是一個開始。

王家煜在巴黎大學任教中國上古思想史，他指出《紅塵》一書中所引用的詩詞以及蘊含中國思想的博大精深，是翻譯過程中最費工夫的部分。爲此，他遍尋參考資料，並與學者、詩人討論，歷時十年終於完成《紅塵》的翻譯工作，本書得以出版，感到無比的欣慰。他笑著說，這可說是「十年寒窗」。

《紅塵》法文譯本分上下兩大冊，已由法國最重要的中法文書局「友豐書店」出版。友豐負責人潘立輝謙沖寡言，三十年多來，因對中法文化交流有重大貢獻而獲得法國授予文化「騎士勳章」的榮譽。他於五年前開始成立出版部，成爲歐洲一家以出版中國圖書法文譯著爲主業的華人出版社。

潘立輝表示，王家煜先生的法文譯筆典雅、優美而流暢，使他收到「紅塵」譯稿時，愛得不忍釋手，他以一星期的時間一口氣看完，經常讀到凌晨四點。他表示出版此書不惜成本，不太可能賺錢，卻感到十分驕傲，因爲本書能讓不懂中文的旅法華人子弟，更瞭解自己文化根源的可貴之處，同時，本書的寫作技巧必對法國文壇有極大影響。

二、不擅作生意

張先生在六十五歲退休之前，完全是公餘寫作，在軍人、公務員生活中，張先生遭遇的挫折不少。軍職方面，張先生只升到中校就不做了，因爲過去稱張先生爲前輩、老長官的人都成爲張先生的上司，張先生怎麼能做？因爲張先生的現職是軍聞社資料室主任（他在南京時即任國防部新創立的「軍事新聞總社」實際編輯主任，因言守元先生是軍校六期老大哥，未學新聞，不在編輯之列）。但張先生以不求官，只求假退役，不擋人官路，這才退了下來。那時養來亨雞風氣盛行，在南京軍聞總社任外勤記者的姚秉凡先生頭腦靈活，他即時養來亨雞，張先生也「東施效顰」，結果將過去稿費積蓄全都賠光。

三、家庭生活與運動養生

張先生大兒子考取中國廣播公司編譯，結婚生子，廿七年後才退休，長孫修明取得美國南加州大學電機碩士學位，之後即在美國任電機工程師。五個子女均各婚嫁，小兒子選良以獎學金取得美國華盛頓大學化學工程博士，媳蔡傳惠為伊利諾理工學院材料科學碩士，兩孫亦已大學畢業就業，落地生根。

張先生兩老活到九十一、九十二歲還能照顧自己。（近年以一印尼女「外勞」代做家事）張先生一伏案寫作四、五小時都不休息，與臺大外文系畢業的長子選翰兩人都信佛，六十五歲退休後即吃全素。低血壓十多年來都在五十五至五十九之間，高血壓則在一百一十左右，走路「行如風」，年輕人很多都跟不上張先生，比起初來臺灣時毫不遜色，這和張先生運動有關。因為張先生住大直後山海軍眷舍八年，眷舍右上方有一大片白色天主教公墓，諸事不順，公家宿舍小，又當西曬，張先生靠稿費維持七口之家和五個子女的教育費。三伏天右手墊塡著毛巾，背後電扇長吹，三年下來，得了風濕病，手都舉不起來，花了不少錢都未治好。後來章斗航教授告訴張先生，圓山飯店前五百完人塚廣場上，有一位山西省主席閻錫山的保鑣王延年先生在教太極拳，勸張先生天一亮就趕到那裡學拳，一定可以治好。張先生一向從善如流，第二天清早就向王延年先生報名請教，王先生有教無類，收張先生這個年已四十的學生，王先生先不教拳，只教基本軟身功攀腿，卻受益非淺。

四、耿直的公務員性格

張先生任職時向來是「不在其位，不謀其政」。後來升簡任一級組長，有一位「地下律師」的專員，平時鑽研六法全書，混吃混喝，與西門町混混都有來往，他的前任爲大畫家齊白石女婿，平日公私不分，是非不明，借錢不還，沒有口德，人緣太差，又常約那位「地下律師」專員到家中打牌。那專員平日不簽到，甚至將簽到簿撕毀他都不哼一聲，因爲爲他多報年齡，屆齡退休時想更改年齡，但是得罪人太多，金錢方面更不清楚，所以不准再改年齡，組長由張先生繼任。

張先生第一次主持組務會報時，那位地下律師就在會報中攻擊圖書科長，張先生立即申斥，並宣佈記過。簽報上去處長都不敢得罪那地下律師，又說這是小事，想馬虎過去，張先生以秘書處名譽紀律爲重，非記過不可，讓他去法院告張先生好了。何宜武祕書長是學法的，他看了張先生簽呈同意記過，那位地下律師「專員」不但不敢告，只暗中找一位不明事理的國大「代表」來找張先生的麻煩。因事先有人告訴他，張先生完全不理那位代表，他站在張先生辦公室門口不敢進來，幾分鐘後悄然而退。人不怕鬼，鬼就怕人。諺云：「一正壓三邪」，這是經驗之談。直到張先生退休，那位專員都不敢惹事生非，西門町流氓也沒有找張先生的麻煩，當年的代表十之八九已上「西天」，張先生活到九十二歲還走路「行如風」，一坐到書桌，能連續寫作四、五小時而不倦，不然張先生怎麼能在兩岸出版約三千萬字的作品？

原載新文豐《紮根台灣六十年》，墨人民國一百年十一月十三日校正）

墨人博士作品全集

文學是千秋藝業
秦皇漢武今何在
李白杜甫仍風流

全集共分四大類
一、散文類　二、小說類
三、文學理論類
四、新舊古典詩詞類

我出生於一個「萬般皆下品，惟有讀書高」的傳統文化家庭，且深受佛家思想影響，因祖母信佛，兩個姑母先後出家，大姑母是帶著賠嫁的錢購買依山傍水風景很好，上名山廬山的必經之地的「天后宮」出家的，小姑母的廟則在鬧中取靜的市區。我是父母求神拜佛後出生的男子，並寄名佛下，乳名聖保，上有二姊下有一妹都夭折了，在那個重男輕女的時代！我自然水漲船高了。我記得四、五歲時一位面目清秀，三十來歲文質彬彬的李瞎子替我算命，母親問李瞎子，我的命根穩不穩？能不能養大成人？李瞎子說我十歲行運，幼年難免多病，可以養大成人，但是會遠走高飛。母親聽了憂喜交集，在那個時代不但妻以夫貴。也以子貴，有兒子在身邊就多了一層保障。母親的心理壓力很大，李瞎子的「遠走高飛」那句話可不是一句好話。

到現在八十多年了，我還記得十分清楚。母親暗自憂心。何況科舉已經廢了，不必「進京趕考」，更不會「當兵吃糧」，安安穩穩作個太平紳士或是教書先生不是很好嗎？我們張家又是大族，人多勢眾，不會受人欺侮，何況二伯父的話比法律更有權威，人人敬仰，去外地「打流」又有什麼好處？因此我剛滿六歲就正式拜孔夫子入學啓蒙，從《三字經》、《百家姓》、《千字文》、《千家詩》、《論語》、《大學》、《中庸》……《孟子》、《詩經》、《左傳》讀完了都要整本背，在十幾位學生中，也只有我一人能背，我背書如唱歌，窗外還有人偷聽，他們實在缺少娛樂。除了我父親下雨天會吹吹笛子、簫，消遣之外，沒有別的娛樂，我自幼歡喜絲竹之音，但是很少聽到。讀書的人也只有我們三房、二房兩兄弟，二伯父在城裡當紳士，偶爾下鄉排難解紛，他是一族之長，更受人尊敬，因爲他大公無私，又有一百八十公分左右的身高，眉眼自有威嚴，能言善道，他的話比法律更有效力，加之民性純樸，真是「夜不閉戶，道不失遺」。只有「夏都」廬山才有這麼好的治安。我十二歲前就讀完了四書、詩經、左傳、千家詩。我最喜歡的是《千家詩》和《詩經》。

關關雎鳩，在河之洲，

窈窕淑女，君子好逑。

我覺得這種詩和講話差不多，可是更有韻味。我就喜歡這個調調。《千家詩》我也喜歡，我背得更熟。開頭那首七言絕句詩就很好懂：

雲淡風清近午天，傍花隨柳過前川。

時人不識余心樂，將謂偷閒學少年。

老師不會作詩，也不講解，只教學生背，我覺得這種詩和講話差不多，但是更有韻味。我也了解大意，我以讀書爲樂，不以爲苦。這時老師方教我四聲平仄，他所知也止於此。

我也喜歡《詩經》，這是中國最古老的詩歌文學，是集中國北方詩歌的大成。可惜三千多首被孔子刪得只剩三百首。孔子的目的是：「詩三百，一言以蔽之，曰思無邪。」孔老夫子將《詩經》當作教條。詩是人的思想情感的自然流露，是最可以表現人性的。先民質樸，孔子既然知道「食色性也」，對先民的集體創作的詩歌就不必要求太嚴，以免喪失許多文學遺產和地域特性。楚辭和詩經不同，就是地域特性和風俗民情的不同。文學藝術不是求其同，而是求其異。這樣才會多彩多姿。文學不應成爲政治工具，但可以移風易俗，亦可淨化人心。我十二歲以前所受的基礎教育，獲益良多，但也出現了一大危機，沒有老師能再教下玄。幸而有一位年近二十歲的姓王的學生在廬山一未立案的國學院求學，他問我想不想去？我自然想去，但廬山夏涼，冬天太冷，父親知道我的心意，並不反對，他對新式的人手是刀尺的教育沒有興趣，我便在飄雪的寒冬同姓王的爬上廬山，我生在平原，這是第一次爬上高山。

在廬山我有幸遇到一位湖南岳陽籍的閻毅字任之的好老師，他只有三十二歲，飽讀詩書，與民國初期的江西大詩人散原老人唱和，他的王字也寫的好。有一天他要六七十位年齡大小不一的學生各寫一首絕句給他看，我寫了一首五絕交上去，廬山松樹不少，我生在平原是看不到松樹的，我是即景生情，信手寫來，想不到閻老師特別將我從大教室調到他的書房去，在他右邊靠牆壁另加一桌一椅，教我讀書寫字，並且將我的名字「熹」改為「熙」，視我如子。原來是他很欣賞我那首五絕中的「疏松月影亂」這一句。我只有十二歲，不懂人情世故，也不了解他的深意。時任漢口市長張群的侄子張繼文還小我一歲，卻是個天不怕、地不怕的小太保，江西省主席熊式輝的兩個小舅子大我幾歲，閻老師的侄子卻高齡二十八歲。學歷也很懸殊，有上過大學的、高中的，多是對國學有興趣，支持學校的袞袞諸公也都是有心人士，新式學校教育日漸西化，國粹將難傳承，所以創辦了這樣一個尚未立案的國學院，也未大張旗鼓正式掛牌招生，但聞風而至的要人子弟不少，校方也本著「有教無類」的原則施教，閻老師也是義務施教，他與隱居廬山的要人嚴立三先生也有交往。（抗日戰爭一開始嚴立三即出山任湖北省主席，諸閻老師任省政府秘書，此是後話。）同學中權貴子弟亦多，我雖不是當代權貴子弟，但九江先組玉公以提督將軍身分抵抗蒙古騎兵入侵雁門關戰死東昌（雁門關內北京以西縣名，一九九〇年我應邀訪問大陸四十天時去過。）而封河間王；其子輔公。

以進士身分出仕，後亦應昭領兵三定交趾而封定興王；其子貞公亦有兵權，因受政客讒害而自嘉定謫居潯陽。大詩人白居易亦曾謫爲江州司馬，我另一筆名即用江州司馬。我是黃帝第五子揮的後裔，他因善造弓箭而賜姓張。遠祖張良是推薦韓信爲劉邦擊敗楚霸王項羽的漢初三傑之首。他有知人之明，深知劉邦可以共患難，不能共安樂，所以悄然引退，作逍遙遊，不像韓信爲劉邦拼命打天下，立下汗馬功勞，雖封三齊王卻死於未央宮呂后之手。這就是不知進退的後果。我很敬佩張良這位遠祖，抗日戰爭初期（一九三八）我爲不作「亡國奴」，即輾轉赴臨時首都武昌以優異成績考取軍校，一位落榜的姓熊的同學帶我們過江去漢口。中共未公開招生的「抗日大學」（當時國共合作抗日，中共在漢口以「抗大」名義吸收人才。）辦事處參觀，接待我們的是一位讀完大學二年級才貌雙全，口才奇佳的女生獨對我說負責保送我免試進「抗大」一期，因未提其他同學，我不去。一年後我又在軍校提前一個月畢業，因我又考取陪都重慶中央政府培養高級軍政幹部的中央訓練團，而特設的新聞「新聞研究班」第一期，與我同期的有爲新詩奉獻心力的覃子豪兄（可惜五十二歲早逝）和中央社東京分社主任兼國際記者協會主席的李嘉兄。他在我訪問東京時曾與我合影留念，並親贈我精裝《日本專欄》三本。他七十歲時過世，這兩張照片我都編入「全集」一百九十多萬字的空前大長篇小說（紅塵）照片類中。而今在台同學只有兩位了。

民國二十八年（一九三九）九月我以軍官、記者雙重身分，奉派到第三戰區最前線的第三十二集團軍上官雲相總部所在地，唐宋八大家之一，又是大政治家王安石，尊稱王荆公的家鄉臨川，（屬撫州市）作軍事記者，時年十九歲，因第一篇戰地特寫《臨川新貌》經第三戰區長官都主辦的行銷甚廣的《前線日報》發表，隨即由淪陷區上海市美國人經營的《大美晚報》轉載，而轉爲文學創作，因我已意識到新聞性的作品易成「明日黃花」，文學創作則可大可久，我爲了寫大長篇《紅塵》、六十四歲時就請求提前退休，學法出身的秘書長何宜武先生大惑不解，他對我說：

「別人想幹你這個工作我都不給他，你爲什麼要退？」我幹了十幾年他只知道我是個奉公守法的張萬熙，不知道我是「作家」墨人，有一次國立師範大學校長劉真先生告訴他張萬熙就是墨人，劉校長看了我在當時的「中國時報」發表的幾篇有關中國文化的理論文章，他希望我繼續寫，劉校長真是有心人。沒想到他在何宜武秘書長面前過獎，使我不能提前退休，要我幹到六十五歲多四個月才退了下來。現在事隔二十多年我才提這件事。鼎盛時期的(台灣新生報)連載四年多的拙作《紅塵》出版前三冊時就同時獲得新聞局著作金鼎獎和嘉新文化基金會「優良著作獎」，劉真校長也是嘉新文化基金會的評審委員之一，他一定也是投贊成票的。「世有伯樂而後有千里馬」。我九十二歲了，現在經濟雖不景氣，但我還是重讀重校了拙作「全集」我一向只問耕耘，不問收穫，我歷任軍、公、教三種性質不同的職務，經過重重考核關卡，寫作七十三年，經過編者的考核更多，我自已從來不辦出版社。我重視分工合作。我頭腦清醒，是非分明，歷史人物中我更敬佩遠祖張良，不是劉邦。張良的進退自如我更歎服。在政治角力場中要保持頭腦清醒，人性尊嚴並非易事。我們張姓歷代名人甚多，我對遠祖張良的進退自如尤爲歎服，因此我將民國四十年在台灣出生的幼子依譜序取名選良。他早年留美取得化學工程博士學位，雖有獎學金，但生活仍然艱苦，美國地方大，出入非有汽車不可，這就不是獎學金所能應付的，我不能不額外支持，他取得化學工程博士學位與取得材料科學碩士學位的媳婦蔡傳惠雙雙回台北探親，且各有所成，幼子曾研究生產了飛機太空船用的抗高溫的纖維，媳婦則是一家公司的經理，下屬多是白人，兩孫亦各有專長，在台北出生的長孫是美國南加州大學的電機碩士，在經濟不景氣中亦獲任工程師，我不要第三代走這條文學小徑，是現實客觀環境的教訓，我何必讓第三代跟我一樣忍受生活的煎熬，這會使有文學良心的人精神崩潰的。我因經常運動，又吃全素二十多年，九十二歲還能連寫四、五小時而不倦。我寫作了七十多年，也苦中有樂，但心臟強，又無高血壓，一是得天獨厚，二是生活自我節制，我到現在血壓還是60—**110**之間，沒有變動，寫作也少戴老花眼鏡，走路仍然「行如風」，十分輕快，我在國民大會主編《憲政思潮》十八年，看到不少在大陸選出來的老代表，走路兩腳在地上蹉跎，這就來日不多了。個人的健康與否看他走路就可以判斷，作家寫作如在八十歲以後還不戴老花眼鏡，沒有高血壓，長命百歲絕無問題。如再能看輕名利，不在意得失，自然是仙翁了。健康長壽對任何人都很重要，對詩人作家更重要。

一九九〇年我七十歲應邀訪問大陸四十天作「文學之旅」時，首站北京，我先看望已九十高齡的老前輩散文作家，大家閨秀型的風範，平易近人，不慍不火的冰心，她也「勞改」過，但仍心平氣和。本來我也想看看老舍，但老舍已投湖而死，他的公子舒乙是中國現代文學館的副館長，他也出面接待我，還送了我一本他編寫的《老舍之死》，隨後又出席了北京詩人作家與我的座談會，參加七十賤辰的慶生宴，彈指之間卻已二十多年了。我訪問大陸四十天，次年即由台北「文史哲出版社」出版照片文字俱備的四二五頁的《大陸文學之旅》。不虛此行。大陸文友看了這本書的無不驚異，他們想不到我七十一高齡還有這樣的快筆，而又公正詳實。他們不知我行前的準備工作花了多少時間，也不知道我一開筆就很快。

我拜會的第二位是跌斷了右臂的詩人艾青，他住協和醫院，我們一見如故，他是浙江金華人，卻體格高大，性情直爽如燕趙之士，完全不像南方金華人。我們一見面他就緊握著我的手不放，侃侃而談，我不知道他編《詩刊》時選過我的新詩。在此之前我交往過的詩人作家不少，沒有像他如此豪放真誠，我告別時他突然放聲大哭，陪我去看他的北京新華社社長族侄張選國先生，陪我四十天作《大陸文學之旅》的廣州電視台深圳站站長高麗華女士，文字攝影記者譚海屏先生等多人，不但我爲艾青感傷，陪同我去看艾青的人也心有戚戚焉，所幸他去世後安葬在八寶山中共要人公墓，他是大陸唯一的詩人作家有此殊榮。台灣單身詩人同上校軍文黃仲琮先生，死後屍臭才有人知道，他小我二歲，如我不生前買好八坪墓地，連子女也只好將我兩老草草火化，這是與我共患難一生的老伴死也不甘心的，抗日戰爭時她父親就是我單獨送上江西南城北門外義山土葬的。這是中國人「入土爲安」的共識。也許有讀者會問這和文學創作有什麼關係？但文學創作不是單純的文字工作，而是作者整個文化觀、文學觀，人生觀的具體表現，不可分離。詩人作家不能「瞎子摸象」，還要有「舉一反三」的能力。我做人很低調。寫作也不唱高調，但也會作不平之鳴、仗義直言。我不鄉愿，我重視一步一個腳印，「打高空」可以譁眾邀寵於一時，但「旁觀者清」，讀者中藏龍臥虎，那些不輕易表態的多是高人。高人一旦直言不隱，會使洋洋自得者現出原形。作品一旦公諸於世，一切後果都要由作者自己負責，這也是天經地義的事。

我寫作七十多年無功無祿，我因熬夜寫作頭暈住馬偕醫院一個星期也沒有人知道，更不像大陸的當代作家、詩人是有給制，有同教授的待過，而稿費、版稅都歸作者所有。依據民國九十八年一月十日「中國時報」A十四版「二〇〇八年中國作家富豪榜單」二十五名收入人民幣的數字統計，第一高的郭敬明一年是一千三百萬人民幣，第二名鄭淵潔是一千一百萬人民幣，第三名楊紅櫻是九百八十萬人民幣。最少的第二十五名的李西閩也有一百萬人民幣，以人民幣與台幣最近的匯率近一比四・五而言，現在大陸作家一年的收入就如此之多，是我一九九〇年應邀訪問大陸四十天作文學之旅時所未想像到的，而現在的台灣作家與我年紀相近的二十年前即已停筆，原因之一是發表出版兩難，二是年齡太大了。民國九十八年（二〇〇九）以前就有張漱菡（本名欣禾）、尹雪曼、劉枋、王書川、艾雯、嚴友梅六位去世，嚴友梅還小我四、五歲，小我兩歲的小說家楊念慈則行動不便，鬍鬚相當長，可以賣老了。我托天佑，又自我節制，二十多年來吃全素，又未停止運動，也未停筆，最近在台北榮民總醫院驗血檢查，健康正常。我也有我的養生之道，每天吃枸杞子明目，吃南瓜子抑制攝護腺肥大，多走路、少坐車，伏案寫作四、五小時而不疲倦，此非一日之功。

民國九十八（二〇〇九）己丑，是我來台六十周年，這六十年來只搬過兩次家，第一次從左營搬到台北大直海軍眷舍，在那一大片天主教白色公墓之下，我原先不重視風水，也無錢自購住宅，想不到鄰居的子女有得神經病的，有在金門車禍死亡的，大人有坐牢的，有槍斃的，也有得神經病的，我退役養雞也賠光了過去稿費的積蓄，讀台大外文系的大兒子也生病，我則諸事不順，直到搬到大屯山下坐北朝南的兩層樓的獨門獨院自宅後，自然諸事順遂，我退休後更能安心寫作，遠離台北市區，真是「市遠無兼味，地僻客來稀。」同里鄰的多是市井小民，但治安很好，誰也不知道我是爬格子的，連警察先生也不光顧舍下，除了近十年常有人打電話來騙我，幸未上大當外，我安心過自己的生活。當年「移民潮」去不了美國的也會去加拿大，我是「美國人」的祖父，我不移民美國，更別說去加拿大了。娑婆世界無常，早年即移民美國的琦君（本名潘希真）、彭歌，最後還是回到台灣來了，這不能說台灣是「天堂」，以我的體驗而言是台北市氣候宜人，夏天三十四度以上的日子少，冬天十度以下的日子也很少，老年人更不能適應零度以下的氣溫，我只有冬天上大屯山、七星山頂才能見雪。有高血壓、心臟病的老人更不能適應。我不想做美國公民，做台灣平民六十多年，也沒有自卑感。

娑婆世界是一個無常的世界，天有不測風雲，人有旦夕禍福，老子早說過：「福兮禍所倚，禍兮福所伏。」禍福無門，唯人自招。我一生不起歪念，更不損人利己，與人為善。雖常吃暗虧，只當作上了一課。這個花花世界是我學不完的大教室，萬丈紅塵其中也有黑洞，我心存善念，更不造文字孽，不投機取巧，不違背良知，蒼天自有公斷，我本著文學良心寫作，盡其在我而已，讀者是最好的裁判。

民國一〇〇年（二〇一一）辛卯七月二十九日下午六時二十三分於紅塵寄廬

1951 年墨人 31 歲與夫人曾麗春女士（30 歲）結婚十周年紀念合影於左營

墨人博士七十壽辰與夫人曾麗春女士合影。此照為大翻譯家、文學理論家黃文範先生所攝，並在照片背後題「南山北海惟仁者壽」。

民國二十九年（1940）作者
墨人在江西南城戎裝照。

1939 年墨人即自戰時陪都四川重慶奉派至江西臨川王安石家鄉，第三戰區前線任軍事記者創辦軍報，提供抗日官兵精神食糧。時年 19 歲。

2010 年「五四」作者墨人 91 歲在花蓮和南寺家人合影

2003 年 8 月 26 日作者墨人（中）在含鄱口觀山景點與作者長女韻華、長子選翰、三女韻湘、二女韻真合影。

2005 年 2 月作者次子選良（右一）回台北與父（右二）及作者夫人（中）三女韻湘（左二）二女韻真（左一）合影。

作者墨人在書房留影，時年八十五歲。

《墨人博士大長篇小說〈紅塵〉法文譯本封面照片》

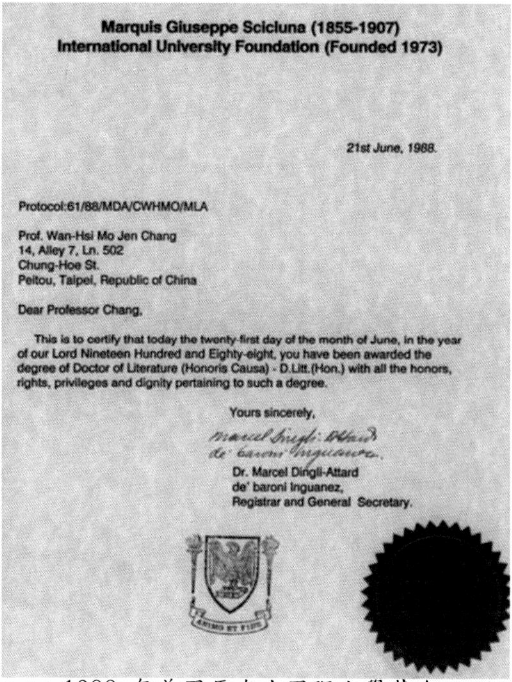
Marquis Giuseppe Scicluna (1855-1907)
International University Foundation (Founded 1973)

21st June, 1988.

Protocol:61/88/MDA/CWHMO/MLA

Prof. Wan-Hsi Mo Jen Chang
14, Alley 7, Ln. 502
Chung-Hoe St.
Peitou, Taipei, Republic of China

Dear Professor Chang,

This is to certify that today the twenty-first day of the month of June, in the year of our Lord Nineteen Hundred and Eighty-eight, you have been awarded the degree of Doctor of Literature (Honoris Causa) - D.Litt.(Hon.) with all the honors, rights, privileges and dignity pertaining to such a degree.

Yours sincerely,

Dr. Marcel Dingli-Attard
de' baroni Inguanez,
Registrar and General Secretary.

1988 年美國馬奎士國際大學基金會，授予張萬熙墨人教授榮譽文學博士學位證書。

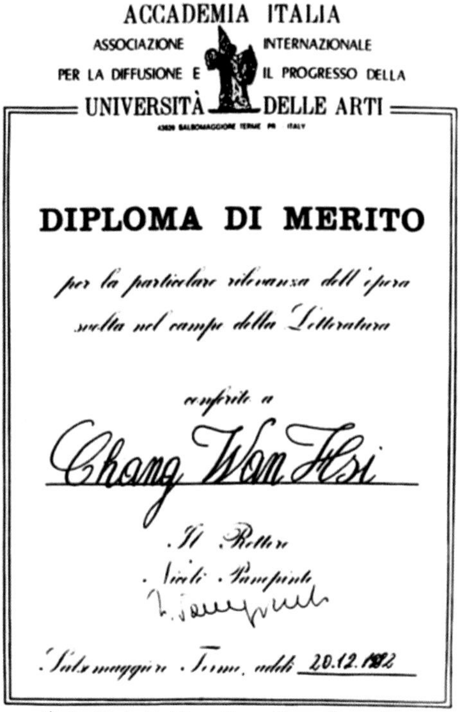
ACCADEMIA ITALIA
ASSOCIAZIONE INTERNAZIONALE
PER LA DIFFUSIONE E IL PROGRESSO DELLA
UNIVERSITÀ DELLE ARTI

DIPLOMA DI MERITO

per la particolare rilevanza dell'opera
svolta nel campo della Letteratura

conferito a

Chang Wan Hsi

Il Rettore

Salsomaggiore Terme, addì 20.12.1982

義大利出版英、法、德、義四種文字的「國際文學史」的 ACCADEMIA ITALIA, 1982 年授予墨人的文學功績證書。

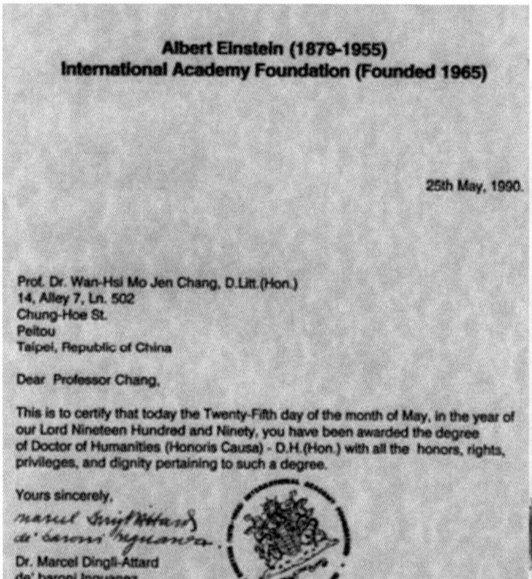
Albert Einstein (1879-1955)
International Academy Foundation (Founded 1965)

25th May, 1990.

Prof. Dr. Wan-Hsi Mo Jen Chang, D.Litt.(Hon.)
14, Alley 7, Ln. 502
Chung-Hoe St.
Peitou
Taipei, Republic of China

Dear Professor Chang,

This is to certify that today the Twenty-Fifth day of the month of May, in the year of our Lord Nineteen Hundred and Ninety, you have been awarded the degree of Doctor of Humanities (Honoris Causa) - D.H.(Hon.) with all the honors, rights, privileges, and dignity pertaining to such a degree.

Yours sincerely,

Dr. Marcel Dingli-Attard
de' baroni Inguanez,
President of AEIAF and
Special Representative of International Association of Educators for World Peace, NGO, United Nations (ECOSOC) & UNESCO, to AEIAF.

Protocol:6/90/AEIAF/MDA/W-HMJC/KS

1990 年美國愛因斯坦國際學院基金會授予張萬熙墨人教授榮譽人文學（含哲學文學藝術語言四種）博士學位

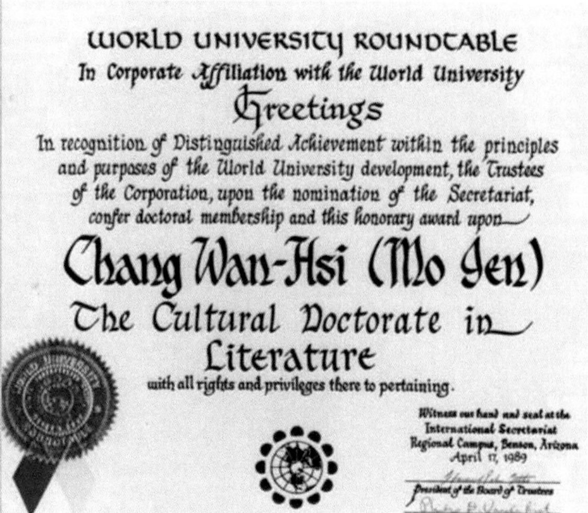
WORLD UNIVERSITY ROUNDTABLE
In Corporate Affiliation with the World University
Greetings
In recognition of Distinguished Achievement within the principles and purposes of the World University development, the Trustees of the Corporation, upon the nomination of the Secretariat, confer doctoral membership and this honorary award upon
Chang Wan-Hsi (Mo Jen)
The Cultural Doctorate in Literature
with all rights and privileges there to pertaining.

Witness our hand and seal at the
International Secretariat
Regional Campus, Benson, Arizona
April 17, 1989

President of the Board of Trustees
Secretary of the Board of Trustees

1989 年美國世界大學授予張萬熙墨人榮譽文學博士學位，文化大學創辦人張其昀（曉峰）先生亦獲此榮譽。

THIS
PICTORIAL
TESTIMONIAL
OF ACHIEVEMENT
AND DISTINCTION
proclaims throughout the world that
DR. CHANG WAN-HSI (MO JEN)
is the recipient of the above-mentioned Honour,
granted by the Board of Editors of the
2000 OUTSTANDING SCHOLARS
OF THE
20TH CENTURY
meeting in Cambridge, England, on the date set out below,
AND that the Board also resolves that a portrait photograph of
DR. CHANG WAN-HSI (MO JEN)
be attached to this Testimonial as verification
of the Honour bestowed.
2000 OUTSTANDING SCHOLARS OF THE 20TH CENTURY
First Edition
Signed and sealed on the
14th December 1999
Authorized Officer

1999 年 10 月張萬熙墨人博士榮登英國劍橋國際傳記中心《二十世二千位傑出學者》第一版證書。

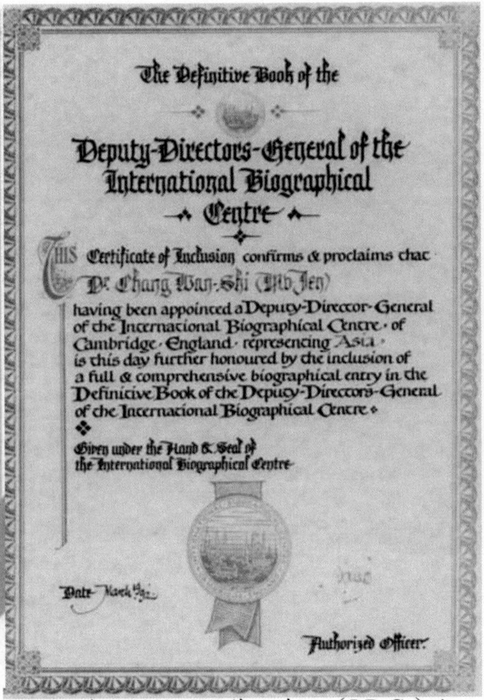

The Definitive Book of the
Deputy-Directors-General of the
International Biographical
Centre
THIS Certificate of Inclusion confirms & proclaims that
Dr. Chang Wan-Shi (Mo Jen)
having been appointed a Deputy-Director-General of the International Biographical Centre of Cambridge England representing Asia is this day further honoured by the inclusion of a full & comprehensive biographical entry in the Definitive Book of the Deputy-Directors-General of the International Biographical Centre
Given under the Hand & Seal of the International Biographical Centre
Date
Authorized Officer

1992 英國劍橋國際傳記中心（I.B.C.）任張萬熙墨人博士為代表亞洲的副總裁。

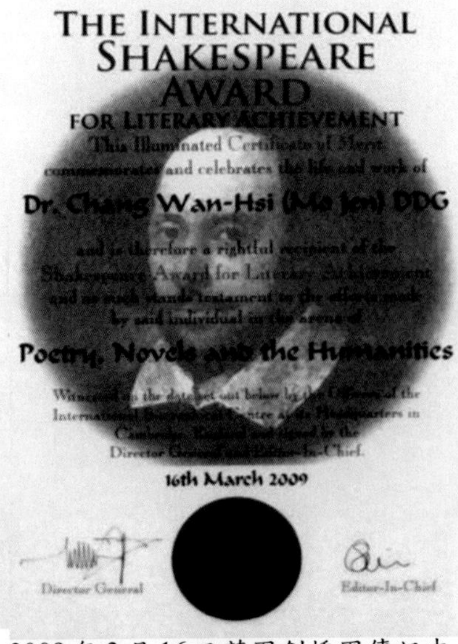

THE INTERNATIONAL
SHAKESPEARE
AWARD
FOR LITERARY ACHIEVEMENT
Dr. Chang Wan-Hsi (Mo Jen) DDG
Poetry, Novels and the Humanities
16th March 2009
Director General
Editor-In-Chief

2009 年 3 月 16 日英國劍橋國傳記中心總裁與總編輯聯合授予張萬熙墨人博士國際莎士比亞文學成就獎。

International Biographical Centre Cambridge CB2 3QP England
Telephone: +44 (0) 1353 646600 Facsimile: +44 (0) 1353 646601

IBC

REF : LAA/MED/MW-13640

13 November 2002

Dr Chang Wan-Hsi (Mo Jen) DDG
14 Alley 7, Lane 502
Chung Ho Street
Peitou
Taipei
Taiwan

Dear Dr Chang

Please find enclosed the Medal in respect of the **Lifetime Achievement Award** which I hope meets with your approval.

Yours sincerely

M Whitehall

MICHELLE WHITEHALL
Personal Assistant to the Director General

Enc

英國劍橋國傳記中心(I.B.C.)2002 年頒發詩人作家張萬熙（墨人）博士終身成就獎，英文信及金牌正反面照片墨人早年即被 I.B.C.推選為副總裁。

紫燕目次

附錄

《紫燕》定本自序

《紫燕》是我的第十六部長篇小說，卻是第一篇「本土」長篇小說。初版時是民國六十八年六月，出版者臺中市「學人文化事業有限公司」，我將書名改為《心猿》。書剛出版，公司就突然倒閉了。我的另一本散文隨筆集《西是西東是東》祇看到書目，沒有看到書，那本書的剪報稿子自然也石沈大海了。幸好另一本《墨人散文集》拿了幾本書，現在祇剩兩本了。當時有些知識份子歡喜搞出版，這固然是一件好事。不過如果沒有萬全準備，祇憑興趣和勇氣幹，便很難長久撐下去，這對出版者和作者都不利。我遇上的這家出版公司就是一個例子。所以我祇創作。

《紫燕》是我第一次應一位女讀者要求寫作的長篇小說（《春梅小史》是第二部），時間在民國六十年左右，先在高雄《新聞報》連載，題為《紫燕》，連載完畢後我一直壓著不出版，因為我寫的是真人真事，資料也多是女主角提供的。姓名自然是我另取的。連載時，有的讀者以為小學教員怎麼會這麼糊塗？有的則說有警世作用。這是「旁觀者清，當局者迷」。其實女主角是太善良而又癡情，她不是糊塗人。那時女主角終身未定，我怕影響她的婚姻，所以遲遲未出版。但報紙連載是很少有讀者保存的，我自己也保存不易。後來女主角有了良好的歸宿，我便翻出擱了

七、八年的剪貼簿，還將書名改為《心猿》，正式出版了。初版到現在已經二十多年，寫作到現在已經三十多年了。這次出版再將書名恢復為《紫燕》。

人生無常，世界無常，生生死死，死死生生，長江後浪推前浪，一輩新人換舊人。現在書中女主角已屆花甲之年，不才更是耄耄老朽。人生如戲，我們都是過客。當年和我同年代的作家，現在死的死，老的老了！健在的也早已停筆，含飴弄孫。而我仍不識時務，不畏風霜，千山獨行，無任何野心、企圖，祇是活著一天就要活得實在，不想辜負上天「好生之德」。何況「前事不忘，後事之師」。愛情與婚姻又是人生的重大問題，重要關鍵。不才如我，雖已嚐盡人生甜、酸、苦、辣，寵辱不驚，除死無大難。而「新新人類」正多，現在又是青年人的世界，他們的思想觀念比從前更開放、大膽，兩性接觸，選擇的機會也更多。我希望年輕的朋友能更審慎、冷靜地處理自己的感情問題、終身問題，這是「一着錯滿盤輸」的大問題。因為人生中相處最久的是夫妻，關係最密切的也是夫妻。古人早就知道：「夫婦造端，人之大倫。」世間雖然很少像沈三白、芸娘那樣相知相愛的夫妻，但「同床異夢」總不是好事。這是每一個人都必須面對的大問題，除非你是乘願而來的佛、菩薩，或如釋迦牟尼佛一樣，十九歲就棄王位不承而出家。不然的話，我這部拙作中的女主角朱紫燕的心路歷程，卻不失為一面鏡子。

不論時代如何變化？如何進步？「食色性也」是不會改變的，而性關係是如日月一樣運行的。而如何妥善處理這種關係，「基本人權」，卻是一門大學問，大修養。這次我重新出版這部長篇，不僅是認真檢視拙作，亦聊當野人獻曝之意云耳。

我由昭明出版的長篇小說定本，在書前都加了對聯章目，《紫燕》亦復如此。即將陸續出版的長篇小說多部，均不例外。

民國八十九年（二〇〇〇）六月二十日，於北投紅塵寄廬
民國九十年（二〇〇一）一月十四日，校正

《心猿》出版之後

——創作四十年心語

自從民國六十一年中華書局出版了五本拙著《墨人自選集》之後，我沒有真正創作過一本長篇，而且也沒有出過其他的書。《墨人自選集》的出版，當時別人也許以為這是我的榮耀，而我卻是以無比沈痛的心情，告別文壇。正如二十多年前我悄悄自詩壇引退一樣。何以如此？客觀原因和本身的原因都有。我承認無論做人和寫作我都不是一個模稜兩可的人，該肯定的我肯定，該否定的我否定，數十年如一日，並不因為我寫小說，而變成一個世故老人；也不因為我寫詩，而超越一切，變成一個狂人和天才。在任何情況之下，我不失自我。在這樣一個多變的時代，要保持自我，必須付出很高的代價，我無聲無息地付出了。在事業和寫作兩方面，我都付出了。

今年我花甲虛度，創作生涯也已四十週年。六十歲本來不算甚麼，寫作四十年也不算甚麼，但是像我這樣一個生長在暴風雨中的人，能夠活到現在，確實不太容易。若非叨天之幸，早做古人了。

這些年來我對「文學」不止於厭倦，對於「文學」淪為大商人的花瓶，女店員、下女的口香糖，以及野心份子的迷魂藥，實深感遺憾！但我一介匹夫，無能為力，我所能做到的祇有停筆不寫。

《心猿》這部長篇不是在這幾年內寫的，是七、八年前發表於高雄《新聞報》的舊作。當時題名《紫燕》連載完後我一直壓著不讓出版，因為它所寫的是真人真事，有些資料都是女主角紫燕提供的，連載時知道女主角的身世的人說是有警世作用，不知道真情的讀者則說小學教員怎麼會這麼「糊塗」？不信其有。加之女主角終身未定，我怕影響她的幸福，所以遲遲不想出版。

四、五年前女主角已有良好歸宿，今年我纔翻出塵封的剪貼簿，仔細再看一遍，書名纔改為《心猿》，交臺中市學人文化事業有限公司出版。

《心猿》是我出版的第十六部長篇。它雖不是載道的作品，但也不是敗俗的作品，而是客觀而有節制地描寫人性善惡兩面的作品，女主角最「糊塗」之處，我已經保留了。女主角的善良和她的步步邁入陷阱與重大的犧牲，我是十分同情的，不然我也不會為她寫這部作品。讀者如果能看完這部作品，就不會責怪女主角「糊塗」，正如女主角自已說的：

「愛令人糊塗，不管是偉人或凡人。」

她一時「糊塗」，換來刻骨銘心的痛苦，這教訓還不夠深嗎？也正如她祖母說的：

「哼！現在真是珍珠變成老鼠屎了！」

幸而女主角終能自立自強，沒有沈淪下去。

《心猿》祇是她的一場噩夢，而我祇是這場噩夢的旁觀者。

至於我自己是繼續「自暴自棄」？還是重提禿筆？很難預言。且看社會、讀者需不需要我這樣的作者？

原載民國六十八年（一九七九）八月二十二日，《中央日報》

楔子

老友胡元甲，接編一家日報的生活、知識、趣味性的副刊，約我寫稿。論交情我不能拒絕；可是就我個人的情形來說，實在無法報命。因為近年來我幾次發誓不再寫作，很多的約稿也都婉謝了。我希望讀者早點把我忘得一乾二淨，死後也不留任何痕跡。我像隻迷途的羔羊，偶爾闖進這個世界，而又歷劫重重，實在厭倦極了！不如早點化作一陣青煙，隨風而去。因此，對於胡元甲的約稿，我重施故計，不說寫，也不說不寫，祇是拖。我想拖久了也就算了。想不到他這位老編，到底和別人不同，今天一個電話，明天一封限時信，說甚麼二十年老朋友了，這樣不講交情？百般無奈，纔想到化名給他寫一篇。但寫甚麼好呢？他編的不是文藝副刊，照理我派不上用場，不知道他怎麼會看中我而又死不放手？想來想去，忽然想到寫一篇人相學的文章，對於他編的刊物的性質，倒也符合。

對於中國人相學，我很早就發生興趣，和愛好文藝幾乎是同時開始。後來，對於西洋手相學也下了不少功夫。三十多年來，看書，印證；印證，看書，愈覺得這是一種專門學問，而且是科學（生理學、統計學）而非玄學。雖然君子謀道不謀食，但化名寫篇把文章，還還稿債該不傷大雅吧？因此，我化名寫了《觀相知人》，寄給胡元甲。

文章發表之後，他陸續給我轉來很多信。有的問我應該看些甚麼書？怎樣纔會看人。有的直截了當地要我告訴他姓名地址，以便「登門求教」。覆信，婉辭，我實在忙了一陣，但那些熱心的讀者並沒有一位知道《觀相知人》的作者是何許人？

在許多讀者的信中，有一封是遠在中南部的女讀者的信，卻大大地出乎我的意料之外，信的內容是這樣的：

余先生：

拜讀您的《觀相知人》，增長了我不少知識。可是我也有個疑難想請您指教。

我本來已經和別人訂婚，但經不起姓李的煽動誘惑，再加上他太太的花言巧語，終於成了他的細姨，至今整整四年。四年來我身上心上受了大婦無以復加的羞辱，男的也把海誓山盟忘得一乾二淨，現在弄得我人財兩空！想到李某夫婦的絕情、陰險，我就寒心。現在我有一個三歲的兒子，姓李的也不要了。如果我命定「婚頭沖」（婚後開始男方對我很好，後來厭棄之謂）我願守著孩子不要再嫁，如果再嫁，一定以孩子為重，我要對得起無辜的孩子。

我今年三十歲，四歲失怙，母親二十五歲守寡，含辛茹苦撫養我長大，我總是想報答母親，使她臉上有點光彩，卻誤入歧途，痛苦不堪。這也許就是命運吧？您能解答我的疑難，指示我的去路嗎？

最後請恕我冒昧求教。如蒙指示迷津，感激不盡。

敬祝

著安

朱紫燕敬上

八月十七日

這封信寫得坦白而懇切，也十分流暢，鋼筆字尤其瀟灑漂亮。我不知道對方是甚麼身份？幹甚麼行業？憑信判斷，知道她受過相當教育，決非無識女流，怎麼會陷入這種困境？實在難以猜測。我回她的信說人生不如意事常八九，走錯了一步路沒有關係，跌倒了可以再爬起來。至於她的問題我無法回答，因為相隔太遠，不能空談，如她日後有機會來臺北，我可以破例盡我所知提供參考。

不久，又由胡轉來她一封謝我鼓勵的信。但她還是急於想知道自己的命運。我告訴她如果不介意寄張照片來，我可以大致判斷一下，而且寫下了我的通信地址，但用的仍是化名。

可是這以後一直沒有接到她的來信，我以為她不願意以照片示人，也就算了。時間一久，自然把這件事情忘記。

想不到新年時她突然寄來一張賀年片，封套寫著我的真實姓名。賀年片後面寫了幾行字：「我去了好幾封信您沒有收到嗎？如果是您喬遷了，或是出國了，信也該退回來。到底是甚麼原因呢！如果此次您收到這張賀年片，請您將我和孩子的合照退回好嗎？我非常感激您的。」

真糟糕！除了胡轉來的兩封信之外，我再也沒有收到她的信，更沒有看到照片。我禁不住向收發先生打聽，收發先生說：

「唉！你的信我怎麼會不給你？除非我們這裏根本沒有你這個人。」

毛病就出在這個地方，因為我用的是無人知道的化名。

我連忙寫信向她道歉，並說明沒有收到的原因。同時奇怪她怎麼知道我的真實姓名。她回信時再附來一張她和兒子的合照。信上說：

我做學生時看過一本雜誌上登的作家姓名、筆名化名對照表，也在報上看過一篇別人的文章談到您精於人相學的事。這兩件事雖然相隔十年，但我記憶猶新。我從您在信封上寫的真姓（大概是您一時疏忽吧），推測到李四就是張三，王五也就是張三，其實都是一個人，不過瞞我們讀者罷了。由於這一奇蹟的發現，我不但希望您能解答我的疑難，還希望您把我這個井底之蛙的人物的不幸遭遇寫成小說。在您看來我這個小人物也許過於平凡，寫出來也賣不掉；可是在我自己看來卻是命運多舛，磨難重重，可以賺人眼淚。本來我想自己寫，但我這枝筆太笨，同時傷心之餘，一動筆就會流淚，不能自己，語無倫次，怎能客觀地描寫？您是第三者，又是斲輪老手，寫我這樣一個井底之蛙的小人物，自然遊刃有餘。至於資料，我會供給您，如何取捨？由您決定。

我的行藏已經被她識破，無法否認。對她的處境我自然同情。我像一個戒菸的人，不管當初發了天大的誓願，下了天大的決心，可是當別人悄悄地遞來一支菸時，又忍不住接下，往嘴裏一塞，因此，我答應了她。想不到她很快地寄來一批手稿，以後每隔三、五天寫一批寄來，在寒假中她寫完了自己的身世和遭遇（其中有一部分日記），起先我以為要費很大的勁改寫成小說，甚至全部資料運用不上，因為一般人並不知道那些素材可以寫，那些素材不可以寫。我最怕她寫的是流水帳，等她的資料齊全之後，我纔從頭看起，開頭寫她的身世和求學情形就與眾不同，戀愛也別具一格，寫到如何墮入他人圈套，做人家的小星的種種遭遇和內心的掙扎、痛苦，真是字字血淚、句句心聲。從頭到尾一氣呵成。看完之後，我覺得一句也不必加，一字也不必減。她信手拈來，自成小說。真是「文章本天成，妙手偶得之」。她自己寫自己的事比我這個局外人隔靴抓癢，不知道要高明多少！我又何必畫蛇添足呢？下面就是她的「夫子自道」。

第一章　三更半夜尋草藥

白木棺材殮父親

我是個苦命人，五歲時就死了父親。

父親是害肺病死的，那時還是日據時代，正是二次大戰期間，生活十分困苦，醫藥尤其缺乏，白天時常空襲，我親眼看見過美國飛機「下蛋」，嚇得半天不會講話，不能出聲。因為沒有藥，沒有醫生，白天又不敢亂跑，晚上三叔就帶我去水溝邊找草藥。家裏的經濟情況很糟，買不起手電，我手裏拿著香火，陪著三叔沿著水溝邊摸索、尋找。母親不好意思讓三叔一個人三更半夜去找草藥，她自己又不便陪三叔，姐姐雖大我三歲，但是膽小，所以母親要我陪三叔尋找。三叔本來不要我陪，但是他喜歡我，他不怕鬼，但是他怕寂寞，三更半夜，一個人在水溝邊摸索是怪寂寞的。我歡喜唱歌，會的我唱，不會的我也唱，三叔也不管我荒腔走板，無腔無調，聽我唱他就快樂。我有個日本名字叫「呼咪可」，三叔和我一家人都叫我「咪」。三叔聽我唱了幾支歌就說：

「咪，妳的嗓子真好，三叔最愛聽妳唱歌。」

「三叔，你怎麼不請個人來教我唱歌？」我說。村子裏有幾位大姑娘會唱，我有些歌都是從她們那裏聽來的，其中還有一首日本歌。我想要是她們肯到我家來教我唱那該多好？

「妳爸生病，一家人都愁死了，妳還想請阿姐教歌？」三叔伸起腰來站在水溝中說，「要是妳爸好了，將來上學堂，自然有女老師教妳唱歌。」

「三叔，要是將來我能當老師那該多好？」我覺得老師是最了不起的人，他們會彈琴、會唱歌、會寫字，學生見了他們都敬禮，一般大人見了他們也非常客氣。

「妳唸好了書以後自然可以當老師。」三叔說。

「三叔，阿婆反對我們女孩子唸書。她常說女孩子唸再多的書還不是拿椅子去墊人家的屁股？」

三叔沒有作聲。過了一會纔說：

「咪，妳不同，我看妳很聰明，不讀書可惜。」

三叔是獸醫，他讀過農校。他說我聰明，是不是因為我會唱歌？

「三叔，我那一點聰明？」我問。

「咪，妳的眼睛大，在黑夜裏我都看得見妳眼睛中的亮光。」他用手向天上一指：「偌，像天上那兩顆最亮的星星。」

我隨著他手指的方向看到那兩顆最亮的星星，它們是很亮，閃著水晶般的光，我不覺得我的眼睛有那種亮光，我祇覺得三叔看不見的東西我看得見，水溝邊上的肺形草幾乎都是我先發現，指給三叔拔的。

三叔看我不作聲，又指著銀河兩岸的牛郎、織女星對我說：

「咪，妳知道那邊是牛郎星？那邊是織女星？」

「三叔，我不知道。」我搖搖頭，以前沒有人告訴我。

三叔教我認。我問三叔：

「三叔，怎麼叫牛郎星、織女星？」

「因為他們是天上的一對情人，正像我們地上的牛郎、織女一樣戀愛，所以我們就叫他們牛郎星、織女星。」

我不知道三叔是不是胡扯？故意騙我小孩子？他這麼說我就這麼信。

「他們的愛情最堅貞。」三叔又說：「每年七夕纔相會，可是始終不變心。自從盤古開天地，不知道他們愛了幾千萬年了？」

「三叔，你怎麼知道天上的事？」我問，我覺得三叔真有學問。

「是古人這麼傳下來的。」三叔說，隨後又望著我：「咪，妳現在還小，不懂這些事情，我希望妳將來長大後，也有個如意郎君。」

我不懂得甚麼「郎君」，我把香火一揮，火光一閃，三叔看見一株肺形草，拔了起來，往掛在腰上的小簍裏一塞。他伸手在簍裏摸摸，說了聲：「夠了，回去。」就爬上岸來，揹著我回家。

雖然我每天夜晚陪著三叔出來採草藥煎水給父親喝，可是父親一點沒有好，他瘦成皮包骨，最後大塊大塊的血吐出來。

一天我忽然看見他躺在地上的草蓆上，用被單蒙住全身，祇露出一點點腳趾。我不知道是怎麼回事?母親跪在旁邊哭，三叔他們也在流淚，姐姐悄悄地告訴我：「爸爸死了。」我不知道死了會不會活?姐姐沒有哭，我也沒有哭。我祇覺得爸爸還樣躺著就不會用細竹枝打我的手心，他生我的氣就用細竹枝打我的手心，打過後他反而握著我的手撫摸我的手心，一邊輕輕地吹，一邊掉眼淚。奇怪，既然打我怎麼又掉眼淚?大人的事真的難猜。

三叔、二叔買了一具白木棺材回來。母親問二叔：

「二叔，怎麼不買漆了的?」

「漆了的棺材貴，買不起。」二叔回答。

「你大哥在生時是個體面人，死了也該讓他睡口紅漆棺材，讓他見閻王時臉上也有點光彩。」母親說。

「大嫂，我們不是沒有這個心，實在沒有這個力。大哥兩腳一伸，甚麼不管，妳和姪女兒還要穿衣吃飯。」

二叔比三叔兇，也沒有三叔喜歡我，母親好像有點怕他，不敢再講，伏在白木棺材上痛哭起來，邊哭邊說：

「咪的爸，我千不怪，萬不怪，祇怪你死得太早，留下我寡婦幼女，以後要吃要穿，連累你祇能睡口薄薄的白木棺材……」

「大嫂，妳不要哭。」三叔過來安慰母親：「現在時局不好，天天空襲。差稅又重，戰爭還不知道那天結束？暫時委屈大哥一下，等到戰爭結束後，家庭情況好轉，我們再為大哥好好地立塊碑石，修座墳墓。」

母親停止哭泣，轉過身來對三叔說：

「三叔，祇要你有這片心就行，怎麼說大哥也是你們的同胞手足。」

二叔站在旁邊，繃著臉不作聲。

父親入殮時，全家大小都哭，婆婆和母親哭得更傷心。我沒有哭，默默地望著他們。三叔朝我屁股上揪了一下，揪得好痛，我大聲哭了出來。我看見別人把父親放進棺材，把蓋子蓋上，我也愈哭愈傷心，我想大概我再也見不到父親了。

母親伏在棺材上哭叫，用頭在棺材上撞，三嬸把她拉開，婆婆哭暈了過去，姑姑和二嬸把她攙進房，不讓她出來。

出殯時「斗」本來由母親捧著，卻被二叔接了過去。我不知道這是甚麼意思！母親祇是哭，沒有說甚麼。

我和姐姐披麻戴孝，一身雪白，手裏捧著哭喪棒兒跟著叔叔、嬸嬸、親戚，把父親送上墳山。那是一座不算高的黃土坡，上面有許多墳墓、碑石。有許多人正在挖掘一個新坑，旁邊堆了很高的黃土、砂石。父親的棺材放進坑時，母親又跪在地上哭泣，姐姐跪在母親右邊，三叔按著我跪在母親左邊。我看見黃土一鍬鍬地堆在棺材上，石頭打在棺材上咚咚響，母親哭得更厲害，我聽了那種咚咚的聲音也不是味道。

很快地堆起一座墳墓，大人都在歎息。母親跪在地上哭不肯起來，二嬸、三嬸把她拖了起來，我和姐姐也跟著站起。母親摟著我又哭又說：

「咪，苦命的兒！從今以後，我們是孤兒寡母了！」

第二章 叔父欺心凌寡嫂
幼女自強勝男生

父親死後，一家大權操在二叔手中。

二叔沒有受過甚麼教育，祇讀過一年小學就自動退學了。他怕我們分家產，不高興母親守寡。他對我們孤兒寡母的態度很壞，母親一和他爭論他就打母親。祖母從小寵愛他，他對我們並不同情。他反對女孩子讀書，所以我和姐姐上學的事他也不管。二叔要我們在家裏帶孩子、放牛、做雜事，母親要讓我們讀書，因此，時常和二叔爭執，結果總是母親挨打了事。父親未死時姐姐曾經上過幼稚園。因為躲警報嚇壞了，所以不想上學，在家裏放牛、放羊，這正是二叔求之不得的事。我想念書，看見人家穿得乾乾淨淨，揹著書包上學，我就羨慕，母親雖然常挨二叔的打，可是一有機會就替我爭取。我七歲時應該上學了，母親又向二叔要求：

「二叔，別人家的小孩子都上學了。咪已經七歲，我想也讓她上學？」母親小學畢業有點知識，她知道讀書的重要。

「妳想？」二叔瞪著兩眼望著母親。「我問妳，讀書要不要錢？」

「二叔，讀小學不要甚麼錢。」母親說。

「紙張、筆墨、書籍、鞋子、襪子……那一樣不要錢？」二叔衝著母親說：「我們不是有錢的人家，妳不知道？」

「二叔，我們雖然不富，可也不窮在這幾個錢上。」母親說。

「好哇！妳的口氣倒不小！」二叔大聲哇叫，一臉冷笑：「我問妳，妳們三張嘴，有幾個人賺錢？」

「二叔，我可沒吃閒飯。」

「她們呢？」二叔指著我和姐姐。

「她們也放牛、放羊、帶孩子、做雜事。」母親說。

「妳要她們到外面做做看，看人家給不給一個工錢？」

「二叔，她們年紀還小，自然賺不到工錢。」

「既然賺不到工錢，又要吃飯，又要上學，妳倒會打如意算盤？」

「二叔，我兩個孩子，老大不上學，讓她在家裏作事，咪愛讀書，你就成全她吧！」母親眼圈一紅：「費用由我負擔。」

「怎麼？妳有私房錢？」二叔斜著眼睛上下打量母親。

「二叔，我那有私房錢？我是說我晚上多熬點夜，編籃子繳學費。」

二叔沒有作聲，過了一會又說：

「不行！家裏少了一個人做事。」

「二叔，你怎麼這樣狠心？你就不念一點手足之情。」母親情急，話講重了一點。

「妳少廢話，妳又想討打？」二叔露出一臉兇相。

「你打死我也要講，這不是過份的要求。」

二叔惱羞成怒，真的給母親一耳光。他身長力大，打得母親一個踉蹌，幌了好幾下纔站住。

母親沒有哭，她挨打從來不哭，她曾經對我說過：「讓眼淚往肚流。」

婆婆不但不幫母親，反而說母親無理，好勝好強，不體諒當家的困難。「女孩子讀再多的書，也是拿椅子墊人家的屁股。」三叔完全中立，他一句話也不講。他雖然喜愛我，但他不當家，他也有點怕二叔，是不是他也有私心。那就難講。

俗語說：「寡婦門前是非多。」真是一點不錯。父親死後，母親為了避免是非，從來不和外面的男人講話，不去市鎮買東西，也很少回娘家去。據說父親在時，她挨了父親的打，嘔了氣，會時常逃回娘家。外婆說是婆婆挑撥，婆婆說是母親不賢慧。又有人說是堂伯母用「五色紙」塞進「金紙」內，使新婚夫妻不和。究竟是怎麼一回事，我當然弄不清楚。但父親死後，母親很少回娘家卻是事實。

儘管母親怕惹是非，媒人卻不斷找上門來，勸母親再嫁。可是儘管媒人能把樹上的鳥雀說得掉下來，也說不動母親的心。婆婆勸也不行。我曾經聽過婆婆親口對母親說：

「媳婦，老大過世已經兩年了，人死了不能復活。妳還年輕，孩子也小，長此下去不是辦法，不如聽媒人的話，嫁個有根有底的實心漢子好。」

「婆婆，我祇想把兩個孩子守大，不想再嫁。」母親這樣回答，「請媒人以後不要上門。」

「現在不作興守寡，沒有人替妳豎貞節牌坊，妳何必苦守？」媒人說。

「我不想要貞節牌坊，我祇想把孩子守大。」母親說。

「妳和老大又不是恩愛夫妻，何必這樣固執？」婆婆說。

「婆婆，恩愛不恩愛？我心裏有數。既然結髮夫妻尚且打打鬧鬧，半路夫妻，又加上兩個拖油瓶，還有甚麼好日子過？我早想通了，我決不再嫁。祇要孩子爭氣，甚麼苦我也願吃。」

「朱大嫂，妳的心好比一塊死鐵。」媒人沒趣地走了。

媒人走後，母親悄悄地對我說：

「咪，這又是妳二叔的歪主意！妳長大了一定要爭氣，媽吃苦受氣都是為了妳。」

當時我並不瞭解母親的苦心，總是左耳進右耳出。

直到九歲我纔上學。這並不是二叔大發慈悲，而是他大女兒滿了七歲（那時規定七歲入學），上學路遠要人陪伴。我是禿子跟著月亮走，叨她的光。

學校規模不小，是六個村的學區，我和堂妹要走三、四十分鐘的路纔能到學校。

我和堂妹很少爭吵，早晨我帶她上學，晚上帶她回家。一年級沒有考試，我也不知道誰的成績好，誰的成績壞？二年級開始考試之後，第一次我就得了個第一名，還有獎品、獎狀。堂妹考了個倒數第二。因為二叔是家長，試卷都要給家長蓋章。他蓋章時是笑謎謎的，沒有誇獎我，也沒有責怪堂妹，不知道他心裏作何感想？以後每次考試我總是前三名，堂妹也總是倒數一、二、三名。看來她並不笨，不知道怎麼老是考不好？

我的成績好，母親在表面上顯得很平淡，看不出一點得意之色，也沒有一句誇獎我的話。她祇是暗自高興，暗地裏鼓勵我：

「咪，妳讀書不易，媽為妳挨了好幾次打，受了好多氣，妳要用功、要爭氣。妳爸在學校裏成績最好，人人都知道，妳不能給妳爸失面子。」

其實我和堂妹一樣讀書，並沒有特別用功。不過我的記性好，念過就不會忘記。但我是一個很守規矩的學生，老師很喜歡我。功課差，不守規矩的學生，時常挨手心。堂妹每星期都要挨打，有時手心都打腫，回家時她不敢作聲，我也不敢講，恐怕二叔生氣。

在學校裏男生總愛欺侮女生。女生報告老師，老師很少理會，因此，男生的膽子更大，常常打女生。女生不敢還手，祇是罵。愈罵打得愈重，多罵打多，直打到女生住口為止。有一次他們無故欺侮堂妹，打得堂妹不敢還手，也不敢罵。我看了非常生氣，罵了他們。有一個男生趕來打我，他以為我也像其他女生好欺，不敢還手。他空手打我，我隨手抓起一塊鐵皮墊板，朝他頭上砍，砍起一條痕他就不敢再打。

三年級時，我們下了課就沒有地方玩。因為一到操場男生就用沙扔我們，把我們趕出操場。一天我實在氣得難過，放學時跑在前面，在我們家附近抓了幾根竹枝，攔在路中，截住欺侮我們的那幾個男生，在每人的小腿上輕輕抽一下纔放他們過去，膽小的嚇得不敢過來，從別的小路跑掉了。

我們家裏是種田的，農忙時我們小孩都得抽空幫忙。一天收割「七十四」地方的稻穀，姐姐，堂妹和我也去幫忙。想不到中途遇到幾個比我們大的陌生的男孩，他們不讓我們過去，還要打我，姐姐和堂妹嚇得落荒而逃。我站著不動，和他們理論，瞪著大眼睛望著他們，不惜一戰，想不到那幾個男孩子反而嚇跑了。

我走到田裏時，姐姐和堂妹關心地問我：

「咪，挨打沒有？」

「他們被我嚇跑了。」我搖搖頭回答。

「咪像她爸，不畏強暴。」二嬸說。

這是她第一次誇我。其實我不是一個真正剛強的人，我的心軟得很。走路時我生怕踩死了一隻螞蟻。有一次我看見一個人失手打死了一隻偷食的小鵝，我望著那隻可憐的小鵝哭了起來。家人殺鵝我看都不敢看一眼，要躲得遠遠的。蟑螂是最討厭的東西，我就不忍心下手，眼巴巴地看著牠跑掉，我是外強中乾。

在田裏撿稻穗是件很快樂的事。二叔他們要我撿，我也高興撿，撿到盈盈一握時真有說不出的喜悅，撿到一籮筐，二叔看了也很高興，說我會做事。

三叔是鄉公所的獸醫。他最喜歡釣青蛙，一到星期天他就要我提簍子，陪他去釣青蛙。這是很有趣的事，是我最好的消遣。三叔也趁機給我灌輸一點動物知識。

堂妹因為成績太差，不打算升學。她不升，我更別夢想了。

五年級開始補習，每月要繳十塊錢補習費，不升學的免繳。學校因為我的成績好，以為我一定升學。所以家長代表來我家收款，祖母和二叔都不肯繳。二叔說：

「我沒有說要她升學，是誰准許的找誰拿好了。」

母親對家長代表說：

「以後不必問二叔要，問我要好了。」

母親利用晚上的時間，編大甲藺籃子出售，總是編到十二點以後纔睡，三、四點鐘又起床來編，編這種籃子很費事，先得把大甲藺曬乾，用石輪滾碾，把草碾扁，選長短，去「草褲」，編底，再碾，再編四週，結口，剪掉多餘的，最後繫帶子。纔算完成。籃子有圓形的、方形的。母親是做方形的，用手提的，比較小。我看母親太辛苦，也學著編，起先祇能幫母親編籃口，編提帶子，後來也能完全編了。工作雖然十分辛苦，工資卻少得可憐，一個熟手整天不停地編，一天頂多能賺十五圓。母親白天要做一家的「公事」，祇有晚上犧牲睡眠的時間編，所以一天祇能賺幾塊錢。她用這筆辛苦錢替我做衣服，給我繳學費和補習費。

二嬸、三嬸也做這種手工藝，自己積點私房錢。姑嫂們住在一塊，總難免吵嘴，母親像隻孤雁，受欺、受氣的時候多，一天我放學回家，看見二叔憤怒咆哮地舉起鋤頭把二嬸和母親編的二、三十個籃子統統砍得稀爛，還用腳踐踏，二嬸望著破碎的籃子哭泣，母親怔怔地站在那裏一句話也沒有講，也沒有流淚，彷彿獃了一般。我知道這些籃子是母親熬了一個星期的夜纔編成的，結果變成一堆破爛，心血完全白費。

「媽，這是怎麼回事？」我悄悄地問母親。

「唉，不必問甚麼原因？祇怪妳死了父親。妳要用功讀書，爭氣。」母親說。

二叔對我們母女雖然不好，可是我從沒有想到在堂妹身上報復。她功課不好，常常被老師打得掌心腫起好高，我總是替她揉，教她做功課。男同學打她，我替她打抱不平，和男同學打架。

本來我是最守規矩的學生，成績也最好，可是就因為維護堂妹，常和男同學打架，受了級任老師好幾次責罵，有一次王老師把我叫到跟前訓我：

「紫燕，我一直認為妳是最好的學生，可是妳為甚麼老是和男同學打架？」

「老師，男生歡喜欺侮女生，他們總是打我妹妹。」我說：

「妳為甚麼不報告我？」

我以前報告過她，她都沒有處理，因為那些男生不都是本班的，各班的都有。我知道報告無用，所以我就懶得再報告她了。

她看我不作聲自己心裏也有愧，又改變語氣對我說：

「妳是好學生，又是女孩子，我希望妳不要像男生那麼野，以後不許和男生打架。」

「老師，我實在不歡喜打架，是逼得沒有辦法。」我說，男生的力氣大，我打不過他們，而且他們常常幾個人打我一個，堂妹嚇得躲在一邊。因此，我吃虧的時候多，要不是為了維護堂妹，我怎麼會和男生打架？

那次看見二叔把母親編的籃子砍得稀爛，我真的寒心，我不知道男人怎麼會這樣沒有同情心？這樣蹧踏女人？

三叔雖然喜歡我，可是他也打過我，打過母親。

有天晚上，我煨蕃薯，好心好意挑了一個沒有燒焦而又熟透的大蕃薯送給坐在廳堂的婆婆吃。不知誰說了一句：

「沒有熟吧？」

我知道婆婆對我們母女不好，所以特地挑了一個好蕃薯孝敬她，想不到有人懷疑，我聽了自然有點氣，隨口回答：

「明明熟透了，誰說沒有熟？」

婆婆認為我頂撞了她，犯了上，罵我：

「死丫頭，這麼一點點大就尖嘴利舌，我不要吃妳的蕃薯！」

三叔馬上弓起手指骨節，在我腦門上重重地敲了一下，痛得我差點叫了起來。但我忍著眼淚苦笑地走開。真是好心不得好報。

有一次三叔厲聲叫我拿抹布抹這抹那，頤指氣使，我好難堪，也十分難過。三叔以前不是這樣對我的，怎麼突然改變了態度？是不是受了婆婆和二叔的影響？不管是甚麼原因，我還是服從他的命令，照他的指示做，母親看了心疼，叫我別做。於是兩人相罵起來。三叔趕過來打了母親兩個耳光，踢了一腳。我想不到三叔也會打母親？我簡直獃了？

母親把我牽進房來，坐在榻榻米（疊蓆）的床上，摸著我說：

「咪，我們孤兒寡婦的日子愈來越難過了！」

第三章　兄弟分家寡嫂戚戚
紫燕放學鬼火燐燐

我讀五年級下學期時，我們分了家。

按照慣例，分家是抽籤的。起先我們也是抽籤。除房屋原住的歸原住人外，剩下的還可以各分一間。母親的手氣不錯。抽的都很好。房間是最旁邊的，出入方便；長凳抽到一條特大號的；田地也是土地肥沃，灌溉方便的。可是二叔、三叔異口同聲說：

「抽籤的不算，要重新請人分配。」

毋親孤掌難鳴，講也講他們不過，打也打他們不過，他們說重分，祇好重分。

這次他們兩人事先在廁所裏串通好了一個分配辦法。他們兩人私自商議時也曾發生爭吵，我去廁所時恰巧聽見。因為他們在裏面我不敢進去，我在外面聽到他們爭「七十四」的水田。二叔說：

「那塊田我要。」

三叔說：

「我要。」

二叔說：

「不行，你不能要。」

三叔說；

「我怎麼不能要？」

二叔說：

「大哥死了我就居長，長兄如父，現在我又是家長，當然我優先。」

三叔沈默了一會纔說：

「那你應該把邊屋讓給我，不然你也別想「七十四」水田！」

邊屋就是我母親抽到的那間房屋。

「你打算怎樣？」二叔問。

「乾脆，大嫂抽到的，分給大嫂好了。」三叔說。

二叔沈默好久纔說：

「既然你要那間房屋，我就祇好給你算了。」

「這樣我們兩人都不吃虧。」三叔說。

我不等他們商議完畢，就悄悄離開。我知道我們吃虧吃定了。可是我並沒有把他們的話告訴母親，我不歡喜搬弄是非。

二叔、三叔請來族裏有名望的叔祖和大姑丈主持分配，分配結果和二叔、三叔事先商量的一樣，和母親抽籤的完全相反。我們分到一塊灌不到水的高地瘦田，和三分一半灌得到水、一半灌不到水的水田。和他們不要的房間和家具，主持人完全由叔叔擺佈，不講一句公道話，母親也不和他們爭吵，大概她知道爭也無用。我衹恨自己怎麼不快快長大賺錢給母親用。分家不到半年，二叔就買了不少土地。三嬸當面質問他：

「二哥，這些年你積了多少私房錢？」

「誰說我積了私房錢？」二叔不承認。

「你沒有積私房錢，怎麼能買許多土地？」

「是我分家後賺的。」

「老三怎麼沒有你那麼會賺？」

「妳衹能怪他沒有出息。」

「大嫂怎麼也沒有你會賺？」

「大嫂是婦道人家，衹會吃白食。」

兩人你一句，我一句，終於打了起來。三嬸自然不是二叔的對手，被二叔打成重傷，送進醫院。從此二叔、三叔見了面也不講話。

其實他們兩人誰也沒有吃虧，吃虧的是我們孤兒寡婦，母親和姐姐白白地打了許多年長工，我也抽空照顧堂弟、堂妹，放牛、放羊，做家務雜事。但我們祇有一宿三餐，一年做一套粗布衣服，其他的完全由母親熬夜編籃子開支。以當時的工資來講，母親和姐姐一年賺幾千塊錢不成問題。可是她們一文錢都沒有拿到，連我一個月十塊錢的補習費都不肯出。

分家以後，母親不再挨打，她精神上比較愉快。她照常辛勤地工作。姐姐也下田幫助她插秧、除草、拔落花生。我也做點雜事，可是並不覺得苦，母女三人反而快快樂樂。空閒時姐姐還去幫別人「削蔗根」，把帶葉梢根鬚的甘蔗削乾淨，按綑算工資，一綑五分錢。技術好的人一天可以削一百多綑。姐姐早出晚歸，一天可以賺七、八塊錢，貼補家用。

五年級下學期，我們升學班的人愈來愈少，因為老師非常嚴，成績不好就挨打，好多女生經不住打都轉到別的不升學的班裏去了。後來祇剩下三個女生。那個叫王美蘭（日本投降前叫王蘭子）的女生和我很好。她臉圓圓的，眼睛大大的，皮膚黑黑的，如果鼻子再挺直一點，那真是個美人胎子。她的國語成績不算差，常識次之，算術最糟，因此常常挨打。她一挨打就哭，哭得怪可憐的我看了難過，也陪著她哭。老師看見我哭就問：

「朱紫燕，妳又沒有挨打，哭甚麼？」

「老師，我看了王蘭子挨打，心裏難過。」我說。

「妳這真是替古人擔憂！叫她好好用功不就得了？哭個甚麼勁兒？」

我替她擦乾眼淚，叫她用功，下次考好一點。她哭訴地說：

「我又不是不用功，就是不懂，有甚麼辦法？」

的確，男生也有很多人不懂，照樣挨打，打得鬼叫。一到升學班，他們就不像從前那麼頑皮，那麼愛欺侮女生。我的功課好，又守規矩，因此，老師總是說我「乖」。可是教「雞兔問題」時，我也搞糊塗了。我第一次挨打，打得好痛，難怪王美蘭會哭，我也忍不住哭了。打過之後，老師還數落一頓：

「朱紫燕，別人不會，還情有可原。妳是班上最好的學生，妳也不會，妳說該不該打？」

我沒有回答，我的手心正在火辣辣的痛。我也不知道怎麼會搞糊塗了？我曾經請教過唸高中的表兄，他是優等生，他也不會用算術做，卻用代數解給我聽，我更是莫名其妙。

因為要補習，晚上總是摸黑回家。路上要經過一座亂墳堆，心裏害怕。我和王美蘭總是手牽著手跑過來。有一次還沒有走近亂墳堆，就看見墳堆裏一團綠火一閃一閃，我們聽大人說過那是鬼火，王美蘭膽小，兩腿直彈琵琶，抱著我哭：

「媽呀！媽呀！」

本來我並不十分怕，我知道那是燐火，可是她這一哭，全身發抖，使我也害怕起來。那團綠火一閃一閃，彷彿鬼在那裏跳舞，我真怕它跳過來。我急得念「阿彌陀佛……阿彌陀佛」。母親說有苦難時念「阿彌陀佛」，菩薩就會保佑。

我們進退不得，希望後面有人過來，等了半天，仍然不見一個人來。王美蘭哭著叫媽不停，可是她媽在家裏，聽不見。

後來我忽然看見前面遠遠的有一盞燈籠出現，愈走愈近，隨後聽見母親的叫聲：

「咪呀，咪呀，妳在那裏，媽來接妳。」

我心裏一高興，膽子壯了好多，馬上大聲回答：

「媽，我在這裏。」

隨即牽著王美蘭的手跑過來，不敢把剛纔的情形告訴媽。

以後我和王美蘭在書包裏都放了一塊鐵尺，我聽大人說過：

「鬼見鐵，一包血；鬼見銅，一包膿。」

既然鬼怕銅、鐵，晚上摸黑回家時我們就把鐵尺握在手裏，要是真的碰上了我們就敲他一下。

母親常在三、四點鐘起床，煮飯、編籃子。我也跟著起床，坐在灶前一面看書，一面替母親看火。國語、常識我都背得滾瓜爛熟，「雞兔問題」還是一知半解。男生都把算術規範裏面的問題答案抄下來，考試作弊。我明知男生頭（成績好的）作弊，但沒有檢舉，我不在乎他們和我競爭，我怕他們挨打，打起來是怪可憐的，最好強的男生頭也忍不住哭。

我家門前有好幾棵一丈多高的番石榴樹，屋旁一排柚子樹。「大白柚」比大人的頭還大，有柄的番石榴也有盌大，都非常好吃，每當熟時我總摘下來分給全班同學吃，王美蘭自然吃得最多。

我從二年級就開始帶便當，菜是鹹瓜、鹹魚、空心菜。縱然帶蛋也是一個蛋炒好幾樣菜，吃久了實在生厭。有一位同學家裏有錢，天天帶瘦肉泥。看了真叫人流口水。王美蘭家裏養鴨，天天帶荷包蛋。吃飯時女生都圍在我的座位上，大家交換者吃，她們常用瘦肉泥、荷包蛋換我的鹹瓜、空心菜，因此，我也不至於三月不知肉味。

星期假日我們要好的同學也會結伴串門子。我初到同學家時別人的家長會問：

「這是誰家的孩子？」

「朱家的。」同學代我回答。

「她就是沒有父親的朱紫燕嗎？」

「是。」

「妳們看，她是沒有爸爸的人，卻最爭氣，最會唸書。」

我聽了分不出是高興？還是心酸？

好不容易熬到小學畢業，我僥倖得到升學班第一名。得了一些獎品。拿回來時母親很高興。二叔沒有作聲，因為堂妹在普通班都是倒數第二名，勉強畢業。

畢業後我喘了一口氣，輕鬆了兩天。母親帶我去外婆家，這是父親死後她第一次到外婆家裏來。有位表姨目不轉睛地看著我，看得我靦腆不安。最後她纔笑著說：

「咪不但聰明，人也愈變愈漂亮了，真的愈看愈中看！」

這時我十五歲，說大不大，說小不小。

第四章 朱紫燕人窮志短

林老師義正辭嚴

我們鄉下小學畢業生，能考取省立嘉女，省立嘉中，臺南一中、二中的都是頂兒、尖兒的學生。我們未畢業時，老師常常譏笑我們女生：

「妳們能考取家政婆就算了不起。」

沒想到我們三個女生統統考取嘉女，我還考了第五名。在省立新中考了第二名。但我還是選了嘉女。

上五年級時我本來不打算加入升學班，沒有徵得母親的同意我就自動到非升學班去。我知道二叔不會准我升學，母親手上沒有錢，她熬夜工作也太辛苦，我不忍心用她的血汗錢。可是老師硬要我上升學班，他向我大表兄（大姨媽的兒子）說，請他幫助我升學，他的經濟情況不壞，他向母親說他願負擔我上初中的學費，這樣我纔上升學班，纔考取嘉女。

放榜以後，他真的送學費過來，還勉勵了我一番。我和母親都很感激他。可是我心裏覺得靠人家幫助讀書不是味道。

初中新生暑假期間要補習英文字母。可是公路局不准沒有學生證的新生購買乘車月票，搭一趟要三塊錢，一天往返兩趟就要六塊錢。六塊錢對我的家庭是個大負擔。姐姐替人家削一天甘蔗祇能賺七、八塊錢，母親熬夜編大甲藺籃子也祇能賺六、七塊錢，我搭兩趟車就花光了，我實在不忍心花母親這麼多錢。我心灰意懶，我不想讀。

後來有人告訴我搭民營客運車比較便宜，又可以買兒童票，祇要一塊五毛錢，往返兩趟三塊錢，便宜一半。母親催促我趕快去補習，我這纔去。

我補習英語期間，沒有書包，沒有鉛筆盒（小學用的木製鉛筆盒壞了），祇好用條毛巾包著畢業時得獎的鋼筆，和練習簿子。老師教兩班，如果他先上別班的課我上午就趕不回家，要搭下午兩點四十分的車子。第三天就遇著這種情形。

我不想等下午兩點四十分的班車，因我身上祇有一張車票錢。肚子又餓口又渴，天氣又熱，心裏很煩，我決定走回家。我家到城裏有十二公里，沿公路走比較近。城裏的路我不熟，我先沿著河街走想抄一段近路，想不到走了半天還走不上公路，祇好折回來走客運的路。

天氣熱，太陽大，我不時用毛巾擦汗，走了八公里我忽然發覺鋼筆丟了！我心裏一慌，差點哭出來。連忙回來找，邊走邊尋，快走到嘉義還是沒有找到。我又折回來找，走到原先發覺丟掉鋼筆的地方，仍然不見鋼筆的影子。我在路上曾經幾次撿起和鋼筆長短粗細相彷的樹枝，看看不是纔把它丟掉，我真希望那些樹枝變成鋼筆。

我恨我沒有點石成金的本領，不能把樹枝點成鋼筆。我在路上來回走了四、五個鐘頭，不覺得餓，也不覺得口渴，除了鋼筆以外，我急得甚麼也想不到。

我懊喪地走回家，告訴母親。母親責怪我：

「妳怎麼這麼粗心大意？丟了鋼筆我怎麼買得起？」

那是一枝派克二十一型的鋼筆，大約要兩百塊錢。

「沒有筆盒，天氣又熱，大概是我揩汗時溜出去了？」我說。

「掉在地上妳也應該聽見。」

「我急著趕路，沒有發覺。」

「妳說現在該怎麼辦？」

「媽，我不想讀。」說著我的眼淚不自覺地滾了下來。我已經忍了好久好久。

母親不置可否，她也拿不定主意。

第二天我沒有去補習，第三天也沒有去。第四天王美蘭來找我，劈頭就問。

「紫燕，妳怎麼一連兩天都不上學補習？」

我眼圈一紅，又掉下眼淚，過後纔說出原委。她也半天沒有作聲。

「我家裏也不寬裕，不然我買枝鋼筆送妳。」好久她纔這麼說。

「多謝好意，我是苦命人，本來就沒有資格上中學。」我說。

「我看妳還是去補習，沒有鋼筆就用鉛筆好了。」王美蘭說。

「老師規定要用鋼筆，別的功課也要鋼筆，我沒有錢，讀不起。」

她含著眼淚，無可奈何地走了。

我看她去上學，心裏好難過，獨自蹲在一棵大柚子樹下流淚。這兩天我失魂落魄，不思飲食，不願見叔叔、嬸嬸，恨不得死掉。

堂伯父發覺我沒有上學，問我：

「咪，妳怎麼不去上學？」

起先我不想講，後來被他逼得緊，纔說出原因。

他哦了一聲，伸手拍拍我：

「乖，不要為這件事傷心，快去上學，阿伯買支鋼筆送妳。」

「阿伯，那怎麼好意思？」我又感激又慚愧，我像掉在水裏的人忽然抓住岸上一根草。

「這又有甚麼不好意思？妳是我們朱家的好女兒，阿伯應該送妳一支鋼筆。」堂伯笑著說。

第二天他真的買了一支鋼筆送我，我又去上學。

小學六年，我年年得出席獎（全勤獎），一上中學我就曠課，真不是好兆頭。幸好是補習，沒有正式上課，不然定有麻煩。

正式開學後，我編入「實驗班」，一百名以前的編成兩個「實驗班」。「實驗班」是直升高中的，不必參加升學考試。王美蘭是普通班，所以我在班上沒有一個熟人，感到形孤影單。

班上的同學穿著都很考究，我看她們都比我快樂、活潑、懂事，我不免感到自卑。如果她們不先向我問話，我決不先和她們打交道，我怕碰釘子。我默默地來，默默地去，往往整天不講一句話。愈見別的同學說說笑笑，我愈難過。

開學不久，導師就找學生個別談話。第一天就找到我，她開頭就問：

「妳父親是做甚麼的？」

她第一句話就揭了我的瘡疤，我一句未答，就傷心地哭了出來。她不等我冷靜下來，一直逼著我問，她氣沖沖的口吻，更使我傷心，哭著說不出話來。她大聲地罵我「愛哭」！就在評語欄上寫著「愛哭」兩個字。看了那兩個字我更傷心。失望，我一直哭了出來。在小學，老師、校長都喜愛我，一到初中，就不得老師歡心，又是一個完全陌生的環境，我實在灰心。

我穿的白衣、黑裙是最差的料子。不能和同學比。班上的同學都知道我家裏窮，有點瞧不起我，我更是落落寡歡。

入學不久，表哥買了一支日本名牌百樂鋼筆送我，我捨不得用，專用堂伯父送我的那支普通鋼筆。有一天我拿出來用了，被好幾位同學看見，我並沒有介意。

第二天上學，我一走進教室，就發現我桌上放看一張紙條，走近一看，上面寫著這樣的話：

「我們班上出了小偷，實在可恥！看妳老老實實，不聲不響，人也長得漂亮，想不到竟做出這樣下流的事來！真是畫虎畫皮難畫骨，知人知面不知心。我們有妳這樣的同學，實在可恥！可恥！」

我不知道是誰寫的？一點也認不出是誰的筆蹟！我們相處的時間太短，連同學的姓名面孔都分不清楚。可是我氣暈了，這種侮辱我實在受不了，我伏在桌上放聲痛哭。

我怎樣也想不出來，我偷過同學甚麼東西？我從小一芥不取，不貪小利，縱然是萬兩黃金擺在我的面前，不該我得的我也一文不取，我就有這點硬氣。難道貧窮就是罪惡？窮人就是小偷？我家裏雖窮，可是窮得清白。我愈想愈氣，愈想愈傷心！要是不死父親，我不會落到這種地步。父親是農校高材生，是地方上的士紳，如果父親還在，他最少當鄉長，當縣議員了，誰敢欺侮我？誰敢懷疑我是小偷？

大概是我的哭聲驚動了別人？我覺得有人走過來，圍攏我。我懶得理會她們，我埋頭痛哭。忽然我聽見有人冷言冷語：

「哭！哭甚麼勁？偷了人家的鋼筆還有理？」

我驀地站起，望著那個說話的女生：

「妳胡說甚麼？我偷了誰的鋼筆？」

「偷我的！」她用食指指著自己的鼻尖，輕蔑地說：「怎麼？還不承認？」

我真想抓住她的頭髮打她兩個耳光！但是我人窮氣短，孤掌難鳴。她們人多，都是小學同學，何況導師對我印象不好，我祇好忍住。

「既然妳不承認妳偷了人家的鋼筆，妳敢把那枝百樂拿出來大家看看嗎？」別人說。

「怎麼不敢？」我打開新書包，拿出表兄送給我的那支百樂，上面刻了我的名字。站在我前面的女生把筆接過去，看了一下，對丟了筆的那個女生說：

「上面有她的名字。」

那個女生十分刁鑽，她撇撇嘴說：

「這還不容易？偷去以後拿到筆店請他們刻個名字他們還會不刻？」

她這樣一說馬上有人附和：

「對！說不定這是她做的手腳？」

我差點氣炸，我大聲吼叫：

「妳們不能含血噴人！」

大概我們吵鬧的聲音太大，被導師聽見了。她趕了過來喝問：

「妳們怎麼這樣雞貓子喊叫的？到底怎麼回事？」

那個丟了筆的女生搶著說：

「老師，她偷了我的鋼筆？」

導師又胖又大，濃眉惡眼像個男人，我看了她就有點怕，何況他對我的印象不好，她聽了片面之詞，兩眼兇兇地瞪看我？

「妳怎麼做這種壞事？」

「老師，我沒有偷！我沒有偷！」我哭了出來：「妳看看筆就知道。」

她沒有看筆，又瞪了我一眼：

「妳就是好哭！」

我真是含冤莫白，有口難言。我受不了這口冤氣，我準備不讀，率性蒙著臉放聲大哭。

導師大概看了筆上有我的名字，問那個丟了筆的女生：

「林美富，妳的筆是甚麼時候不見的？」

「大前天。」林美富說。

導師又轉問我：

「朱紫燕，妳這枝筆是甚麼時買的？」

「入學時表哥送我的。」我說。

「撒謊了！」林美富堵住我：「既然是入學時表哥送妳的，怎麼以前沒有看見妳用？我掉了筆以後妳纔用？」

「我捨不得用，我另外還有一枝普通鋼筆。」我說。

「妳把那枝鋼筆給我看看。」導師命令我。

幸好堂伯送我那枝筆帶在身上，我從書包裏摸了出來，遞給她。

她看了以後又發還我，然後宣佈：

「這件事我要詳細調查，這枝百樂鋼筆我暫時保管。將來該給誰我就給誰。」

說完她就帶著鋼筆走了。

這真是平地風波，見了活鬼，我冤得難過，上課時一直流淚，好幾次差點哭出聲來，老師講些甚麼？我一句也沒有聽見。

下課時王美蘭過來找我玩，看我眼睛紅紅的，詫異的問我：

「究竟是怎麼回事？是不是又丟了鋼筆？」

我把原委告訴她。她生氣地說：

「真是豈有此理，怎麼可以隨便冤枉人？」

「美蘭，人死得窮不得，我真不想受這個窩囊氣，我又不想讀了！」我流著眼淚說。

「那怎麼可以？」王美蘭說：「妳要是不讀，她們更會說妳做賊心虛。」

「妳的話雖然有理，可是我在班上孤掌難鳴，受不了人家的白眼。」

「不管怎樣，我們應該把這件事弄個水落石出。」

「導師對我的印象不好，她不會聽我的。」

「我替妳作證。」王美蘭自告奮勇。

「妳不在這一班，她也未必信妳的？」我說。

王美蘭膽小，她沈思了一會又說：

「你們的導師好兇，我怕我見了她說不出話來？」

我感到我真的孤立無援，我心灰意冷，讓冤沈海底算了，我本來沒有資格讀中學，何必受這個冤枉氣？但是王美蘭又說：

「晚上我們去告訴林老師，要他來替妳作證。」

林老師是我們六年級的級任，要表哥幫助我升學的就是他。他很熱心，瞭解我的個性。

「我沒有臉告訴林老師。」我說。

「妳不去我去。」王美蘭說。

上課鈴響了，她連忙跑開。我回到課室，大家以懷疑、奚落的眼光著看我，彷彿我真是一個小偷。

在課室我如坐針氈，非常難過。我奇怪她們怎麼沒有一點同情心？她們看我像一頭受了傷的野獸，不但不保護，反而扔石頭。上帝一樣生人，怎麼生出各種不同的心腸？

因為心裏太難過，中午的便當我也沒有吃。王美蘭陪我在校園牆角邊一棵大榕樹下休息，講了很多安慰我的話，我們同學六年，在這裏祇有她瞭解我。

下午三堂課我也不知道是怎麼混過去的？我不願看任何人，我緊緊地閉著眼睛。

放學後我和王美蘭一道搭公路車回家，我們領了學生證，已經買了月票。

在車上男生向來不和女生說話，今天我更不理他們。

回到家裏，把便當交給母親，母親看飯菜未動，問我是怎回事？我不作聲。她看見我眼睛紅腫，連忙問：

「是不是又掉了鋼筆？」

我搖搖頭，她上下打量我一會，又問：

「是不是同學欺侮妳了？」

我忍不住哭了出來。我們母女同命，祇有她不歧視我，不會把我當賊。

本來我不想告訴她，免得她難過，經不住再三追問，我纔和盤托出。

母親半天沒作聲，然後重重地歎口氣：

「祇怪我們貧窮，祇怪妳死壞了父親！」

晚飯她特別煎了一個荷包蛋給我吃，這是前所未有的。

這天晚上我很早就睡了覺。做了一晚上的噩夢，夢見校長把我開除，還在公佈欄裏貼了一張公告：

「查學生朱紫燕，品行不端，著即開除，以正校風。」

好大好大的紅字，好多好多人圍著。我走到那裏，同學都指著我說：

「小偷！小偷！」

我到處躲藏，無處藏身。躲進廁所也被她們追了上來，大聲叫罵：

「賊！不要臉的賊！偷鋼筆的賊！」

我真想鑽地，可是鑽不下去，到處是水泥地。

早晨醒來，一身冷汗。母親替我預備便當，我對她說：

「媽，不要費事，我不上學。」

「怎麼又不上學？」母親冷了半截。

我不願告訴她昨夜的夢。我實在害怕那些奚落的眼光，那些叫罵的聲音。更怕看到公告欄裏的佈告。

母親怎麼勸我都不聽。她端著飯盒，僵在那裏，像個木頭人。

正在這時，王美蘭和林老師來了。母親對林老師說：

「林老師，她不想上學，你看怎麼辦？」

「怎麼不上學？我陪妳去！」林老師理直氣壯地說。

他的男性的聲音，對我有很大的保護作用，有很大的安全感。我的膽子也壯了起來。

「這件事我一定要給妳弄清楚，怎麼可以隨便冤枉好學生？」林老師看我接過便當又說：

「難道窮人就不能讀書？就不是人？」

來到學校他要我和王美蘭帶他去見導師。他先向導師表明身份，說明來意。導師說：

「林先生，你來得正好，我正想向你請教。」

「是不是關於朱紫燕的事？」林老師問。

「正好。」導師點點頭。

「那我可以向妳保證：朱紫燕決不會做這種事！她是個品學兼優的好學生。這點王美蘭也可以證明。」

導師沈吟了一會，又望望我，然後對林老師說：

「不過，我覺得她有點不正常？」

「那是因為她的心理壓力太重，精神負擔太大。她家裏窮，又很早死了父親。」

聽林老師這樣說，我感慨萬端，哇的一聲哭了出來。

「林老師，你能證明這枝筆是她表哥送她的嗎？」導師拿出那枝筆給林老師著。

林老師看了一眼，大聲說：

「我可以發誓：這枝筆是她表哥送她的。不但筆是她表哥送她的，連她的學費也是她表哥負擔的。」

「林老師，你和她表哥是甚麼關係？」導師問。

「好同學，好朋友。」林老師迅速回答：「不信，我可以打電話叫他來作證。」

「不必，不必。」導師搖搖頭：「既然如此，我把鋼筆發還她。」

「還要請妳在班上宣佈一下，免得她蒙不白之冤。」林老師顧慮週全地說。

「我知道。」導師回答。

「導師，我們都是從事教育工作的人，責任重大。朱紫燕這孩子甚麼都好，就是家裏窮，死壞了父親。以後還要請妳特別愛護。」林老師說：「對不起，我還要趕回去上課，我告辭了。」

林老師又回過頭來安慰我幾句。導師把他送走之後回來對我說：

「唉，那天我找妳個別談話，妳怎麼祇是哭，一句話也不講呢？要不是今天林老師來，我真會誤會妳。」

第五章 李彩文雪中送炭 朱紫燕教室傷心

小偷的嫌疑雖然洗刷清楚，我和班上的同學還是落落寡合。她們知道是表哥供給我讀書後，又以另一種眼光看我。我聽到很多閒言閒語。說甚麼表哥另有用心吶，我這塊肥肉遲早會掉進表哥嘴裏的。尤其是那個丟了鋼筆的林美富，嘴最刻薄，最愛嚼舌根。誣賴我偷她的鋼筆沒有成功，心裏對我更不高興，偏見更深。有一次她和另一位同學在門角講我的閒話，恰巧被我進來碰見，那種刻薄話真不堪入耳，我非常生氣，大聲對她說：

「妳別胡說八道好不好？我表哥大我十多歲，而且他已經結婚生子，妳那種話怎麼扯得上？」她以為我怕她，還不知進退，反而更刻薄地說：

「表哥結婚生子有甚麼關係；他正好收妳作細姨。」

我氣得全身發抖，眼淚直流，我拖她去見導師，她以為我要打她，就先下手打我，我本能地還手，兩人打了起來。別的同學連忙拉住。因為是她理屈，沒有去報告導師。我向來不歡喜打小報告，雖然受了辱，吃了虧，也就算了。可是我心裏總有一個疙瘩，我是同學取笑歧視的對象，我不能像別人一樣抬起頭，揚揚得意。我像陰溝裏的老鼠，膽怯心虛。

開始時我的功課不壞，英文常考九十多分，國文成績也特別好，其他各科也不輸人。本來我想以優異的成績出人頭地，但各方面的打擊又使我灰心。想到靠表哥供給我的學費讀書，心中總不是味兒，我那有資格讀實驗班？那有資格直升高中？更遑論大學了。我打算讀完初中就自力謀生，但實驗班拿不到畢業文憑，因此我想轉普通班。

由於情緒不好，我不能專心讀書。上課時也是胡思亂想到底是讀下去還是做事？這問題一直在我心裏盤旋。我不想倚賴表哥，我最怕欠人情債。我想去考公車車掌，賺點錢貼補家用，免得母親那麼辛苦。

一年級我就在矛盾中渡過，成績中等，這和我在小學要包辦頭名相差太遠，和我考進來時的第五名也不能相提並論。林老師很奇怪，他以為我至少是前三名，想不到退步這麼遠？有一天他問我：

「朱紫燕，以妳的天分來講，祇要稍稍用點功，十名以內決無問題；如果真用功讀書，可以包辦前三名。我怎麼想妳也不該夾在中間，到底是怎麼回事？」

「老師，我心裏很亂。」我說。「我不該靠表哥接濟讀書，我想做事。」

「妳現在年紀還小，又沒有相當學歷，能做甚麼事？」林老師說。

「我想當車掌。」

「車掌也得初中畢業呀？」

「因此我想轉普通班。」

「人家普通班的要升實驗班都辦不到，妳怎麼反而想自貶身價？」

「老師，我初中都是表哥幫助，憑甚麼直升高中。」

「船到橋頭自然直，妳何必現在就著急？妳用功讀書就是了，別的不必管。」

林老師的安慰鼓勵我很感激。我的成績不好，更愧對表哥。我怕林老師告訴他，因此我對林老師說：

「林老師，我的成績請不要對表哥講，免得他失望。」

「不會，」林老師搖搖頭。「以後妳專心用功就是。」

表哥祇供給我學費，從來不問我的成績，這使我的心理負擔輕些。

初二時，換了一位很漂亮的女導師，人也和藹，不像一年級的那位兇導師。她教英文，很喜歡我。她時常和我聊天，有說有笑，從來不板著臉。我甚麼都告訴她，一點也不隱瞞。她同情我，鼓勵我。她像一位大姐姐，可敬，可親。她叫李彩文。因為她愛我，器重我，她的課我就不能不用功，因此我的英文成績是全班最好的，我的作業常常貼在壁報欄裏。起先班上的同學歧視我，瞧不起我這個窮學生，現在又變為妒嫉。林美富一看見我的英文作業貼在壁報欄裏就撇撇嘴說：

「哼！甚麼了不起？還不是老師偏心，專愛漂亮的！」

幸好李老師是女的，不然真不知道她會講出怎樣的話來？在班上她的英文成績也算是很好的，可是總被我壓著，因此她很不服氣，她不漂亮，也妒嫉比她漂亮的同學。

李老師歡喜我，對我的確有很大的保證作用，我心裏也有一點安全感，同學們相當勢利，見風轉舵，大多數都主動和我接近，向我討好。有一位英文最差的同學叫胡寶珠的，她家裏開百貨店，很有錢。不知怎樣她對英文沒有興趣，常常考不及格。本來她和林美富最好，在一年級時常常幫助林美富欺侮我。現在看我的英文成績總是壓倒林美富，老師又愛我，她就轉變過來對我特別好。我是個記恩不記仇的人，祇要人家不欺侮我，我就願意和人家作朋友，從來不會懷疑別人的動機。她為了討好我，要我教她的英文，常常講林美富的壞話：

「她有甚麼了不起？不過家裏有幾個臭錢。她爸從前是日本人的狗腿子，專門欺侮自己人。」

我不愛管人家的閒事，不愛搬弄是非，這種話我總是左耳進右耳出。倒是她講林美富掉了鋼筆的事我聽得入耳，她說：

「她那次冤枉妳偷她的鋼筆真不應該！第五天她又在家裏找到了。可是她一直不響，還教我不要講。幸好那次有林老師替妳作證，不然妳真冤沈海底了。」

我真想不到會有這種人？那次差點斷送了我的學業，現在想來還很痛心。

班上要成立圖書室，規定每人要交一本書。李老師調查的結果，祇有我一個人沒有圖書。我沒有閒錢買小說雜誌，沒有閒錢買零食，身上祇有一張公路月票，不帶一毛錢。

李老師知道我沒有小說雜誌等課外讀物，也不做聲，也不要我交。圖書室成立的那天，我不敢去看熱鬧，因為我沒有出書。胡寶珠看了回來告訴我說：

「我們班上五十五個人，剛好五十五本書。真絕！」

我聽了奇怪，我根本沒有繳書，應該祇有五十四本，怎麼會跑出五十五本？我悄悄地過去看了一下名冊，誰繳了甚麼書？學期結束都要物歸原主。我簡直不敢翻看我的名字，我怕底下是個空白。想不到我名下也有一本書，是《櫻花夢》。我去大櫃子上找，找到了那本書，是一本最新的書。奇怪？究竟是誰做的好事？暗中替我撐面子？

名冊是李老師製的，她應該清楚，我來找李老師。

李老師一看見我進來就問：

「朱紫燕，甚麼事？」

「老師，我想請問您一件事？」我說。

「甚麼事？」她笑著問我。她的瓜子臉特別美，笑的樣子也美。

「請問那本《櫻花夢》是誰代我繳的？」

「一本書算得了甚麼？何必動問？」她仍然笑容可掬。

「老師，人家幫我這麼大忙，使我不丟面子，我應該知道是誰？也好感激人家。」

「小意思，一本書不過十來塊錢，是我送妳的，不必感激了。」她笑著把我拉到身邊。我感動得眼淚直流。

十塊錢在她也許是小事！在我卻是大事。姐姐替人家削一天甘蔗，賺不到十塊錢；母親編一夜的籃子，也賺不到十塊錢。怎麼是小意思？

「老師，我和您的想法不同，」我抬起頭說：「我認為這是一件大事。要是少了那一本書，我又沒有臉做人，同學又會瞧不起我。」

「我早想到了，我不會使妳失面子。」她笑著拍拍我。

看她這麼年輕漂亮，想不到還有這麼好的心腸。我心裏對她的感激，真的無法形容。要是天下的女人都像她，男人都像林老師，那該多好？

初二這一年，因為有她這位好導師，使我得到不少安慰，心情好得多，功課成績也好得多。可是我還是想轉普通班，畢業後自謀生活，不想再倚賴表哥升學，我怕人情債愈揹愈重，將來報答不了。

初三開學後，得到一位在臺北師大唸書的堂兄的幫助，請得校長的准許，纔轉到普通班來。實驗班的同學都很奇怪，說我「由飯鍋裏跳到粥鍋裏」。王美蘭也惋惜地對我說：

「我想到實驗班都想不到，妳反而從實驗班降到普通班來，真是不按牌理出牌。」

「我們老同學，難道妳還不知道我的苦衷？」我苦笑地回答。

正好我調在她這一班，總算有個熟人，不然又會像在初一時那麼孤單。

因為我是從飯鍋裏跳到粥鍋裏來的，普通班的同學都另眼相看，而且也十分奇怪。實驗班的程度比較高，照理我在各方面都比她們強。可是實驗班初二不教理化，我沒有唸過，因此在這兩科上我就趕不上她們，顯得十分吃力。在其他科目方面，我自然超過她們。尤其是英文，我在初二基礎打得好，她們沒有一個人趕得上我。

我沒有調到普通班來時，班上拿出去展覽的初中英文作業都是由一位叫趙翠英的同學包辦。我來以後，老師祇要她的國文作文，英文卻指定我交。她很不服氣公然向同學說是老師偏袒我。王美蘭聽了也不服氣，她反駁趙翠英說：

「她不但英文比妳好，國文也比妳好。老師為了顧全妳的面子，祇要她的英文作業，妳還不知道！」

趙翠英氣得臉紅脖子粗，鼓著兩隻大眼睛瞪著王美蘭說：

「妳狗咬耗子，要妳替她幫甚麼腔？」

我從小就不願和人家爭名奪利。不願意出鋒頭。我認為把作業拿出去亮相沒有一點意思，好就好，壞就壞，亮一次相又不長一塊肉。我看見趙翠英生氣連忙阻止王美蘭說：

「是老師偏袒我，趙同學的英文、國文都比我好。趙同學，妳別見笑。」

她馬上抿嘴一笑，顯出很得意的樣子。

我因為不打算升學，更不願意和同學們競爭。在功課方面我完全是應付，祇求及格，不在乎名次。我有點自暴自棄。要是三年級有李彩文那樣的好導師我可能不會這樣子！要是家庭環境好，有錢升學，我決不會離開實驗班，我也可能包辦前三名。但是事實擺在面前，我沒有資格和任何人競爭，連王美蘭的家庭環境也比我好得多。

畢業的日子愈近，同學們愈開心。可是我愈近愈徬徨，愈近愈苦惱。升學不可能，找工作也沒有把握，考公路局車掌也不是一件簡單的事。

當別人喜氣洋洋的去參加畢業照相，我卻一個人躲在教室的角落裏流淚，我沒有心情去趕那個熱鬧，王美蘭拍完照回來，發現我坐在教室，她大驚小怪地說：

「唉呀！妳怎麼搞的？畢業照也不去拍？三年寒窗，也該留個紀念。」

甚麼好紀念的呢？紀念我受了多少委屈？還是紀念我流了多少眼淚？

第六章　表哥恩重敬謝不敏
改考師範與世無爭

畢業後我悶在家裏。

公路局沒有招考車掌，也沒有工廠招考女工。小時候我歡喜用紙裁裁剪剪，踩踩縫紉機，因此我想學洋裁。母親說成天坐著有傷身體，不大贊成。

表兄供給我唸了三年初中，從來不問我的成績，也不知道我考上實驗班。我初中畢業後他又自動替我報考高中，所有的表格都塡好了，就差我的照片。他到我家來向我要照片！我告訴他說：

「如果我要升學，我也不轉普通班，根本用不著考。」

「我一點也不知道，妳為甚麼要轉普通班？」表哥說。

我不願把實情告訴他，我覺得我已經欠了他很多人情債，雖然他一片好心，我也不願再靠他接濟。我知道他不要我還，是誠心誠意地幫助我。可是我不能受人家一點好處，受了好處我就終生難忘，在心理上是一個很大的負擔。表哥給我的恩惠我已經負擔不起，因此我對他說：

「我沒有興趣唸書。」

婆婆也在旁邊冷言冷語：

「女孩子唸再多的書，也是拿椅子去墊人家的屁股？」

表哥聽見這樣的話，也不好勉強我。他一定以為我真不想讀書。

表哥走後，我躲在房裏哭了好久。我心裏矛盾得很，我很想讀書，可是又不願意接受表哥的幫助。婆婆的話更使我傷心。她自己是女人，為甚麼這樣瞧不起女人？

在臺北唸師大的那位堂兄回來了，他勸我考師範，他說唸師範不要錢。該死！我怎麼一直沒想到師範？別人也一直沒有向我提起。我突然後悔三年來我沒有好好用功，祇一味往壞處想。自暴自棄，混畢業就算了。我一點準備都沒有，如何應試呢？

堂兄是看到嘉師的招生啟事後和我講的，第二天我就趕去報名，這是個別報名的一天。我還沒有走到校門口，就看見一條長龍：我嚇了一跳，這麼多人報名，再加上團體報名的人真不知道有多少？一共纔收三班，每班四十五名。男生兩班，女生祇有一班，其中還有三名保送的，實際上祇有四十二個名額，我還有甚麼希望？我躊躇了很久，纔接在長龍的尾巴後面排隊，慢慢地我後面又長出了一條長尾巴。

愈接近報名處我心裏愈慌，我真怕糟蹋了報名費。快輪到我時我像一個快上火線的新兵，心虛腿軟，我突然臨陣脫逃，溜出隊伍，灰心地向回家的路上走，想不到迎面來了一群小學時的男同學，他們也是來報名的，他們分明看見我從學校出來，一定以為我報了名。如果將來放榜時我榜上無名，他們一定會笑我名落孫山外。同學時他們成績都不如我，萬一他們考上了，村子裏的人不知底細，也會笑我的，報了名真考不取被人笑話倒也甘心。因此我又循著原路跟在他們後面重新排隊。他們看我去了又來，奇怪地問我：

「怎麼妳沒有報名?」

「沒有。」我搖搖頭。

「我們還以為妳報過了呢！」

「擠不上前。」我說。

「報名的人真多，妳要是不報，我們就多一分希望。」

「我是女生，不影響你們的名額。這次我是陪著公子趕考，毫無希望。」我說。

報過名後，我纔開始看書，距離考試祇有一個星期了。

初二理化一、二冊我沒有唸過，三、四冊也是一知半解，我祇好從頭研究起。母親不叫我工作，讓我臨時抱佛腳。

天氣熱，房子裏不能看書，祇有正屋與廂房中間的過道比較涼快，我搬出一條長凳當桌子，邊唸邊作筆記。二叔過路時感覺不便，就譏諷我說：

「妳這真是畫虎嚇猴！」

以後我一看見他過來就趕緊把長凳往懷裏一摟，讓他過去，免得他不高興。

這一個星期的時間，我早起晚睡，手不離書，大多時間在啃理化，因為國文、英文、史地這幾門功課，在學校裏我是全班最優的，常考九十幾分一百分，數學中上，理化最差，祇好多花點時間準備了。

考試時三叔倒很關心我，他怕我搭公路局的車子誤點，先把我送到一位住在城裏的朋友家裏，請他順便用機車把我載到學校去，耐心地等那位朋友和我出發了他纔回家。

王美蘭也考師範，我在學校碰到她，不過我們不在一個試場，倒是那幾位小學的男同學和我在一個試場。從試場編號看，一共有三千多人，我已冷了半截，三千多人爭取一百二、三十個名額，那真好比駱駝穿針眼。

王美蘭和我一樣耽心，生怕考不取。那幾個男同學卻是傻兮兮的，談笑自若，完全不把考試放在心上，「士別三日，刮目相著」，何況我們別了三年？也許這三年內他們真的突飛猛晉，而胸有成竹吶？

他們在小學時都欺侮我們女生，所以王美蘭和我都不理他們，他們也不理會我們。男生、女生好像總有一道鴻溝。甚至天天同坐公路局的車子也不講話。

兩天考試下來，人像鬆了勁的彈簧，四肢軟弱無力，祇想睡覺。這一個星期以來，我睡眠太少，再加天氣熱，蚊蟲多，睡不安神，所以身體吃不消。

三叔看我考完回家，關心地問我：

「咪，考得怎樣？會不會錄取？」

「三叔，四兩棉花，別『談』。三千多人，那會有我的份？」

三叔也無可奈何地苦笑。

我一回家就睡，直到第二天早晨纔起床。

放榜的那天我也懶得去看。三叔和母親催我去我也不去。

「不管取不取，看總應該去看看。」三叔說。「我實在太忙，不然我專程跑一趟。」

「三叔，不必，不必浪費時間，榜上不會有我的名字。」我說。「這次是白糟蹋了幾十塊錢的報名費。」

我真痛惜這筆報名費，要母親白熬了幾個夜工。

我家沒有訂報，附近有人訂了報紙我也懶得去看。過了幾天，表哥來了，他一見了我就說：

「紫燕，我是特來報喜的。」

「喜從何來！」母親連忙問。

「她考取了師範，我還蒙在鼓裏。」表哥笑著說。「要不是爸爸告訴我，我還不知道。」

「表哥，你別開玩笑，我怎麼考得取？」我說，我有點不相信。

「紫燕，表哥怎麼會騙妳？」他笑著從口袋掏出一份報紙，指給我看，他把我的姓名用紅筆圈了起來。

這真是喜出望外，我禁不住笑了。母親笑了，連婆婆也笑了，一家人都笑了。因為我們全村還沒有一個考上師範的女生，我是開天闢地第一人。

「紫燕，上次我替妳報考高中，妳說妳不歡喜讀書，我信以為真，想不到妳瞞著我考了師範，這是怎麼回事？」表哥問我。

「師範是公費，不必花錢。」我說。

「其實，妳讀完高中，再考師大也是公費，妳怎麼不看遠一點？」表哥說。

「表哥，能考上師範已經萬幸，我還敢看得那麼遠？」我苦笑回答。

「當初我要是知道妳讀的是實驗班，我決定不讓妳轉普通班，祇怪我太大意。」

「表哥，你助我唸完初中，我已經感激不盡，怎麼能老是拖累你？」

「唉，自己人何必說這種話？」表哥望著我說：「我覺得妳是讀書的料子，不該半途而廢。上次妳對我說妳不歡喜讀書，我心裏十分惋惜。想不到是妳騙我？」

「咪能考上師範我就心滿意足了。」母親說：「我們窮人家還敢癡心妄想？」

「姨媽？要是表妹生在有錢的人家，或者姨父未過世，她拿個博士也不稀奇。」

「唉！誰叫她當初不選擇一下，偏偏投錯了胎！」母親慨歎地說。「跟著我吃苦。」

「媽，別說了，我已經很滿足。」我截住母親的話，怕她傷心。

表哥問我上學需要多少錢？我說一切公費，沒有甚麼開支。其實團體生活的應用物品是要自備的，也得花點錢，但我不想麻煩表哥了。

表哥走後不久，王美蘭又來了。她一見面也是「恭喜，恭喜」。

「謝謝妳，我已經知道了。」我說。

「誰告訴妳的？」她打量我：「難道妳有膽量去看榜？」

「剛纔表哥告訴我的。我大門都不敢出，還敢看榜？」

「唉呀！我也是一樣。」她拍著手說。「今天上午我纔知道。」

看她這份高興樣子，我猜想她也考取了，因此我也向她道賀。她現在愈來愈漂亮，鼻子好像也高了一點，皮膚好像也白一些。不過整個看起來還是一個「黑美人」，不是那種膚如凝脂型的，也不像李彩文老師的那種臉型，李老師很古典，她是屬於現代的。

我問她那幾位小學的男同學考取沒有？她笑著說：

「我是孫山，他們更在孫山外。」

「可惜。」我說。

「可惜個屁！」她嗤著鼻子說。「原先他們那麼神氣，我也以為他們真是三頭六臂，卻原來還是銀樣鑞槍頭。」

「我倒要感謝他們。」

「奇怪，妳感謝他們甚麼？」她偏著頭望著我。

「要不是碰上他們，我名都沒報上就回來了。」

我把那天報名時臨陣脫逃的情形告訴她。她說：

「好險？妳比我更容易洩氣！」

「妳說我應不應該感謝他們。」

她笑著點頭。又打趣地說

「這次上學妳可不要再打退堂鼓？」

「不會。」我搖搖頭。「唸師範的同學大概家庭環境也比我好不了多少？」

這次考上師範，我的心情的確輕鬆一些，我不必為學費發愁，畢業後可以當小學教員，不必再考車掌了。

本來我想和王美蘭一道去看看那幾位男同學，安慰他們一下。王美蘭卻說：

「妳存心是想去安慰他們，說不定他們反而會誤會我們是去示威呢！我看還是不去的好。」

她的話很有道理，我常常好心不得好報。那次送蕃薯給婆婆吃，不但挨了罵，還挨了三叔一「栗子」。

她在我家玩了一下午，我家的蕃石榴正熟，我們摘了一籃子下來，送了一半給她，她吃了晚飯纔走。這天下午是近三年來最快樂的日子。

今天我家田裏灌水的時間輪到晚上十一點到十二點。我家的田要過鐵路，上午那裏發生過車禍，火車輾死了人，因此母親膽怯，要姐姐陪她去，姐姐膽小，不肯去，我就自告奮勇地陪母親去，母親養了我這麼大，我沒有報答她，不能讓她一個人去。同時我沒有做過壞事，問心無愧，自然不怕鬼。母親見我自動陪她，十分高興地說：

「咪，為了妳我再苦一點也心甘。」

開學時母親為我張羅了一筆錢，置辦被褥、蚊帳、蓆子等應用物品。在別人不算一回事，而母親卻費了九牛二虎之力。

在師校一開始我就出人頭地。全校舉辦作文比賽，老師抽出我一篇作文參加，竟得了個第一。我沒有把它當回事，因為不是我主動參加（老師要我寫我沒有寫）。可是老師和同學卻對我另眼相看，尤其是同學們個個羨慕，認為我是未來的作家。真是天曉得，我連做夢也沒有想當作家，我從來不作非份之想。可是「人怕出名豬怕肥」，接著又有代表全校參加全省中學書法比賽的事，導師要我參加，我不肯，導師十分奇怪地說：

「我是好意。妳的字也寫得好，怎麼不肯參加。」

「我不喜歡出鋒頭。」我說。

「這不是妳個人出鋒頭，是代表學校爭取榮譽。」導師說。

「請老師去找寫得更好的人參加。」我說。

「我看本班以妳寫得最好。」

「這是老師抬舉我，比我寫得好的人還多。」

「要是有比妳寫得好的，我自然不會找妳。」

不管他怎麼說，我硬是不肯參加，我討厭出鋒頭。導師無可奈何，祇好另找別人。

不久學校又選拔代表去臺中參加演講比賽，導師又來找我。對於在大庭廣眾之中手舞足蹈，口沫橫飛的事我更討厭。我一口拒絕。這次導師很不高興，失望地說：

「朱紫燕，我真想不透：妳怎麼一點也不肯合作?這種事別人爭取都爭取不到，我給妳送上門來，妳還不幹。我真不明白妳到底是甚麼意思？」

「老師，請您原諒我，我實在沒有別的意思，我就是不願意出鋒頭。」

導師生氣地走了。他在我第一學期的成績單上的評語內卻寫了這麼幾個字：

「孤癖欠合群」。

我看了心裏很難過。

本來我的排球也打得很好，是班級代表。但我看到幾位班代表那麼揚揚自得，目中無人的樣子，我就自動退出，不與為伍。能打幾下球有甚麼了不得？這種事也值得驕傲？

開運動會時我本來也不想參加，但體育老師規定每人最少要參加一個項目，算體育分數，不參加就算零分。王美蘭知道我的短跑拿過幾次第一，她替我報名參加一百公尺，我一點也不知道，直到分組預賽時叫了我的名字，我還莫名其妙。王美蘭馬上把跑鞋往我手上一塞，陪著笑臉說：

「是我替妳報的名，快點換衣服出場。」

起先我看她手上提著跑鞋，我還以為她要參加百公尺，想不到她是替我預備的。我也不知道她從甚麼地方弄來的跑鞋？我從來沒有穿過這東西，我買不起。小學時賽跑我是赤腳大仙，初中賽跑穿的是膠鞋，第一次穿跑鞋真有點不習慣。

她教我在跑道上試試，她陪我跑了十幾公尺，我覺得穿了跑鞋更有彈力，心裏也很高興。

預賽時女生分三組，我在第二組。第一組賽過以後就輪到我上場。

運動場的跑道窄，三人一組，每組取第一名參加決賽。槍聲一響我就首先衝出，跑鞋的彈力大，我愈跑愈有勁，直到終點，沒有一個人追上我，第二名相差三、四公尺，第三名落後六公尺。大家都很驚奇，導師趕過來握著我的手說：

「朱紫燕，我真沒有想到妳還會跑！這次妳怎麼又肯出馬？」

「是王美蘭替我報名的，」我指著美蘭說：「臨時我纔知道，不能不跑。」

「妳真是個文武全才！妳要聽我的話，不知道拿了多少獎品？」導師說。

「謝謝老師。我實在不想出鋒頭。連這項體育分數當初我都想放棄。」

「妳真怪！」導師笑著責備我：「難道妳還想作隱士不成？」

他說得我啞然失笑。不知道是怎麼一回事。我真的很羨慕那些隱士高人。

休息了一會，又參加百公尺決賽，那兩位優勝者都是高三的女生，她們人高馬大，祇有我是高一的。但我有了跑鞋，我更有了信心，我不怕她們。

槍聲響，在我左邊跑道的女生比我先起步。右邊的和我同時起步。先起步的女生在十公尺時領先，二十公尺時我就趕上她，大家鼓掌加油，大叫大吼。我愈跑愈快，如有神助，一鼓作氣。直衝終點，把先起步的女生拋後三公尺。歡聲雷動。王美蘭跑過來抱住我，本班的同學都圍過來替我擦汗。導師更高興，拍著我的肩說：

「今天妳又替本班爭了個大面子。」

我不覺得這是甚麼了不起的事，跑得快是我與生俱來的體能，我並沒有鍛練，更沒有想到奪這個錦標。我真奇怪別人怎麼這樣重視虛榮？

我雖然不重視這件事，可是體育老師卻像哥倫布發現新大陸似的把我當個寶。他特地找我去個別談話。

「朱紫燕，這次運動會妳的表現最好，妳一百公尺打破了本校歷屆紀錄。憑妳的成績，在省運會上也可以大顯身手。因此我找妳來，希望妳以後勤練短跑。」體育老師說。

「老師，我不想參加省運會。」我說。

「妳要是肯練，我保證今年省運女子百公尺妳一定可以拿金牌。」吳老師說。「我看妳的潛能還沒有發揮。」

「老師，我不要金牌。謝謝您的好意。」

老師奇怪地望著我，半天纔說：

「我知道妳的文筆好，妳是不是瞧不起我們學體育的？」

「老師，請妳不要誤會，我完全不是這個意思。我不想在運動場上出鋒頭。」我連忙解釋。

「我覺得妳是個短跑人才。妳不練，不發揮潛能，十分可惜。」老師說。

我不想在跑跑跳跳上花費太多的時間，我對體育沒有多大的興趣，更不想在運動場上出鋒頭。我祇想平平安安地讀完三年師範，去小學教書，賺點錢貼補家用，免得母親太辛苦。因此，不管老師怎麼勸，我都不答應。祇要體育分數夠了就行。體育老師對我自然很失望。

愛好體育的同學也忽然對我好了起來，總是找機會和我接近。尤其是體育課時，那幾位敗在我腳下的短跑好手，總希望我陪她們練習。我祇是隨便和她們跑兩圈，決不和她們爭先後。

我們班上的排球選手，看我在運動會上奪了錦標完全不當回事，她們趾高氣揚的態度也改變了不少。邀我練球時我也陪她們練練，就是不參加比賽。

老師和同學們漸漸瞭解我的做人態度之後，也就不再怪我。反而給我取了個「隱死」的綽號。我一點不以為忤，心裏卻暗自高興。我要是能作個隱士高人，與人無忤，與世無爭，那該多好？

教教育概論的男老師，是一位身體魁梧的中年人，兩道濃眉像個倒八字，講話的聲音好大，口才也好，起初我很欽佩他。可是他往往講了兩三句課文，就扯到九霄雲外去了，聽久了就覺得像野狐禪，一點也不欣賞。可是他對我的態度卻出奇的「好」，「好」得使我有點怕他。後來我根本不上他的課，自己看看書比聽他的野話有益得多。

還有一位教物理的老師，一邊講課，一邊吸菸，在講臺上走來走去。很少看學生。但他對功課好的和漂亮的女生卻很關切。他記住他喜歡的學生的生日（學籍卡上有），到時候送點禮物。我也收過他一份。

小時候我患過中耳炎，沒有治也就好了。可是現在時常作痛，連鼓膜都破了，因此我常常看病缺課，也常常用藥罐煮蓮藕湯退虛火。同學們以為我是煎藥，又給我取了個「藥罐子」的綽號。

有一天上英語課時，我忽然覺得黑板上的字母模糊不清。漸漸地連貼在教室前面的《最新世界地圖》這幾個字我也看不清楚，我知道我已變成近視了。因為我上初中時，堂伯跟小伯母在外面住，子女大了，都不在家，大伯母一個人住很大的房子，管理田地財產，僱人工作，大伯母要我替她作伴「記工」。她是個非常節省的人，每月用電五度，我總是開著小燈做功課，光線不足，纔有現在的「後果」。因為沒有錢配眼鏡，度數愈來愈深，後來還是表哥帶我配了一副眼鏡。

住在我下鋪的一位叫涂如男的同學，看上去健壯得像個男孩子，尤其是那身肌肉，真像健身房裏的健美先生。她的談吐舉止，完全男性化，而且比男性更加粗魯。我很討厭她，我覺得女人應該像個女人，應該溫柔、優雅、含蓄，像李彩文老師，像王美蘭同學，這樣的女人纔可愛。她完全相反，而實際上又不是男人。可是她偏偏不識趣，時常吃我的豆腐，甚至動手動腳。

她這樣一個健壯得像男人的女生，卻得了醫不好的筋骨關節抽痛病。常常半夜發作，痛得哭叫，別人不但不幫助她，反而罵她擾人清夢。本來剛剛睡熟，突然被她吵醒，半天睡不著，白天上課沒有精神，也難怪同學們不高興。她準備了一個熱水袋，痛的時候就用熱水鎮痛。可是她不知道那天發作？因此往往措手不及。她自己不能下床，別的同學又不理她；她愈哭叫別人愈罵得厲害。我看她可憐，也就不念她過去對我的無禮，睜開惺忪的睡眼起來，跑到隔了好幾個寢室的女生指導員那裏敲門要水，替她灌在熱水袋裏覆著鎮痛。事後她總是悄悄地對我說：

「我們這些同學都是鐵石心腸，祇有妳的心腸最軟。」

我並不稀罕她說我心腸軟，我就是不忍看見別人受苦受難，看了心裏就會難過，甚至掉眼淚。母親總是說我「丈二蠟燭——照得見別人，照不見自己」。

還有一位和涂如男相反的同學，她叫凌蕙芬。身高不到一百五十公分，瘦得可憐，不知道她是怎麼闖進師校的大門的？在三年級時她得了氣喘病，晚上睡不著覺，靠在床檔上喘氣；白天也不能起床上課，吃飯。洗衣服、洗澡更不必說。同學們各人有各人的事。俗語說「久病無孝子」，何況同學？本來她要退學，我看她祇差一年畢業，退了可惜，我鼓勵她拖下去，拖到畢業為止。

「我不能起床時誰照顧我？」她說。

「我照顧妳。」我說。

「一天兩天可以偏勞妳，天長日久怎麼行？」她說。「這個鬼病偏偏又不是一時好得了的。」

「放心，我會照顧妳，直到畢業。」我安慰她。

她這纔沒有退學。學校也同情她，不計較曠課，她就這樣拖到畢業。端飯、送洗臉水、洗衣，以及半夜裏服侍她吃藥，都是我一個人料理。我作了她一年的特別護士。

本來我的功課樣樣不輸給別的同學，要是能專心讀書，我會以最高名次畢業，很可能保送師大。可是由於這些原因，我的成績不算太好，落在十名以後。

畢業典禮時，前三名同學都有很多獎品，校長還宣佈保送師大。頒發獎品時，臺上臺下都在鼓掌，我也熱烈鼓掌。可是坐在我旁邊的凌蕙芬卻獨自抽泣，我很奇怪，禁不住問她：

「這是怎麼回事？」

「我對不住妳。」她哭著說。

「妳有甚麼對不住我？」我想不透，我覺得她很好，沒有做對不住我的事。

「如果這一年來妳不日夜服侍我，多花點時間讀書，今天上臺領獎的應該是妳。」她說。

「原來如此？」我聽了好笑，拍拍她說：「不要難過，我不在乎這種榮譽。我能夠畢業，就很心滿意足。能夠看到妳畢業，比我自己上臺領獎品更高興。」

「紫燕，我真想不到妳是這樣的人。校長、老師也想不到妳是這樣的人！妳為我犧牲了自己的榮譽，犧牲了自己的前途，我怎麼能報答妳？」她已泣不成聲。

「蕙芬，別太激動。這是我心甘情願的事，我不要妳報答。」我搖著她說。

典禮完畢就唱驪歌。唱著，唱著，大家都哭了起來，我也哭了。我的感觸最多，我的眼淚也流得最多。這麼多同學沒有誰有我求學的艱難，沒有誰受過我的委屈，沒有誰像我命苦。

第七章　「黑玫瑰」識途老馬
「白茶花」情竇初開

畢業後我在家裏等待分發。王美蘭也是一樣。閒著無事，王美蘭時常到我家來玩，我也去她家玩。玩了幾次也就膩了，她忽然提議進城去看電影。

初中三年，我沒有看過一次電影；師範三年，也沒有進過電影院。母親雖然不限定我的費用，但我覺得能為母親省一塊錢也是好的。同時我對電影沒有興趣，因為小時候三叔帶我去看過一次日本電影，我祇聽懂一句「蛇」的日本話，其他的就不知所云，像看啞吧戲，那次看電影簡直是受罪，一點也沒有引起我對電影的愛好。即使人家說「不看會遺憾終身」的好片子，我也不想去，我不以為不看電影會遺憾終身的。王美蘭約我去我也不想去。她埋怨我說：

「現在妳可以賺錢了，怎麼還是這麼固執？」

她的性格和我不同，比較好熱鬧、好新鮮、好活動。她是B型，我是A型。俗語說女大十八變，她是愈變誠愈像個黑美人，愈變愈活潑可愛。她的人緣好，男同學喜歡她，女同學也喜歡她。她的功課雖然不好，老師也喜歡她。由於我們從小同學，感情好，時常在一起，人家都說我們像一對姊妹花。稱她為「黑玫瑰」，稱我是「白茶花」。

我覺得我也變了，進師範時我就開始變。我愈變愈不愛熱鬧；愈變愈不願出鋒頭；愈變愈靜，愈嚮往隱士高人；愈變愈愛深思；愈變心腸愈軟，愈變愈易感動，看見別人哭我也落淚；高三時一位同學用扇子拍死一隻鳳蝶，我也沒來由的落淚，因而成為話柄。

我不肯去看電影，母親也不高興。她說：

「現在畢業了，又不必用功。年紀輕輕的，該玩的時候應該玩，女孩子的黃金時代是曇花一現，一結婚生孩子，就是想玩也玩不成。」

的確，像我們這種年齡的女孩子，如果不讀書多半結了婚，生了孩子；一點玩樂的時間也沒有，這些年來我心裏祇有一件事——讀書，從來沒有想到婚姻上去，母親這一提，我也不免一驚，突然發覺自己的年齡也不小了。我怕母親再講下去，祇好和王美蘭一道進城。

「妳媽的話很有道理，」一走出門王美蘭就說。「十二年寒窗，差點把我們磨成了個小老太婆。現在畢業了，我們應該好好地玩玩。」

其實她在學校裏並不用功，玩的時候很多。她也沒有我這麼重的心理負擔，沒有甚麼愁苦，她還覺得沒有玩夠，她比我幸福。

「妳也不打算升學？」我問她。

「像我這麼差勁還升甚麼學？」她笑著說：「再教一兩年書，過去學的那點東西不都還給了老師？難道妳想升學。」

「我讀完師範已經很不容易，還敢癡心妄想？」

「如果妳不那麼熱心照顧別人，保送名額妳一定有份。」

「過去的事不必再談，我祇希望這次能分發一個好點的地方。」

「要是我們兩人能分發到一個學校那該多好？」

「不會那麼巧……」

「分發到好地方交男朋友比較容易，要是分發到一個鬼不生蛋的地方，那真會作老處女。」

「妳就想交男朋友？」

「早點交上男朋友早點定心，我們女人遲早總是要結婚生孩子的。難道妳不打算交男朋友？」

「我不像妳這麼急。」

「妳歡喜怎樣的男人？」

「這倒難說，要看彼此的緣份。」

「男怕選錯行，女怕嫁錯郎，我們女人一生的幸福，就看能不能嫁個好丈夫？」

「妳不愁嫁不到一個好丈夫。」我看看她那麼樂天可愛，覺得她會有一個好歸宿。

「妳更不必愁。」她笑著說。「不知道那個男人前世修了，纔能討到妳這個好妻子？」

「我有甚麼可取?」

「妳不但漂亮，還有一副好心腸。可惜我沒有哥哥，不然我一定要作個月下老人。」

「如果我是個男人，我也一定要妳。」

我們兩人說說笑笑，沒有拘束。我們知道這種歡聚的日子不多，一旦分發，就要各自東西了。

我們不知道那張片子好?那張片子壞?隨便進了一家電影院，看了一場國語片子。這家電影院不清場，我們先看了下半部，再接著看上半部，看完以後，仍然覺得沒有甚麼意思，演員在銀幕上賣弄低級趣味，把肉麻當有趣。王美蘭也說不好看。

我們乘興而來，敗興而歸。分手時王美蘭說:

「也許妳是對的，以後我不再勉強妳看電影。」

二嬸的幼妹，也和我是同班同學，我們的感情也很好。在等候分發期間，我也常去她家玩，我們也都希望分發在同一學校，好互相照顧。我沒有人事關係，沒有活動，我塡的志願一個也沒有派上，結果分發在偏遠的海濱地區。她叔叔當議員替她活動派到一個好學校，後來我纔知道，那個缺本來要給我的，卻被她搶去了。

從我家到學校要換四次車。報到那天我獨自出發，小姨父不放心我年紀輕輕的單人匹馬跑到那麼遠的地方去，堅決要陪我去。而且他事先曾去縣府請求改派，承辦人說祇要校長同意就可以調回來，因此他要陪我去向校長求情。

換了四次車子還要走路，好在小姨父在那邊有一位親戚，他借了一部腳踏車載我，騎了一個多鐘頭纔到。當時他正患眼疾，見風流淚，這份盛情，使我十分感動。

校長年紀很大，個子很高，有點駝背，看上去面黃肌瘦，他看我來報到，彷彿得了生力軍似的，高興得不得了。小姨父對他說：

「校長，我今天特地陪她來，是請求您准許她調回去。」校長馬上臉色一沈，十分驚訝。然後沈重地說：

「這怎麼可以？」

「校長，請您同情她，她這麼年紀輕輕的，一個人跑到這種偏僻的地方教書，很不方便。」小姨父說。

「我知道，誰也不願意到我這個地方來。」校長說：「以前也有這種情形，我也通融過。可是我這個學校就沒有師範畢業的女老師。如果她又要調回去，那我這個學校怎麼辦得好？」

小姨父不好意思再講。教導主任大概看出我是個肯負責的人，更阻止校長答應我調回家鄉。他說：

「校長，要辦好學校，必須要有好老師。本校的升學率一向很低，家長一再責備，這不是我教導主任一個人的責任。如果您再把好老師放走，我也要請調。」

校長聽他這樣說，更不肯放我走。小姨父的苦心又白費了。

報過到我又和小姨父一道回來。學校前面是一片茫茫的大海，我覺得我的前途也像大海一樣茫茫。連王美蘭分發的學校也比我好，聽說她父親送了人家一籮筐鴨蛋。

開學一週後我纔去上課，校長派我擔任四年級的級任。幸好還有一位新老師也是師校的女同學，不過不同班，在學校時祇是認識，並無來往。現在我們兩人就同病相憐了。她叫吳鳳子。

我和她共租一位女同事的房子，同一個床鋪，同在女同事家搭伙。

新來的師範生最惹人注目。吳鳳子生得嬌小玲瓏，面孔白白的，不胖不瘦，算得上是漂亮的，她又愛打扮，天天擦口紅，穿白高跟鞋，穿紅上衣，穿百褶裙子，頭髮是新派的鳥窩型，在這種小地方特別搶眼。她和我站在一塊，顯得迥然不同。

我的頭髮沒有燙過，祇是微微捲起，以便於和女學生分別。我穿著素色的白上衣，藍裙子，平底黃皮鞋，有時還穿帆布鞋。我不穿百褶裙，不穿緊身的洋裝，祇穿兩件頭的。我不怕人家說我老古董，我也不想引人注意。

她很會交男朋友，纔到沒有好久，村子裏的大學生她都認識了。而且常常夜晚出去和他們約會，惹得房東很不高興。男同事知道她的性格，喜愛跟她開玩笑，把香蕉皮放進她辦公桌的抽屜裏，還當面取笑她，不知道她是聽不懂還是故意裝糊塗？她不以為忤。

她會打扮、會交際，可是在教學方面卻不高明。她不會彈琴，自己的音感也太差，唱熟歌都會走調，因此常被男老師取笑。不知怎麼搞的，她的字也太糟。四年級的男生常常公開說：

「吳老師的字還不如我的。」

因為男老師和學生對她的反應都不好，我在教學方面就不得不特別認真賣力，為母校爭點面子。怎麼說她都是我的同學，人家說她不好我臉上也沒有光彩。

她因為自己太愛漂亮，太愛時髦，對於我的保守就看不順眼。她要我做頭髮，我不做，我都是自己洗，梳梳就好了。她要我做短袖緊身洋裝，我也不做。要我買百褶裙我也不買。她生氣的說：「妳這人怎麼搞的？年紀輕輕的又不是老太婆，怎麼這樣古板？」

「我隨便慣了，我不像妳這個美人胎子，何必東施效顰？」我笑著回答。

「妳別挖苦人好不？我在學校裏就聽見同學說妳漂亮。俗話說：三分人才，七分打扮。妳要是肯打扮，那不更美？」

「我是來教書的，又不是賽美。」我笑著回答：「在這種天天喝海風，看鹽田的地方，美又有甚麼用？」

「唉，妳不懂男人的心理！」她慨歎地說：「男人都愛俏，他們決不欣賞蓬頭散髮連口紅都不擦的女人。」

奇怪，我們在學校裏並沒有上這門課，她怎麼像個老油條？

「隨他們去，我並不稀罕他們欣賞。」我說。

「我是好意，」她說得十分親切：「除非妳打算深造，就應該留意物色對象，我們女孩子沒有幾年好拖的。」

「妳不是有了男朋友嗎？」她告訴過我她有一個很好的男朋友在臺北唸大學，因此我趁機提醒她。「怎麼還要再交男的？」

「男朋友歸男朋友，」她輕鬆地說：「我又沒有和他結婚，自然還有權選擇。多交幾個男朋友又有甚麼關係？」

她的思想比我新，觀念和我不同，我不想和她爭論。

我的尖頭黑皮鞋已不時新，現在作興圓頭粗跟，她勸我買我也沒有買。一天早晨升旗的時候，她故意用右腳橫踩我的鞋尖，踩得我好痛，她惡作劇地向我笑笑：

「踩壞了看妳買不買？」

「圓的尖的不都是一樣？有得穿就算了，何必趕時髦？」

「唉，我對妳這個老古板真沒有辦法？」她搖搖頭無可奈何地一笑。

太陽大，她怕曬黑，出門就打洋傘，不便打傘的地方就戴草帽。升旗時值星老師都愛講話，要過過演說癮，像長舌婦嘮叨不休。她沒有辦法，總是擠到男老師身邊去躲太陽，她嬌小玲瓏，男老師都比她高大，作了她的肉傘。男老師大概都憐香惜玉，居然昂首挺胸，站著不動。

每天我們一道從房東家出來，卻不一道回去。她不是和男朋友有約會，就留在教室和男老師聊天。有時她拖著我不讓我走，可是男老師和我談的都是正經事，從來不問我「有男朋友沒有」這類的話。和她聊天時總要問她：

「吳老師，妳現在有幾個男朋友了？」

她一點也不氣，還一股勁兒地和他們窮聊。她回家以後總是往床上一躺，甚麼事也不做。她怕傷了皮膚，她的指甲都塗了蔻丹，生怕碰壞了。

我沒有這些顧忌，一有空我就幫助房東做事，甚至下鹽田剷鹽。房東總是對我說：

「鹽最傷皮膚，妳細皮白肉，不要和我們一道做這種粗事。」

鹽的確傷皮膚，甚至海風也傷皮膚。房東今年不過四十來歲，已經顯得蒼老。她是獨生女，招贅了一個丈夫，生了一個兒子，現在也十六歲了。她的父親母親都高壽，八十歲了還很健康。兩位老人家常常開玩笑地對我說：

「妳不但是個好老師，也會是個好媳婦。可惜我們家裏沒有相當年齡的男孩子，不然真想把妳娶過來。」

我以為他們是說著玩的，反正她們家裏沒有二十幾歲的男孩子，因此我一點也不在意。

我教完四年級，包辦了全校班級考試冠軍。其他的老師有點不服氣。後來我教五年級，又是全校冠軍。兩年拿了十次冠軍，真是空前，不但校長、教導主任信任我，學生也很愛戴我。因此教六年級升學班，又是順理成章的事。

本區有一個升學率最高的小學，該校兩位教升學班的男老師，常常騎機車來看我，探聽我的教學法，而且站在窗外聽我上課。還對我表示「特別佩服」、「好感」，我全不在意。

本校男老師許之誠，比我早兩年來校教書。他也一直默默地注意我。他不是注意我的教學法，卻是注意我的談吐舉止。他的長相很清秀，動作也很斯文，戴著一副輕度近視眼鏡，愈發顯得氣質高貴，像個上流社會的人。甚至像個學者。他喜歡談尼采那些古古怪怪的人物，談存在主義，談世界哲學偉人，談甘乃迪、赫魯雪夫的思想，談世界局勢。他講的那些話都是引經據典，別人從來沒有讀過，甚至連書名字都不知道。聽他那種談吐，他應該去大學裏當哲學教授，不該在這種小地方的小學裏當個默默無聞的小學教員。

說也奇怪，像他那樣滿腹經綸的人，見了我卻滿面通紅，一句話也講不出來。尤其是在大庭廣眾之中，更不敢和我打交道。我心裏想想也好笑：「這真是個怪人！」

雖然他見了我一句話也不敢講，可是卻偷偷地給我寫信，第一封信就寫得很長。一開頭就說：

「我默默地注意了妳半年多，覺得妳學識好，品行好，而且長得漂亮。吳老師也漂亮，可是她就沒有妳這份德性，因此我不喜歡她。妳不要看我活了二十多歲，在這裏的資格比妳老，可是我從來沒有談過戀愛，我十分珍視我的情操。正如賈寶玉所說的『任憑弱水三千，我祇取一瓢而飲』。我對妳半年多的觀察，覺得妳纔是我理想的對象，妳纔值得我獻出第一次的愛情，全心全意的愛情，始終不渝的愛情……」。

下面還談了許多偉人、作家的戀愛故事，哲學家的戀愛觀念，自然還有許多我沒有看過、沒有聽過的話，有些我也實在不懂。但最後他說了兩句非常堅決的話：

「不管妳愛不愛我，我一定愛妳到死！」

他真是個有心人！他也的確讀了不少書，男同事真的沒有一個抵得上他。他的文筆也是別人所不及的。可是第二天見了我還是滿臉通紅，默默無言。

在男同事中，他和李如鵬是同學，兩人比較好。李如鵬比他大，結了婚，生了兩個孩子。李如鵬的太太林鴛鴦也在學校教書，我們都是女的，也比較接近。

李如鵬也生得一表人才。他從來不談學問，他談的都是世俗的事情，論學問他遠不如許之誠，論世故，許之誠又遠不如他。因此，別的男同事對許之誠都沒有甚麼好感，說他「怪」自以為了不起，多半敬而遠之。李如鵬卻敷衍得他很好，因此他更把李如鵬當作知己。別的同事卻說李如鵬「俗」，說李太太林鴛鴦「精」。

許之誠為了想和我建立感情，便通過李如鵬夫婦作橋樑。請他們從中撮合。他第一次約我，就是請李如鵬出面，請李如鵬作陪。

他見了我還是很拘束，李如鵬在一塊他也很少說話，我真想不到他和同事們談話時那種口才跑到那裏去了？倒是李如鵬談笑自若，和我說的話最多。李如鵬的話卑之無甚高論，講的都是日常瑣事，但有親切感。許之誠的話卻使我如墮五里霧中。

許之誠和李如鵬在一塊，更顯出他的笨拙和不切實際。他完全不懂女人心理。因為李如鵬有太太孩子，我對他沒有戒心，也不拘束，談話比較隨便。和許之誠談話卻要考慮。因此李如鵬和我愈談愈多，許之誠和我愈談愈少。不知道李如鵬是有意還是無意？他似乎不讓許之誠有插嘴的機會。本來許之誠是這次約會的主角，結果他完全成了陪襯。連送我回家也是李如鵬，不是許之誠，我真想不到他這麼善良、這麼笨？

第二天他見了我彷彿有無限委屈，無限心事，但他又不講出來，祇悄悄地塞給我一封信。開頭就說：

我真恨我太笨！見了妳就不知道怎麼開口？就一身不自在，不知道這是甚麼毛病？我真羨慕如鵬的隨機應變，看見一根草兒也成了話題。難怪女人喜歡他，難怪他在學校就戀愛成功，一畢業就結婚了。

昨天我有一肚皮的話都沒有講出來，一方面是我嘴笨，一方面是如鵬沒有給我機會。如果我是他，我就不會說那麼多話，我會乘機走開。想不到他和妳談話的興趣那麼高？結果喧賓奪主。

如果妳不見棄，今天下午下課後，我想和妳到海邊談談。

我沒有立刻答覆他，中午我和吳鳳子回房東家吃飯時，在路上吳鳳子問我：

「許之誠塞了一封信給妳是不是？」

「妳怎麼知道？」我有點奇怪。

「若要人不知，除非已莫為。」她向我一笑：「許之誠塞給妳時我在窗子外看見。」

「是有這麼回事，妳對他的看法如何？」

「他的樣子長得不錯，男老師中祇有他像個讀書人，實際上也祇有他讀的書最多。他掛在嘴邊的甚麼齊克果、尼采、海德格，雅斯培、沙特、馬庫色、卡夫卡、卡繆……我來這裏之前聽都沒有聽過，他的那些話我也不懂。不過，他好像是個愛幻想空談的人，他說的比做的多。」她說。

「妳的看法不錯。」我說：「不過他見了我就無話可說，不知道這是甚麼緣故？」

「這證明他是個老實人，沒有談過戀愛。他見了妳是不是還會臉紅？」

「一點不錯，總是滿臉通紅。」

「這表明他是個臉皮嫩、性格內向有點自卑感的人。也說明他是真的愛妳。一個男人心裏真愛一個女人時？起初是很拘束，不大自然的。」

她交過許多男朋友，她的經驗比我多。她的分析大概不錯。

「妳看我要不要答應他的約會？」

「那有甚麼關係？」她大聲地說。「男朋友不妨多交幾個。許之誠是個書獃子，妳還怕他吃掉妳？」

「他要是有李如鵬那樣懂得人情世故，那就很好。」我說：

「他們兩人完全不同！李如鵬是個俗物，許之誠是個書獃子。」

「妳看這兩種人那一種人比較好？」我問。

「怎麼？妳對李如鵬有興趣。」她大聲地說，睜大眼睛望著我。

「妳別瞎胡扯！」我連忙堵住她：「我是請妳提供意見，作個參考。妳知道我在這方面毫無經驗，妳是識途老馬。」

她聽了得意地一笑說：

「李如鵬那種人圓滑、世故，很會討人歡喜，但不一定靠得住。許之誠那種人不會討人歡喜，是書獃子、天真、激清，比較可靠。交男朋友是妳自己的事，看妳怎麼選擇？」

吃過午飯以後，我先回到學校。許之誠一個人在辦公室看報，我告訴他下課後我願意陪他去海邊散散步。他受寵著驚，紅著臉囁嚅地說：

「多謝妳賞臉。」

下午最後一堂課後，我接到他班上一位女生送給我一張密封的紙條：

「我在海邊等妳。」

我不知道他為甚麼先走？為甚麼不和我一道去？但我既然答應了他，也祇好赴約，我不願意失信。

李如鵬看我向海邊走，笑著問我：

「是不是許之誠在等妳？」

「你怎麼知道？」我問他。

「司馬昭之心，路人皆知。他老兄的事我還不知道？」他這樣一講，我去也不好，不去也不好。我覺得許之誠怎麼不大方一點？要是他像李如鵬一樣，那不更好？

李如鵬看我站著不動，似笑非笑地看了我一眼，揚長而去。

我來到海邊，許之誠十分高興，老望著我笑，沒有講話。我問他：

「你怎麼一個人先來？」

「我怕對妳不便。」他說。

「又不是做賊，何必偷偷摸摸？」

「那我下次同妳一道好了。」他抱歉地說。

我心裏在想，有沒有下次，還不知道？

太陽正在下山，落日很圓很美。海水本是深藍的，現在也漸漸變成紅色。微弱的波浪，輕吻著沙灘，輕吻著黑色的崖石。他指著落日對我說：

「妳看，落日多美？」

「你好像在做詩嘛？」我覺得他那種帶著詠歎的聲調，很像詩人的口吻。

「可惜我祇有詩人的情感，沒有詩人的彩筆。」他遺憾地說。

「你說話總是像個詩人和哲學家，不但別人聽不懂，我也聽不懂。」

「真的嗎？」他驚訝地望著我：「我說的那些話都是有來歷的。」

「儘管你有來歷，別人聽不懂有甚麼用？」

「要是我能考上大學，我一定唸哲學系。」他自言自語。

「你還想考大學？」

我知道他去年沒有考取。

「尤其是愛上妳以後，我更覺得非上大學不可。」

「為甚麼？」

「我覺得不上大學好像對妳不起？」

「你這是甚麼邏輯？」

「因為我太愛妳，如果不大學畢業，就不夠格娶妳。」

「現在說這種話還太早哩。」

「我是捧著豬頭進廟門，一片誠心。不管妳怎麼看法？我是始終不變的。」

「你真的不會變嗎？」我故意試探他。

「如果妳不相信，我可以對著夕陽起誓。」說著他就面對著落日雙腳跪下。

「唉，你怎麼搞的？」我連忙把他拉起來：「我並沒有要你起誓。」

「我怕妳懷疑，自然要表示我的誠心。」他一臉正經地說。

「其實，日子還長得很，彼此還要多多瞭解纔行。」我說。

「我對妳完全瞭解，難道妳還不瞭解我？」

「我對你瞭解不多。」

「我告訴過妳我是獨子，家境平常。小學、初中都是優等生，師範成績不算太好。妳不是知道嗎？」

「這些都無關重要，我不大瞭解的是你本人。」

「我本人還不容易瞭解？」他向我一笑：「我是心裏有甚麼嘴裏就說甚麼，決不藏私。」

「你知不知道同事們都說你怪。」

「我纔不怪，是他們少見多怪。」

「你的言論和他們不同。」

「因為我知道的他們不知道。」

「他們說你是個幻想家，不切實際。」

「當然，我愛讀書，我愛思想，不像李如鵬那樣孜孜為利，一天到晚為雞毛蒜皮的事勞心勞力。」

「人要生活，也不能完全不顧現實。」

「人的需要有限，不過三餐一宿而已，何必作金錢的奴隸？」

「你倒想得開。」

「俗事我決不操心，對於愛情我倒很認真。」她望著我說：「妳不要以為我是神經病？」

「對於你我真有點莫測高深。」我說。他現在又不笨拙，講話也講得很快。我真不知道這是怎麼回事？

「我求妳不要把我看作一個怪人。」他雙手向我作揖，「其實我一點不怪，我祇是愛思想、愛辯論。他們辯不過我，就說我怪。」

我想想也有點道理，他在男同事當中是比較突出，別人是辯不過他。可是作起事來他又不如別人，他教學的成績並不算好，但他怪他一班的學生程度太差。

太陽已經完全落到水平線下，夜幕低垂。我要回去，他也不勉強我多留一會。除了過溝時牽著我的手外，決不糾纏我。

我回到家來，房東還沒有吃飯。吳鳳子今天卻準時回來，比我還早。

飯後回到房間，吳鳳子問我：

「是不是赴了許之誠的約會？」

我點點頭。

「他向妳講些甚麼？」她關心地問：「有沒有提到甚麼沙特、卡繆？」

我搖搖頭。

「如果他那樣不識相，那就讓他一個人去談好了。」

「看樣子他倒是誠心的，而且規規矩矩。」

「憑良心說，許之誠倒是個君子人，本質很好，就是犯了幼稚病，冒充思想前進，不得人喜歡。」

「他還想考大學。」

「他要是真正用功，可以考取。」吳鳳子說：「就怕他還是臨時抱佛腳。」

「我看他對那些教課書並沒有興趣哨，祇是為了想討好我，纔想考大學。」我說。

「妳的看法很對。」吳鳳子說。「俗話說：『女為悅己者容。』他也是為了妳纔想考大學。」

「我不希望增加他的精神負擔。」

「這叫做周瑜打黃蓋——一個願打，一個願挨。妳管他的？」

我問她男朋友的情形，她神祕地笑笑：「我自求快樂，不為男朋友苦惱。」

我現在還談不上苦惱，但也沒有她那麼豁達。這到底是一件大事，應該慎重一點。

許之誠和我單獨約會之後，就不再那麼拘束。我講話時他也敢接腔，也敢和我站在一起。別的同事看在眼裏，不免有點驚奇。李如鵬似笑非笑地對他說：

「老許，你可不能過河拆橋啊！」

「你放心，我不是那樣的人。」許之誠說。「要是真有那麼一天，我要好好地謝你。」

許之誠和我的感情是有進步，但非直線上升。他的癡情使我感動，他的言行卻與我有點格格不入。他太好幻想，不切實際。要考大學，卻不好好地用功，同事要他下棋，他就下棋；要他打百分，他就打百分。考試前纔拼命開夜車，結果又名落孫山，見了我就垂頭喪氣地說：

「我真對不起妳，明年一定要好好地用功。」

「要考大學就要把它當回事，你幻想的時間比讀書的時間多，不然就和人家下棋、打百分，這怎麼考得取？」我說。

「以後我一定聽妳的話，好好地啃教科書。」

「其實你考不考大學我並不在意，你這樣考一次，失敗一次，同事真會笑你。」

我聽到很多譏笑他的話，諸如：

「怎麼，我們的大哲學家考不取大學，這不是天大的笑話？」

「他應該去當教授，不應該去參加聯考。」

連李如鵬也譏諷他：

「老許祇會做夢，吹牛。」

我把這些話告訴他，希望他發憤讀書。他聽了以後感慨地說：

「別人譏笑我還可原諒，如鵬是同學，自己人怎麼也說這種話？」

「他是希望你好。」我說，我想李如鵬不會有惡意。

經過這次打擊，有一個短時期他的確在啃教科書。不談甚麼「荒謬的人生」、「悲劇的人生」、「無神論」、「無鬼論」……可是沒有好久，他又故態復萌，有一次我生氣地對他說：

「你是個荒謬的人。」

「我承認我有點好高騖遠，但不算荒謬，我對妳始終如一。」

「我不相信！」我用力搖頭。

「妳不相信我就死給妳看。」他毫不遲疑地準備向海裏跳。

我連忙抱住他，我沒有想到他有這一著。我們坐在海邊的一塊岩石上，浪濤在下面衝擊，一跳下去就粉身碎骨。

「妳何必阻止我？」他反過頭來問我。

「那麼一句話也犯不著跳海。」

「如果妳不相信我，我活著還有甚麼意思？」

「不要說得這麼嚴重，世界上不止我這一個女人。」

「可是我心裏祇有妳一個人。」

「如果你真的認為我這麼重要，你就腳踏實地做事做人，不要讓別人笑話。」

「我一定照妳的話做。」他肯定地回答：

第二天，他突然把西裝頭剪平，像個光頭。我很奇怪，他一向愛惜他那一頭又黑又軟又長很像詩人藝術家的頭髮，怎麼忽然剪得像個和尚頭？

「你怎麼把頭髮剪光了？」我問他。

「我下了決心要好好地在家裏啃幾個月的教科書，準備再考大學，剪光了頭我就不好意思見妳，不見妳我就能專心讀書。」他說。

「你在家裏準備考試，你的課怎麼辦？」

「我弄了一張醫院證明，可以請兩、三個月的病假。」

「既然這樣，你就閉門念書，考完以後我們再見面不遲。」我說。

「我就是這個主意，希望這次能夠考取。我不來看妳，妳可別見怪？」

「這是正事，誰會怪你？」我說。

他辦好請假手續之後，就離開學校，回家讀書。

我以為他真的在考試以前不會再見我，想不到一個星期未到就寫信來說：

「真是一日不見，如隔三秋。我十分想念妳，再也靜不下心來讀書，我又不好意思到學校去。請妳星期天上午九點出來，和我在老地方見面。」

本來我不想和他見面，我覺得他太沒有決心。但是又怕他久等失望，我還是去了。

他見了我像孩子一樣的高興，他天真起來真像個小孩子。

「你說了不要見我，免得分心，怎麼不到一個禮拜，又要見我？」我問他。

「頭兩天我還能安心讀書，兩天以後我就坐立不安，一心掛在妳的身上。明知道不該這樣，可是自己就控制不住自己：心像野馬一樣亂跑。」

「見了我又怎樣！」

「看一眼也是好的。」他笑謎謎地說，樣子很癡。

我陪他談了半個鐘頭，就催他回去。他不肯走，我故意警告他說：

「如果這次你再考不取，以後永遠別見我。」

他聽了臉色發白，癡癡獃獃，半天纔說：

「我一定努力，不過考試也要碰運氣。」

「考試全憑真才實學有甚麼運氣不運氣？」

「妳沒有失敗過，不知道底細。有些題目明明會做，結果還是錯了，真是鬼摸了頭。」

「別找藉口，快點回家讀書。」說過以後我就先走。

他也無可奈何地走了。

快放暑假時，我託人活動調回家鄉工作。最關心我的自然是許之誠，李如鵬好像也很關心，不過他不形於色，許之誠聽說我要調，急得像熱鍋上的螞蟻。

「妳在這兒教得好好的，為甚麼要調走？」他說。

「我來了三年，不能老死在這裏。」我說。「調回家鄉去，一切都方便。」

「如果妳調走了，那我們的事怎麼辦？」

「海內存知己，天涯若比鄰。如果彼此瞭解不夠，同床也會異夢。」

「我對妳實在瞭解很深，」他著急地說：「怎麼妳對我還不瞭解？」

「不是完全不瞭解，是不完全瞭解。」

「妳說的話我都照做了，難道妳還要我把心剖給妳看？」

「不必把心剖給我看，照這樣做下去就行。分別不是壞事，倒是最好的考驗。」

「可是妳不知道我會度日如年。」他哭喪著臉說。

「不必這麼急，調職不是簡單的事，成與不成還沒有把握。」我安慰他。

「老天爺，我但願妳調不成。」他傻兮兮地說。

學期結束時，我調職的公文還沒有下來。校長因為我在這裏教了三年，服務成績不壞，又知道我要調走，特別舉行了一次教職員會餐。當然他講了很多誇獎我的話？教導主任還舊事重提地說：

「當初朱老師分發到這裏來，我一眼就看出她是一個負責能幹的老師，因此我阻止校長讓她調回去。果然她對學校很有貢獻。可是我對她卻十分抱歉，拖了她三年，今天我自願罰酒三杯，表示歉意。」

說完他連喝三杯。

我不會喝酒，祇說了幾句多謝他們關照誇獎的客氣話。

第二天，許之誠也替我餞行，還邀吳鳳子作陪。他來請我時，吳鳳子開玩笑地問他：

「老許，你甚麼時候請我吃喜酒？」

他望望我，一臉的困惑，苦笑地對吳鳳子說：

「吳老師，這可要請妳多多幫忙。」

「你要我怎麼幫忙？」吳鳳子故意逗他。

「上天奏好事，少講我的壞話就行。」他笑著回答。

「你這人真不識好歹！」吳鳳子指看他笑罵：「自從你追她以來，我可沒有講你半句壞話，你第一次單獨約她，還是我打的邊鼓，我今天不說你還不知道。你連好壞也看不出來，真正該打？」

吳鳳子這一頓數落，使他張口結舌，他抓抓後腦殼說：

「剛纔我是和妳開玩笑，未必真有壞事的人不成？」

「你不要多心，你自己振作就行。」我連忙截住他。

吳鳳子望了我一眼，又對他說：

「你人倒是個好人，就是愛打高空，躲在雲裏霧裏，說的比做的多。否定的比肯定的多。紫燕是個肯定的人，要是妳對他也來個否定，那不糟糕？」

「哎呀，妳不要誤會我！」他跳腳說：「我對她始終如一，如果我否定她，天誅地滅！」

「好了。別賭咒起誓了。」我止住他。

「我不賭咒起誓，妳教我怎樣表明心跡？」他望著我苦笑。

「好了，別裝狗熊了！」吳鳳子向他揮揮手。「我問你，你愛紫燕是出於真心還是一時的興趣？」

「唉，妳這不是廢話？」他生氣跳腳：「我暗中愛了她半年多，還不敢講一句話。現在又有兩年多了，妳問她，我可有半點虛情假意？」

吳鳳子望望我，隨後又逗他：

「就算現在是真心真意，祇怕分別後你就心猿意馬了？」

「唉，妳們女人怎麼這麼多心？」他瞪著吳鳳子說：「我許之誠雖然不敢自稱情聖，也決不會玩弄愛情，欺騙女人！」

「我坦白告訴你，」吳鳳子說：「如果是我，我纔不怕你們男人玩弄愛情，可是紫燕和我不同，她是一根腸子到底的人，如果她真的愛你，她會死心塌地；如果你中途變節，她就會痛苦一輩子。」

「放心，放心！我決不是中途變節的人。」他指指他的平頭對吳鳳子說：「妳看，為了她我把我最愛惜的西裝頭也剪了。」

「喲！我還以為你是貪圖涼快呢！」吳鳳子打量他又指指我笑說：「誰知道你剪平頭是為了她？」

「不信妳問紫燕好了。」他指著我說。

吳鳳子問我是不是這麼回事？我點點頭，她又打趣地指著許之誠說：

「現在我可以封你為情聖了！」

「罷了，妳別罵我就行。」他如釋重負地說。

「罵歸罵，可是我始終認為你是個好男人。」吳鳳子說。

「妳這纔是句良心話！」他高興地跳了起來。「我雖然有很多小毛病，可是我的心很正。」

「就怕你沒有恒心。」吳鳳子說。

「海可枯，石可爛，我的心不會變？」他指天發誓說。

第八章 王美蘭輕敲邊鼓
朱紫燕初定終身

我在外教書三年，除寒暑假外，很少回家。這次暑假回來，母親、姐姐、叔叔也把我當客人看待。我告訴母親這次可能調回來，她又驚又喜地說：

「要是能調回來那是天大的喜事，就怕像從前一樣一場空歡喜。」

去年，前年暑假我都請調過，沒有成功，今年我也學乖了，先「孝敬」一番再請調，大概沒有問題。因為這是「如法炮製」。

畢業後我和王美蘭不在一塊工作，祇在寒暑假纔可以聚會。去年她就調回家鄉工作，如果這次我調成功，那我們就是同事，又可以朝夕相聚了。

好久沒有看見她，非常想念，我先去她家裏看她，她正好在家餵鴨。她家除了種田之外還養了三千隻鴨，門前有口水塘，現在鴨子正圍在塘裏，她把一簸箕一簸箕的穀殼拌飯拌魚雜的混合飼料擺在塘邊，鴨子像打衝鋒一樣闖上來，在簸箕裏搶食，擠成一團，你爬在我身上，我堆在你身上，跌跌撞撞，很有意思。那些剛長好羽毛的新鴨，相當漂亮，吃飽了就跑下池塘洗澡、氽水，水在他們身上滾來滾去，羽毛一點不濕，更加光亮。

王美蘭看見我連忙笑臉相迎，她變得更是黑裏俏，身體也豐滿多了。

「妳要是今天不來，我準備明天到妳家去。」她清脆響亮地說，又雙手搭著我的肩膀打量：「喲！妳愈來愈標緻了，我還以為海風會把妳吹黑呢！」

「真的沒有吹黑嗎？」我問她。

「沒有，沒有，現在更像初放的白茶花啦！」她拍著我說。

「真是，一見面妳就找我開心？」

「本來嘛！我說的是實話。」她大聲大氣地說，隨後又壓低嗓門輕輕地問我：「男朋友的事怎樣了？」

「沒有甚麼特殊的進展。妳呢？」

「我準備下半年結婚。」她說：「妳願不願意給我當儐相？」

「這是喜事，那有甚麼不願意呢？」

「要是妳先結婚，我就跟妳當儐相。」

「我的事還說不定。」

「許對妳那麼死心塌地，妳何必遲疑呢？」

「他對我的一片癡心當然沒有問題，我覺得他不切實際，再則他說要考取了大學纔夠格娶我。」

「人沒有十全十美的，祇要忠厚老實，真正愛妳就行；至於考不考大學那倒無關緊要。」

「本來我沒有要他考大學，是他對我有自卑感。」

「我聽妳說過他也是師範畢業，人也長得英俊瀟灑，怎麼會有自卑感呢？」

「這真難說！其實他的學問比所有的男同事都高，就是幻想太多。」

「妳要是答應嫁給他，他的自卑感可能不藥而癒？」

「我還沒有下定決心。」

「不要拖，我看妳也該結婚了。」她一面說，一面把我拖進屋去。

她自己有一間房，佈置得很精巧，桌上玻璃板下有很多照片，有與學生合照的，有與同事合照的，當然最多的是她與男朋友合照的。她的男朋友長相並不帥，外表趕不上許之誠。可是人很篤實，看上去就覺得可以終身相託。他們兩人已經訂婚。她望著男朋友的照片就掩飾不住內心的喜悅，笑著問我：

「妳看他怎樣？」

「是一個可靠的人。」我說。

「我的理想不高，祇要一個終身可靠的男人。」她說。

「妳選擇得很好。」

「要不是同事，我也不會選上他。」

「像我們這樣的鄉村小學教員，活動範圍本來就小，除了男同事之外，就接觸不到更好的男人。」

「俗話說：『龍配龍，鳳配鳳，跳蚤配臭蟲。』我們小學教員也祇好嫁小學教員。」

我們由自己的事自然談到過去那些同學。現在不知道怎樣了？尤其是涂如男和凌蕙芬那兩位畸形的同學，我很懷念她們。一年多沒有通信，不知道她們有沒有結婚？

「我們寫封信，約她們聚聚如何？」王美蘭說。

我同意。她馬上寫信，寫完我在後面署了名。

王美蘭留我吃飯，她特別要她母親煎幾個荷包蛋給我吃，她還記得在小學時我歡喜吃荷包蛋。她說她吃多了，覺得蛋都帶有鷄屎臭。她一家人都不喜歡吃蛋。

我回家，她還包了一手帕蛋送我。

涂如男、凌蕙芬都來了信，要我和王美蘭到凌蕙芬家裏聚會。我們如約前往。凌蕙芬的家也在鄉下，靠近關子嶺。

涂如男比我們先到，她愈來愈像個男人，短頭髮，男裝，男性肌肉也更發達。凌蕙芬還是那麼瘦小，不像個大人。

她們看見我們十分高興，涂如男一把抱住我，使我十分尷尬，她覺得不對纔把我放開。

我們寒暄了一陣，又自然談到婚姻問題上來。我和王美蘭先把自己的情況告訴她們，她們聽了十分羡慕。我問凌蕙芬有男朋友沒有？她喪氣地回答：

「像我這個病夫，那個男人願意要我？」

王美蘭問涂如男，涂如男爽快地說：

「唉！我比她更糟！」她指指淩蕙芬說：「男人不要我，女人也不要我，我連交朋友都很困難，還談甚麼婚姻？」

「別洩氣，妳斯文一點就行。」王美蘭說。

「我生來就是這個樣子，怎麼斯文？」涂如男說。

「妳有沒有看過醫生？」我問涂如男，我怕她生理上有問題。

她搖搖頭。王美蘭說：

「多打點女性荷爾蒙，可能使妳女性化些？」

「她那一身肉，要是分一點給我就好了。」淩蕙芬說。

「上帝造人，真不公平！」涂如男說：「妳們兩人偏偏生得那麼好，真是多一分則肥，少一分則瘦，又不高不矮，白有白的美，黑有黑的俏。我和蕙芬完全不是那麼回事！像小孩子捏泥菩薩，輕一下，重一下，沒有捏好。」

她說得我們都笑了起來。

隨後她又告訴我們有那幾位同學結了婚，有那幾位同學生了孩子。回想三年前我們自己都是大孩子。現在居然為人師、為人妻、為人母了！時間過得好快。人也變得好快！再過十年、二十年，我們不都是老太婆了？想想都可怕。

凌蕙芬要陪我們上關子嶺玩，我怕她氣喘走不動。她說：

「我請妳們到我家裏來聚會，就是為了到關子嶺玩玩。妳們老遠跑來，不去關子嶺那不可惜？」

王美蘭和涂如男都想去，我一個人自然更不好反對。涂如男拍拍胸對我說：

「要是蕙芬走不動，我揹也把她揹上去。」

蕙芬祇有三十公斤，看樣子她真揹得動。

蕙芬早預備好了水果野餐，放在提袋裏。涂如男自告奮勇地提著提袋，對我們說：

「妳們空手走好了，這點東西由我包辦。」

說著她就領先上路，我們跟她走。

凌蕙芬的家離關子嶺不到三華里，我們安步當車，不到半小時就走到了。

見面不如聞名，關子嶺本身除了溫泉之外沒有甚麼可看，雖然有些旅館小店，我們卻不要進去，我們打算上山看看「水火同源」。

望著前面那麼高的陡坡，我真耽心凌蕙芬爬不上去。但是她要爬，她說夏天氣喘好些。

涂如男一馬當先，她提著東西比我們爬得還快，她的身體真比一般男人還壯。我問她的關節痛好了沒有？她說還沒有完全好，但比以前有進步。

凌蕙芬爬得很慢，我和王美蘭陪看她。涂如男到了頂上，我們還在中間。最後總算爬上了，出了一身大汗。

「以後結婚的結婚，生孩子的生孩子，我怕我們在一塊玩的時間愈來愈少了。」凌蕙芬喘著氣感慨地說。

「儘管她們兩人結婚，我們兩人不會結婚。」涂如男接嘴。

「未來的事怎麼說得定？」我說。

「我看八成是定了。」凌蕙芬說：「說真的，我這種身體，不打算結婚。」

「我打算結婚，可找不著對象。」涂如男說。

我們邊走邊說，山上的路比較平坦，氣候也比較涼爽，我在海邊住了三年，突然來到山上，耳目一新，又是一番景氣。山上的茂林修竹，海邊是沒有的，樹林中清脆的鳥聲，在海邊也不容易聽到。因此，在感覺上我寧願住在青蒼翠綠的山上，不願住在荒涼的海邊。

我們在「水火同源」的茶棚裏休息，吃野餐。水火同出一源，這是我第一次看見。大概也有很多人為了好奇，纔來這裏參觀的。

涂如男還想去碧雲寺，我們怕凌蕙芬太累，休息了一會就回關子嶺。我和王美蘭不想再回凌蕙芬家，準備直接從關子嶺搭車回家，涂如男想在凌蕙芬家裏住兩天再走，因此我們分道揚鑣。

我回到家裏母親交給我一封信。一看是許之誠寫來的。

「是不是許先生來的？」母親問。

我點點頭。母親又說：

「妳姐姐下個月結婚，我看妳也不必再拖，祇要人好就行。」

姐姐是招贅，對方是個莊稼漢，兩人都沒有讀甚麼書，見了一面，雙方同意就定終身。我和姐姐不同，我多讀了一點書，想得自然比較多。我不是拖，是在考慮。因此我說：

「媽，您不必急，既然姐姐馬上要結婚，家裏就不愁沒有人照顧，田地也不愁沒有人種。我的事就可以緩一步了。」

「媽是為妳自己著想。俗話說：『人無千日好，花無百日紅。』我們女人的青春就像曇花一樣，不會長久的。」

我沒有答話，正在看信：

燕：

妳走後我一直心神不定，好像失落了甚麼東西似的。我想狠下心來看書，可是看了幾行，妳就在字裏行間跳動，那不是一個個的鉛字，而是一個個妳的倩影。我準備一條濕毛巾，不時擦拭腦殼、眼睛，希望把妳的幻影擦掉，可是停了不到三分鐘，妳的倩影又突然出現，我用毛巾揮來揮去，仍然無濟於事，我迫不得已，衹好寫信給妳。我知道妳會罵我不長進，沒有決心。我以前不是這個樣子，自從愛上妳以後，纔有這個現象，照說這不是壞事。

我想見妳，我迫不及待地想見妳！星期天上午十點！我在嘉義火車站等妳，希望妳不要使我失望。

誠　八月二日

他對我如此癡迷，有時我自已都不敢相信。吳鳳子並不比我醜，她又歡喜交男朋友，可是他對她沒有一點意思，別的男同事不管已婚未婚，都愛和吳鳳子開玩笑，他一次都沒有。為甚麼對我情有獨鍾？我自已都猜不透。難道真是情人眼裏出西施不成？憑良心說，我對他並不癡迷，我很清醒。

他的癡情自然能感動我，別人都說我是個「蔴糍」心的人，太軟，太易感動。我怕他久等失望，我準時趕到火車站。他已經先我到達了。

他在那裏東張西望，急得像熱鍋上的螞蟻，我看了不禁好笑，他真是個癡人。

我快走到他跟前時他纔發現我，紅著臉說：

「我還以為妳不來呢？」

「現在不是十點正？」我指著車站的壁鐘說：「我不會要你久等，如果不來，我會用限時信告訴你。」

「不知道怎麼搞的，我總怕見不到妳。」他說。

「你的功課準備得怎樣？」我問他。他期期艾艾地沒有說出甚麼名堂，衹是加重語氣說：

「馬上要考了，今天見了妳以後，我一定回去開夜車。」

「這不是讀書的辦法，不要弄壞了身體。」

「不見妳我心裏像有蟲子在咬，見了妳以後我纔心安。」

「你為甚麼這樣不定心呢？」

「妳不知道，學校的同事都說我追不上妳，連如鵬也說妳不會嫁我，我聽了很難過。」

「你努力上進，盡其在我就是，何必信別人的話？」

「可是那些話對我很有影響。本來我就沒有自信，他們一潑冷水，我就從背脊骨冷到心裏。」

我沒有作聲，他又望著我的臉上說：

「妳說真話，妳到底愛不愛我？」

「現在我祇能告訴你，你的癡心令我感動。」我說。

他聽了似喜還驚，怔怔地望著我說：

「難道我就沒有一點可愛的地方？」

「不是你沒有可愛的地方，祇是我覺得我們的感情還沒有成熟。」

「我們同事已經三年，我愛妳也有兩年多，要到甚麼時候纔能成熟呢？」

這很難講，我也奇怪我們的感情怎麼進展得這麼慢？我最怕他談「玄」，偏偏他談來談去又自然談起「玄」來，不管是和別人還是和我。

他要請我看電影，我不願他花錢，也不願他浪費太多的時間，要他趕快回去。他不肯，他說準備和我玩一天。

「如果你不想考大學，你就玩下去；如果想考大學，最好早點回去。」我說。

「我來一趟不容易，總不能見了面就走？我們去冰店坐一會總可以吧？」他說。

我不想太掃他的興，祇好同他走進一家冷飲店。

在冷飲店裏他又喋喋不休，談個沒完。幸好今天沒有談「玄」，不然我又聽不下去了。

「妳調職的公文下來沒有？」他忽然問我。

「大概快了。」我說。

「聽說這次小學教員會大調動？」

「搬搬家也好。我在那麼遠的地方教了三年，這次總該讓我調回母校。」

「聽說如鵬夫婦兩人也請調。」

「他們本鄉本土不好？調甚麼？」

「誰知道？如鵬又不肯講。」

「要是我，在家鄉教一輩子我也不調。」

「各人的想法不同，我和妳一樣。」

「如果我在我的家鄉，你在你的家鄉，那我們怎麼談得攏？」我故意試他。

「祇要妳答應我，不管妳在甚麼地方，我會跟著妳。」他說。

「現在說得好聽，祇怕那時候就變卦了？」

「我說話算話。怎麼會變卦？」

我怕他又要起誓，不再逼他。

時間過得很快。談著，談著，不覺已到十二點。我要回家，他一定要我吃了飯再走。我不願他太破費。同他在一家小館子裏吃了一盌麵。他還想纏著不走，我嚇唬他說：

「如果你再不走，下次就別想見我。」

他這纔無可奈何地走了。

考試完後，他幾乎天天要和我見面，一見面就纏一整天。他的話好像永遠講不完。他的頭髮又開始蓄起，他打扮起來的確瀟灑，更加顯得眉目清秀。他的皮膚雪白，是標準的白面書生。奇怪的是不容易曬黑，像這種夏天，他從海邊跑到城裏來，要曬著太陽走幾十分鐘的路，他的皮膚祇是微微發紅而已。

我調職的事終於核准。這天我先去局裏領取公文，再到車站看他。

他看見我又是眉開眼笑。看見他那麼開心，我一時不敢告訴他調職的事。後來他問起我纔實說。

「真的？」他還不肯相信。

我把公文交給他看，他拿著公文的手不住的抖，看完以後像隻洩了氣的皮球，喃喃地說：

「完了，我完了？」

看他那樣子真是怪可憐的，我不知道怎樣安慰他好？

他癡癡獃獃地半天沒有說話，我把公文塞進皮包，笑著對他說：

「其實我們還是在一個縣裏，又不是天南地北，仍然可以時常見面的。」

「要是半路殺出一個程咬金，那麼我怎辦？」他敏感地說。

「沒有那麼巧的事。」我說。

「萬一有那麼巧呢？女人心，海底針，誰摸得著？」

他惶惑地望著我。

「你生性多疑，那有甚麼辦法？」

「不是我多疑，是妳沒有給我一點保證。」

「甚麼保證？我又不會起誓。」

「那我明天同媒人到妳家求婚妳答不答應？」

我沒有想到他會有這一招，這真不好回答，說我愛他嗎？我又不喜歡他好幻想不切實際的性格；說我不愛他嗎？他又長得相當帥，人也忠厚老實，對我更是死心塌地，使我沒有拒絕他的充分藉口。他的癡情實在使我同情感動，答應不好，拒絕也不合適。因此我往母親身上推：

「那要看我母親的意思。」

「好，明天我同媒人一道去見伯母。」他說。

回家後我把這件事告訴母親。母親問我：

「妳的意思怎樣？」

「我不知道怎樣是好，您看著辦吧？」

「我沒有見過他，不知道他長得怎樣？」

於是我把他在學校時送給我的一張照片拿給母親著，母親端詳了一會說：

「人倒長得五官端正，眉清目秀，看樣子是個正派書生，不是邪門。」

姐姐看了一眼說：

「人很帥，這門親事定得。」

她們兩人都同意，我也把我的意見說出來：「就是太玄，太好幻想，雲裏霧裏，腳不著地。」

「年輕的讀書人，自然難免好高騖遠。」母親說。「不像我們一天到晚油鹽柴米，香蕉菠蘿。妳爸年輕時不也是這樣的？」

爸是怎樣的性格，我不瞭解。現在祇記得他用細竹枝打過我的手心。聽婆婆說爸是個倔強的人。

第二天，許之誠真的和媒人一道來了，媒人是他的姑丈。母親在心理上已有準備，一點也不慌張。她特別打量了許之誠幾眼。

許之誠今天穿著雪白的香港衫，灰色西裝褲，黑皮鞋。精神很好。他對母親很恭敬。很有分寸，規規矩矩，不隨便講一句話。

寒暄過後，媒人就談到主題，媒人態度也很誠懇，而且十分客氣。

「我知道令嫒才貌雙全，這門親事是內姪高攀，所以他特地請我來說媒，希望朱太太賞我一點薄面。」

母親也客套了幾句，然後把我帶進房裏面。許之誠看我要進房，用祈求的眼光望著我，欲言又止。

「我看許先生人很忠厚，樣子也長得端正，不像低三下四的人，妳不要錯過了機會。」

「我沒有主意，您怎麼決定就怎麼決定好了。」我說。

「那我就答應人家了？」母親說。

「答應就答應吧。」我說。

母親先出來，我遲幾分鐘出來，我出來時看見母親手裏握著一個大紅包，我知道終身已經定了。

許之誠看我出來，滿臉歡笑。我們相處三年，今天他笑得最開心。

第九章　許之誠空談幻想　李如鵬暗箭穿心

我突然接到李如鵬一封信，說他們兩夫妻都調到我母校來，又和我同事了。我知道他有很好的人事關係，但我不知道他們為甚麼也要調過來？也許他有他的原因？反正事不關己，不必過問。不過李如鵬在男同事中是個比較風趣的人，雖然別人說他「俗氣」我祇覺得他比較踏實；別人說他太太林鴛鴦「很精」，我也不大介意。反正大家都是同事，我都一視同仁。不像有些男女同事，對他們夫妻兩人常有戒心。而不大和他們接近，我自己不存壞心，我也從來不懷疑任何人。我相信孟子的「性善」說，耶穌的「博愛」，尤其是為人師表者，那有甚麼壞人？因為他們是老同事，聽了這個消息我反而高興。

王美蘭知道我和許之誠訂了婚，十分高興，她希望我和她同時結婚，同時去蜜月旅行。

許之誠和我訂婚之後，自卑感去了十分之八。他三天、兩天約我進城，一見面就是一天，每次他都十分高興。

有一天他見了我就垂頭喪氣，我問他甚麼事？他囁嚅地說：

「我又沒有考取。」

對於他考試的事我並沒有放在心裏，因此我也沒有注意放榜的報紙。如果他不說我真不知道。

「沒有考取算了，還提它幹甚麼？」我說。

「我覺得我對妳不起，明年我還要考。」他說。

他說明年還要考我反而有點生氣，我並不在乎甚麼大學不大學，可是他屢戰屢北，使我覺得他沒有出息。因此我說：

「得了，得了！你考取了再說好不好？」

他羞得滿臉通紅，過了好半天纔說：

「我知道我會使妳失望，可是我考大學完全是為了妳。」

「可是我並沒有要你考大學。」我說。

「不過我覺得妳是師範畢業，我也是師範畢業，師範生嫁師範生，對妳來說是太委屈，因此我想考上大學，對妳臉上也增點光彩。」他說。

我知道他用心很苦，為了博取我的歡心，他啃那些毫無興趣的教科書，他自己心裏一定也很痛苦。他想弄個大學生頭銜，又不能虛心下氣用功讀書，結果招來一次一次的打擊和嘲笑，真是何苦？

「現在訂了婚，你也不必給我臉上增甚麼光彩。即使你受得了我也受不了。」我說。

他羞愧地低著頭，默不作聲，眼淚一顆顆掉下來。

我看了有點不忍，從皮包裏摸出兩百塊錢，悄悄地塞進他的口袋說：

「你應該先把身體養好，多培養記憶力，然後用功讀書，不要空談。」

他慢慢抬起頭來。邊擦眼淚邊說：

「我真該死！平時不努力，總是臨時抱佛腳，妳以前送我的那許多鴨蛋也白吃了。」

「失敗為成功之母。祇要你能記取過去的教訓，明年再考也不算遲。」我說。

隨後我帶他去西藥房買了一瓶「腦新」送他：

「你帶回去吃，吃完了我會再買。」

我知道他的經濟情況並不寬裕，每次約我進城總要花錢，雖然我花的錢比他還多。

他把「腦新」放在口袋，癡癡地望著我說：

「妳是個了不起的女人，我應該使妳幸福，使妳臉上有光彩。」

「你又空談些甚麼？我並不是一個愛享福，好虛榮的人。」我說。

「正因為如此，我更覺得慚愧。不管我辦不辦得到？我心裏總是這樣想。」

「好了，你總是想得太多，我送你上車吧。」

我看著太陽快下山，他回去還要走一段夜路。我送他到公路車站，看著他上車，看著車子開走，我纔搭車回家。

開學前兩天，李如鵬夫婦就搬了過來，在學校附近租了房子。李如鵬帶著孩子來看我，我纔知道這回事。

「你在家鄉教得好好的，怎麼要調到外鄉來？」我問他。

「我太太娘家靠近這邊，我也想在外面打天下，我家鄉太苦，我耽在老家沒有甚麼意思，所以請調到貴地來。」他說：「以後還要請妳多多照顧。」

「當然，我應該盡地主之誼。」我說。

我在樹上摘了一袋子大蕃石榴送給他的大女兒，這是他家鄉所沒有的。他大女兒非常高興，不住地叫我阿姨。

李如鵬的嘴很甜，很會講話。他對我母親左一個伯母，右一個伯母，叫個不停。對我姐姐也叫阿姐。他甚至和我叔叔、嬸嬸也打上了交道。他真是見面熟，不像許之誠那麼拘謹。

開學沒有幾天，他和所有的教職員都混得很熟。原先教我的林老師已經調走了，校長和教職員一大半都是新人，連我都不認識。

他太太教三年級，王美蘭教四年級，他和我教升學班，全校一共有十五位教員。因為我們是老同事，又都教升學班，因此接近的機會自然比別人多。加之我訂了婚，他結了婚，又生了三個孩子，我覺得不必防範甚麼。

有一天，他和我談起我與許之誠訂婚的事。他慨歎地說：

「我真想不到妳會和許之誠訂婚！」

我覺得有點奇怪。反問他：

「你覺得有甚麼不對嗎？」

「我覺得他配不上妳。」他說：「不但我有此感覺，那邊的同事都說他配不上妳。」

「是最近講的，還是以前講的？」我問。

「以前也講過，不過你們訂婚後講得更多。」他說。

訂婚後我就沒有去過那邊，不知道別人的反應如何？現在既然訂了婚，我當然希望他好。聽李如鵬這一講，我不免有點黯然神傷。但我還是往好的方面想，因此我說：

「我知道他有缺點，不過希望他以後上進。」

「上進？」他嗤的一聲笑了起來。「他不是吹牛、談玄，就是下棋、打橋牌，他上進個屁？」

他這一下就擊中了我的要害。我就是不歡喜許之誠的那些毛病，李如鵬的話使我好傷心。星期天許之誠到我家來，我知道他是來看我。現在訂了婚，他可以堂而皇之的到我家來。他對母親很尊敬，真把母親當作「泰水」看待。母親也把他當作「嬌客」。奇怪，母親對他的印象特別好，說他是上流人。也許真是「岳母看女婿，愈看愈有趣」？自從我們訂婚以後，她沒有講過他半句壞話，還說我能嫁到這樣的丈夫真是我的造化。連祖母也誇獎他，說他文質彬彬，像個讀書人。

我自聽了李如鵬的話後，就生許之誠的氣。我有「恨鐵不成鋼」的心理。因此他進門時我並沒有太好的臉色。他看看不對勁，惶惑地望著我，不知所措。母親走開後，他纔悄悄地、膽怯地問我：

「燕，我有甚麼不對嗎？」

「你問你自己好了。」我沒有好氣地回答。

「問我自己？」他猶疑了一會纔說：「我實在沒有做錯甚麼事。」

「我勸你努力，你怎麼還是吹牛、談玄、下棋、打橋牌，一點不改？」我說。

「沒有，最近我確實沒有做那些事。」他完全否認。

「沒有做那些事，為甚麼別人告訴我？」

「誰？」他問我。

「你不必問誰，你祇問你是否有做那些事？」

「我知道，這一定是李如鵰造謠？」

「他是你的同學，他為甚麼要造你的謠？」

「我不知道他為甚麼造我的謠？我覺得這完全是狗咬耗子，何況放暑假到現在，根本沒有那回事。」

母親聽我們說話的聲音不對，趕了出來，責怪我說：

「咪，之誠剛來，板凳還沒有坐熱，妳怎麼就和他鬥嘴？」

「媽，我聽別人講他的閒話，心裏氣不過，因此問他。」我說。

「來說是非者，便是是非人。別人的話不可輕信。」母親嚴肅地說。

「岳母。燕要我努力上進，我是在努力，不像別人說的那樣。」許之誠說。

「你既有心上進，就要認真，不要一天打漁，三天曬網。」母親說：「我知道你是個老實人，不會做壞事。咪勸你也是好心，不要誤會。」

「不，我決不誤會她的好意，她講得很對。」他說。

「這樣就好！」母親點頭誇獎他，又接著說我：「咪心好，就是個性強一點。」

「她比我能幹，我知道。」他說。

聽他這樣說，我的氣也完全消了。

他看我沒有氣，又很高興，找我談話，告訴我那邊學校的新聞。走了我們三人，又派了三人接替。

「不過學生和老同事都很想念妳。」他說。

「難道不想念李老師他們？」我說。

「他們說如鵬太現實，自私，他太太太精。」他說，又連忙聲明：「這可不是我講的話，我從來沒有說過他們半句閒話。」

我也聽過同事這樣批評過李如鵬夫婦，倒真沒有聽過他說他們兩人。他這份不講別人壞話的德性，實在少有。

母親留他吃飯，特別弄了幾樣好菜款待他這位嬌客。母親把菜往他盌裏挾，他卻從自己盌裏挾給我，母親看了十分開心。

飯後他玩了好久還不想走，我再三催他，又送他走了一段路。臨別時我又悄悄地把兩百塊錢塞進他的口袋，這次他發覺了，他不肯要，反而問我：

「上次口袋裏兩百塊錢大概也是妳塞的吧？我還沒有用呢！」

「買點雞蛋、牛奶吃，我不在身邊，你應該自己照顧自己。」我說。

「我怎麼能用妳的錢？」他望著我說。

「小意思，祇要你上進，用不著分彼此。」我說。

他感動得眼淚都流了下來，但是還不肯接受這兩百塊錢。他說：

「妳的話抵得萬兩黃金，錢我不能要。」

我也不再勉強，我想下次買點牛奶和補腦的藥品送他，他不能不要。

我送他回來，母親笑著對我說：

「之誠將來會是個很體貼的丈夫。」

第十章　查辭海無心成愛
潑冷水使君迷魂

姐姐招贅的這天，許之誠又來了，而且送了一份厚禮。

女兒招贅不比兒子娶媳婦。所以母親不願鋪張。祇請了親戚本家，外人一個未請。但合計起來，大大小小也有十來桌，家裏坐不下，祇好在曬穀場上搭棚子開席。

許之誠很高興，喝了不少酒。別人敬他，他就老老實實地喝，不會猜拳，也不會推脫。我看他喝到七、八分醉，連忙把他扶下來。他搖搖幌幌，一腳高一腳低，身子完全靠在我的身上，我不支持他他就會倒。堂妹幫助我把他扶到我的床上躺下。我打濕手巾替他敷頭，餵西瓜替他解酒。他抓緊我的手，醉眼矇矓地說：

「今天要是我們的好日子那該多好？」

「你又胡思亂想。」我堵住他說。

「不是胡思亂想，我真希望有這麼一天。」他說：「不過，我們的婚禮應該比這熱鬧，我不是入贅。妳說對不對？」

「別想得太遠，到那時再說。」

他握著我的手不肯放，愈握愈緊。我怕別人看見不好，連忙掙脫走了出來，讓他一個人躺在床上。

他睡了一覺纔清醒過來，但時間太晚不能回去，我衹好和堂妹睡，把床讓給他。

第二天他起得很早，我起來時他一個人在田埂上散步，十分悠閒瀟灑，像個行吟詩人。

我也走過去和他一道散步。他看見我過來張開雙手作歡迎狀。

「昨夜睡得怎樣？」我問他。

「睡得又香又甜，還作了一個好夢。」他說。

「甚麼好夢？」

「夢見和妳結婚，妳披著白紗，好美好美！」

「又是幻想。」我說。

「不是幻想，是好夢。我醒來時還記得清清楚楚，和真的一樣！」他說。「我真歡喜看妳穿著拖地的禮服，頭上披著白紗，那真有點像仙女下凡。」

「大清早就癡癡獃獃。」我有點好笑。

「不是癡獃，」他在我耳邊輕輕細語：「妳要是穿起新娘禮服，沒有人不羨慕我們。」

「別往自己臉上貼金。」

「我用不著貼金，祇要妳站在我身邊就行。」他拉著我靠著他走。

清晨的空氣十分新鮮、涼爽，我感覺到心曠神怡，舒暢無比，直到母親叫我們吃早飯，我們纔回來。

送走他以後我就直接到學校來。

我鼓勵學生訂《國語日報》，超過九份，贈閱了一份別家日報。這份日報祇有我教室有，學生下課後我是一個人坐在教室安靜地看報。今天我剛坐定，李如鵬就尾隨進來，向我搭訕地說：

「妳姐姐結婚，怎麼不請我吃喜酒？」

「我們沒有請客，也不敢驚動你。」我說。

「妳這不是太見外了？」他笑著在我對面坐下。

「不是見外，所有的同事我都不敢打擾。」

「許之誠來了沒有？」

「來了。」

「他是不是老樣子？」

「樣子還是老樣子，不過毛病似乎好多了。」

「就怕他老兄祇好三天，三天以後又依然故我。」

「何以見得？」

「我們老同學、老同事，我對他瞭如指掌。」他掏出一支菸，用打火機點燃，吸了一口說：

「他昨天喝醉沒有？」

「差不多。」

「奇怪！」他翻翻白眼說：「以前他每喝必醉，除非有人阻止。」

真奇怪！他怎麼對許之誠瞭解得這麼清楚？要不是我扶他老兄下來，準醉！

我剛剛建立起來的對許之誠的好印象，又被他這幾句話搗得稀爛了。

我心裏很亂，他卻指著報上有趣的社會新聞和我閒聊，他講的話都使我開心。他有兩片薄薄的嘴唇，口才很好，枯燥無味的事他講起來都很有趣。而且笑起來有一股魅力。他和許之誠的談「玄」完全不同，他不談理論，祇談眼面前的事實。他也沒有許之誠的拘謹，他對我的態度很隨便自然，沒有半點自卑感，甚至有一種男人的侵略性。我很欣賞他這種性格。

我們學校裏祇有一部《辭海》，放在他的教室裏，我要查字必須到他的教室去。

有一天我過來查字，發現他正在用毛筆寫字。他的毛筆字寫得很靈活、俏皮，學校的慶祝文字都由他寫。我禁不住走近看看，想不到他寫的全是我的名字，還寫了好幾個「妹妹」。

「怎麼！你想妹妹了？」我笑著問他，我知道他家裏有個妹妹，比我小。

「我要妳作我的妹妹。」他停下筆來望著我說。

我連忙亂以他語，和他談教學的事。談著、談著，他忽然感歎地說：

「我真後悔我結婚太早！」

我瞭解他話裏的意思，我馬上走開。

我站在書櫥前獨自查《辭海》，他又走了過來，把《辭海》從我手上拿過去，問我：

「甚麼字？我幫你查。」

「上面一個兒字，下面一個心字。」我一面說，一面寫給他看，我不認識這個怪字，也不知道是甚麼意思。

他翻心字部，很快就查到。看完解釋就望著我笑說。

「妙，妙！這個字真妙！」

我接過來看，原來這個字音「愛」今作「愛」。我真沒有想到怎會是個「愛」字？我很窘，連忙把《辭海》放進書櫥。他卻在我耳邊輕輕地說：

「這真是天作之合；既然有心，自然相愛。」

我沒有接腔，低著頭跑了出來。

他得意地笑了。

我心裏被他搞得亂七八糟，像一團亂麻，很久很久不能平靜。我覺得他是一股很大的衝力，猛然衝擊我的內心，使我無法抵擋，使我搖搖欲墜。我和許之誠交往兩、三年，而且訂了婚，我從來沒有感覺到他有這股衝力；他彷彿是綿綿細雨，彷彿是陰陰暗暗的天氣。而李如鵬卻如狂風暴雨，如艷陽當空，猛烈、耀眼，令人震動，令人目炫。久在綿綿細雨之中，突然見到麗陽當空，自然又是一種感受，一種近乎激動的喜悅。兩種力量突然相遇，許之誠那股微弱的力量便一瀉千里了。

上課時我的心情還沒有平靜下來，還有點迷亂。講來講去，我又講到原來的地方，重重覆覆，顛三倒四，學生睜著眼睛望著我，不知道是怎麼回事？我看著學生的表情不對，突然驚覺地罵了一句：「該死！我講到那兒去了？」

等我神智恢復，講得有條有理時，又突然聽見他講課的聲音。我們的教室相連，兩邊講臺又恰好祇隔一道魚鱗板牆，門窗完全敞開，沒有一點隔音設備，他的聲音講大一點我就聽見，一聽見他的聲音，心裏就一怔，像被甚麼東西撞了一下，又像被一塊吸鐵石吸了過去。

下了課我就連忙收拾回家。他看見我走，就喊著我說：

「喂，朱老師，我有個問題想和妳商量商量。」

我和王美蘭一道。如果是我一個人，我會不由自主地過去和他談談，兩人一道，我就不能撇下王美蘭了。因此我對他說：

「對不起，我有事，明天再談好了。」

「奇怪，下了課還有甚麼問題好商量的？」王美蘭說：

「升學班的問題多。」我怕王美蘭懷疑，祇好這樣說：「隨時有問題得隨時解決。」

「李老師這人很會動腦筋。」王美蘭說。

我聽了心裏一怔。莫非她知道甚麼風聲？我試探地問她：

「妳怎麼突然說這種話？」

「他剛來不久，就打算買學校附近的那塊山坡地。」她指指學校右邊的那塊山坡說：「據說現在已經談攏了，付了訂洋。」

我們學校是建在山坡上的。山坡右邊有一塊坡地有兩、三千坪，主人老早想賣，祇要十幾塊錢一坪。可是一直找不到買主，因為鄉下人覺得種田、種地愈來愈不合算，還不如去工廠做工或是做點小生意。怎麼他腦筋動到這上面來了？我向不注意這些事，所以一點也不知道。

「是真的嗎？」我問。

「怎麼會假？」她說。「是楊老師告訴我的，她和賣主是親戚。」

「他買地幹甚麼？」

「蓋房子，開農場。」

過去的和現在的男女同事，不論有錢無錢，都沒有人打算買地開農場。因為我們這些小學教員十之七、八都是農家子弟，知道農人的艱苦。真想不到他有這種興趣。

我和王美蘭經過那塊亂墳堆時，我笑著問她：

「妳還記不記得那年有一天晚上，我們回家時，看見鬼火，不敢過去，妳嚇得叫媽的事？」

「記得！記得！」她笑了起來。「那時到底是小孩子，膽小。」

「現在妳怕不怕？」我笑著問她。

「和妳一道我就不怕。」她說。

「真想不到日子過得這麼快！」我感慨地說：「當年我們都是小孩子，現在妳快要結婚，快要做母親了！」

「妳和許先生甚麼時候結婚?」她問。

「我不知道,我們還沒有結婚的打算。」我說。許之誠似乎祇要訂了婚就有安全感,他並沒有結婚計畫。看樣子在他考取大學之前他不會要求結婚。我也沒有想到要急於和他結婚。今天李如鵬的一番話更使我舉棋不定。

「時間對我們女人不利,妳不要大意。」王美蘭說。

「他祇怕我被人搶走,我可不怕別人搶他。」我說。

「話不是這麼說?結了婚打了死結,好定心作事,別人也不會再打主意;沒有結婚總是個活套子,就算我們不招蜂引蝶,蜂蜂蝶蝶也會飛過來,使人意亂情迷,不知道如何是好?」她說。

「我怕麻煩,所以我乾脆早點結婚,就不會再有甚麼心事了。」

她的話好像是衝著我說的?不過我相信她還不知道李如鵬對我的調情。

「妳的話自然很有道理,不過我不想主動要求許之誠結婚;再說,勉強結了婚,以後離婚的也不是沒有,所以我想聽其自然。」

「妳和許先生的情感到底怎樣?」她打量我說。

「一開始就是他追我,我祇是受他的癡情感動,並沒有傾心愛他。」我說。

「訂婚以後怎樣?」

「訂婚以後自然有點進步,可是……」

「可是甚麼?」他敏感地望著我。

我怕她懷疑我和李如鵰，便搶著說：

「可是我們還沒有兒女之私。」

「他吻過妳沒有？」

我搖搖頭。她又問：

「是他沒有勇氣，還是妳不給他機會？」

「二者兼而有之。」

「我們女人固然應該守身如玉，可是訂了婚之後妳不妨稍假詞色，合理的親熱是維持感情和增進感情的必須步驟，祇要不讓他得寸進尺就行。」

「妳好像根老油條了？」我打趣地說。

「我一點也不老油條。」她笑著否認。「不過我們應該瞭解雙方心理。愛是靈肉一致的，不能分開。」

「不過我覺得我和許之誠的愛還沒有到這種地步。」我說。

「愛情也可以培養，祇要他人不壞。」

「可是我總覺得不喜歡他的性格。」

「世界上沒有完人。也許他在某方面有缺點。而在另一方面卻有長處，古人說：『寸有所長，尺有所短。』長於此的人未必長於彼。所以男人的標準也很不容易定。」

「妳的話合情合理。可是戀愛這件事往往缺少理智。古人說：『情人眼裏出西施。』也就是這個道理。」

「這眞是『公說公有理，婆說婆有理』。」她笑起來。「我看戀愛這個理，沒有人能斷定。」

「自古至今，沒有人能定一個戀愛標準?因為戀愛是情，不是理，妳怎麼能拿理來斷?」我說。「那不是驢唇不對馬嘴?」

她又笑了起來。

我們談來談去，沒有結論，卻十分輕鬆地走完了這段路，各自笑著回家。

第二天是星期六，我早晨一上學李如鵬就來找我，我以為他真有甚麼問題和我討論，想不到他說：

「今天下午沒有課，我們到青山去玩好不好?」

「有幾個人去?」我問。

「當然是我們兩個人，還能帶個電燈泡?」他說。

我很想同他去，但又怕別人講閒話，因此我說：

「兩個人我不去，除非你再邀別的老師。」

「妳怎麼這樣傻?」

他笑著白我一眼，我沒有作聲。過了一會纔說：

「人言可畏。」

「那我祇好找個電燈泡了。」他笑著走了出去：

中午我不回家吃飯，是由我班上的表妹上「下午班」時順便帶便當來。因此我一下課就可以吃熱飯。李如鵬要等他太太或是學生吃過飯後纔帶來，通常總比我遲吃。這天我吃午飯時他又過來，他坐在我對面看我吃飯。我飯後都有香蕉或是別的水果、飲料，這天帶的是香蕉。他一點也不拘禮，拿起香蕉就吃。我知道他餓，也不計較。我的飯菜總是吃不完，他看我剩了一截泡黃瓜，挾起來就吃，嘖嘖稱讚味道好。

他告訴我邀了他的同學，也是教升學班的施老師一道去玩。施老師是個好人，別人要他做甚麼他總答應。

他吃過飯後我們就一道出發。

他的話最多，有說有笑，常常逗得施老師和我大笑。他也常常把施老師支開。和我單獨相處。

他的身體壯，爬山路爬得最快，施老師和我都趕不上他。他時常乘機拉我一把。施老師落後，他不但不同情，反而笑他：

「虧你是個男子漢，連朱老師都趕不上。」

施老師一點也不生氣，他祇是笑，像一尊彌勒佛。

這天下午我們玩得很痛快。天黑時纔回家。

星期天，王美蘭邀我進城去玩，順便看看涂如男、凌蕙芬她們，她們都在城裏教書。

真巧，一進城就碰見許，他正準備去我家看我。

王美蘭沒有見過他，我替他們介紹。寒暄了一會兒之後王美蘭就識趣地對我說：

「你們兩人玩玩。我先到凌蕙芬那邊去，我在那邊等妳回家。」

說完她就走了。

許之誠要我看電影，正好遇上《梁山伯與祝英台》上映。這部片子不知道賺了多少人的眼淚？賣了多少地方纔轉到這裏來？我對電影本來沒有甚麼興趣，他說：「這部片子非看不可！」我祇好陪他去看。

票子並不難買，看的人不多，大概這不是第一次上映，平時我很少注意影劇新聞、電影廣告。

我是第一次看古裝片，我覺得中國古時的服飾真瀟灑、漂亮，非常富有書卷氣。不像現在的學生裝、西裝、香港衫褲，尤其是牛仔褲，一點不受看。

演到樓臺會時很多人都哭了。他緊緊地抓住我的手，眼淚一顆顆滴落，滴在我的手上，我不住地用手帕擦眼淚，一條手帕很快就濕透了。我歡喜流淚，我看不得悲傷的事，不等演完，我就要出來。他捨不得走，拖看我一直看到底，我的裙子上就滴了斑斑的眼淚。

古往今來，多少男女為了一個情字而造成悲劇？為了一個情字而終身痛苦？看完了電影我悵然無以自解，他也茫然若有所失。過了很久他纔對我說：

「希望我們不是悲劇。」

我沒有回答，我心裏有種不祥的預感，我覺得我們正往悲劇的路上走，雖然悲劇的故事不一，形式不一。

他還想我陪他多玩一會，我說不能讓王美蘭久等，不想再陪他玩下去。我覺得我和李如鵬無論是在一起講話、一起玩，都有一種難以言喻的喜悅，甚至激動。和他在一起總是淡而無味。他缺少變化，缺少野性，滿嘴的荒謬哲學，行動卻十分拘謹，顯得彆彆扭扭。往好的方面看，他像個詩人、像個哲學家。往壞的方面看，他是言論幻想的巨人，行動的侏儒。雖然他的本性十分善良，但他矛盾的言行使他的善良黯然無光。他看我要走，失望地說：

「本來我希望和妳玩一天的，想不到這樣匆促？」

「真不巧，我和王美蘭有約在先。」我說。「如果你先通知我，我就陪你一天。」

「那我下個星期天再來好了。」他又自己轉彎說。

我點點頭走開。走了很遠我回過頭來，看他還站在那裏癡癡獃獃地望著我。我心裏有點難過，我也奇怪他怎麼不能吸住我？

王美蘭還在淩蕙芬這裏沒有走，她一看見我就奇怪地問：

「怎麼不和未婚夫多玩一會兒？」

「我怕妳久等。」我回答。

「我多等一會兒有甚麼關係？反正妳不來我不走。他和妳相處的時間不多，妳應該多陪陪他。」

「我陪他看了一場電影。」

「甚麼片子？」凌蕙芬問？

「過了時的《梁祝》。」

「妳流了多少眼淚？」王美蘭問我。

「一條手巾。」

「我怕妳會哭成個淚人兒。」王美蘭說。妳未婚夫流淚沒有？

「他比我流的還多。」我說。

「那他是個多情種子。」王美蘭說。

「吳鳳子還說他是情聖呢？」我說。

「我看他也是個君子人。」王美蘭說

「妳祇看到他好的一面，沒有看到他的缺點。」

「人非聖賢，誰無缺點？」王美蘭說。「譬喻說我那位是個老實人，可也有個脾氣，我還不是要嫁給他？」

「各人的情形不同，不能一概而論。」我說。「我並沒有說不嫁給他，不過我還要觀察觀察。」

「這也對。」凌蕙芬說：「俗話說：『婚前要睜開眼睛，婚後要閉著眼睛。』如其婚後反悔，不如婚前謹慎。」

王美蘭沒有作聲，我問凌蕙芬：

「妳自己的事怎樣？」

「沒有人看得上我，」凌蕙芬說：「我也不想大拍賣，現在我想透了，結了婚也未必比不結婚幸福？怨偶多得是。」

「我也常常這樣想。」我說。

「妳們兩人真怪！」王美蘭說：「那有好好的人不結婚的？」

「好了，我們不必爭論。」我對王美蘭說。「除非像我姐姐那樣的人，否則對結婚問題都有意見。」

「妳姐姐的婚姻不是自己作主的？」凌蕙芬問。

「我姐姐是招贅，他們兩人祇見了一面就定終身，雙方都不認識幾個字，思想簡單得很。」我說。

「這樣說來，知識反而造成了痛苦？」凌蕙芬說。

「知識雖不一定造成痛苦，也未必能帶來幸福。」我說：「許之誠要不是多看了幾本佛洛依德和存在主義的書，他的思想不會那麼玄，我就會毫無保留地愛他。」

「我真沒有想到這個問題。」王美蘭說。

「就是這個問題糾纏不清，所以我纔有點舉棋不定。」我說：「論學識、人品，許之誠的確不壞。可是他的謬論、幻想，卻使我受不了。」

「他有甚麼謬論？」王美蘭說。

「他講的那些理論我是愈聽愈糊塗，本來是清楚明白的事，他一講就使人墮入五里霧中。因此我那邊的同事都說他玄。說他自相矛盾。他和別人談論男女之間的愛就說全是性的渴求，甚至人類一切活動都是性的驅使。除了性就沒有愛。可是他一見了我就乖乖的，不敢輕舉妄動，表示愛情至上，所以吳鳳子封他為情聖。妳看這多矛盾？」我說。

「大概是妳的尊嚴壓倒了他的荒謬？」王美蘭說。

「這也難說。總之，我覺得他有狂妄荒謬的思想，可又沒有越軌的勇氣，所以自相矛盾？這也許就是人格分裂？」我說。「因此我和他在一起很少樂趣。」

「妳這樣說我就瞭解了。」王美蘭說：「我那位沒有他這麼複雜，不是雙重人格。」

「他如果不趕時髦，不看那些怪書，定是個好情人、好丈夫。」凌蕙芬說。

「也很可能早考上大學。」我說。

「這樣他不是懸在半空裏？上不黏天，下不巴地？」王美蘭說。

「可不是？所以我說他不切實際。」我說。

「妳來了這麼久，我們一直談這個問題。現在我倒要問妳，妳教的升學班情形怎樣？」凌蕙芬說。

「自然比不上城裏的。」我說。

「那也未必，」凌蕙芬說。「名師出高徒，妳的學生不會差。」

「現在言之過早，那要看以後升學的情形。」我說。

「教升學班就是這樣不好，」王美蘭說。「要是學生升學率不高，家長就會說老師無能。」

「現在讀書就是為了升學，老師也成了升學的機器，這和我們學的教育原理，實在相去千里。」凌蕙芬說。

「不要再談下去，再談又傷腦筋。」我說。

「那我們回去好了。」王美蘭說。

我點頭同意。凌蕙芬要請我們吃飯，我不肯。她拉著我說：

「妳何必客氣？要不是妳，我那有今日？」

她倒是個念舊的人。

吃過飯後已經天黑，我和王美蘭匆匆趕回家。

第二天我又和王美蘭一道上學。早晨做朝會，李如鵬是值星老師。值星老師都有「演說慾」，隨便那個學校那個老師都是一樣，第一，第二，第三……說個不休，儘管自己在臺下時會暗罵臺上的人不識趣，可是一輪到自己上臺，也是一樣。李如鵬平時就愛講話，這個機會自然也不放過，不過他講得比較生動，不時說兩句笑話，逗人發笑，不像別人說得那樣枯燥。

散會後他請我到他教室來，先和我商量教學的事，隨後悄悄地問我：

「昨天妳到那裏去了？」

「進城去了。」我說。

「是不是赴許之誠的約會?」

「不是，湊巧碰到。」

「有那麼巧?」他望著我似笑非笑。

「不信你問王美蘭老師好了，我和她一道。」

「以後不要理他，嫁給我好不好?」他握著我的手說。

我在他桌上的白紙上寫了「使君有婦」四個字，就走了出來。

第十一章　瓜田李下得寸進尺　紙短情長作揖打躬

可是我並沒有疏遠他。我對他仍有好感。我想他不會冒犯我。

我又碰到一個難字，不得不去他那邊查《辭海》，他替我拿了出來，想不到他太太林鴛鴦趕了過來說：

「你們兩個常在一起做甚麼?」

「研究問題。」他說。

「有多少問題好研究的?」她的馬臉好冷，聲音好陰沈。

我心裏不是味道，字也沒有查到，一聲不響地回到自己這邊來。

我再也不到他那邊去，即使遇到難字，情願記下來跑到書店去查。

可是他常常到我這邊來，我阻止也阻止不了。有一次我對他說：

「瓜田李下，各避嫌疑，請你不要到我這邊來。」

「大家同事，我過來看看報紙有甚麼關係？」他無所謂地說。

「你太太多心，再看見了不好。」

「她愛吃醋讓她吃好了，不要理她。」

「那怎麼行？」

「怎麼不行？」他反問我，「久了自成習慣，她要吃也吃不了那麼多。」

「她是個厲害人，你不怕她？」

「她還能把我吃掉？」他指著自己的鼻尖說：「大不了離婚，她還能有別的法寶？」

聽他說話的口氣，倒像個男子漢大丈夫。

我愛泡黑砂糖水喝，因為我們這裏的人說黑砂糖水可以退火，有時我泡了放在桌上忘記喝，他過來見了端起來就喝，黑砂糖便宜，一杯糖水算得了甚麼？他喝了我也懶得作聲，以後再泡。誰知他習以為常。有一次被他太太看見，趕進來衝著我說：

「好哇！瞞著我泡糖水給他喝！真關心！他是妳的甚麼人？妳是他的甚麼人？老娘還在身邊，沒有退位，難道妳甘願作姨太太？」

我氣得一句話也說不出來。他也一句話不說。她氣沖沖地走了之後，我對他說：

「我叫你不要過來，你偏要過來！惹得我受這場冤枉氣！你何苦使我如此難堪？」

他沒有作聲，默默地走了。不知道他回去說了些甚麼話？第二天林鴦鴦過來向我道歉：

「朱老師，昨天真對不起！我在懷孕，所以脾氣特別壞。我們多年同事，請妳原諒。」

真想不到她會說這種話？她的馬臉也堆滿了笑容，和昨天那種冷若冰霜的情形完全兩樣，變得真快！真突然！

我不知道說甚麼好？我祇是笑笑。

她走後不久，他過來問我：

「她向你道歉沒有？」

我點點頭。他得意地說：

「我有辦法對付她，妳不要怕。」

隨後他又談起許之誠，問我聽到別人批評他的話沒有？我陸續聽到一些，但是我不想說出來。他卻破口罵許之誠：

「他真不是東西！還是那麼沒有出息！除了吹牛、談玄，就幹不出一件正經事來。我不准妳嫁給那種窩囊廢！」

我聽了一怔，我祇聽別人說許之誠怪，但沒有他說得這麼厲害，一文不值。可是比起他來，許之誠真是一個百無一用的書生。他不但買好了那塊山坡地，而且蓋起一棟三開間的平房；很多事情都是他自己動手，不請工人。他教了幾年書，積了這筆錢。許之誠卻一文積蓄也沒有，而且根本沒有辦農場創事業的念頭。因此我也認為他罵得並不過火，反而欽佩他。但是他說不准我嫁給許之誠，心裏卻不免一怔。我和許之誠訂了婚，和他卻沒有任何關係。因此我說：

「訂了婚怎麼能不嫁他？」

「訂了婚也可以解除婚約，為甚麼一定要嫁給他？」他說。

我覺得有點為難。依照我們的習俗，解除婚約要賠償，要用喇叭送信物到他家，我也要去他家向鄰居「請菸」。我怕難為情。

這時堂妹來告訴我說：

「姐夫來了，請妳回去。」

我知道是許之誠來看我，我們有兩、三個星期沒有見面。我不大想見他，但是他從老遠跑來，我不見他心裏又過意不去。我正遲疑不決時，李如鵑卻說：

「不要回去！」

「要是他找來那怎麼辦？」

「去山坡那邊避一避。」

「學生在補習，這裏沒有人照顧。」

「妳走，我替妳照顧好了。」

我真的聽從他的話，避不見面。

晚上回家，母親劈頭問我：

「之誠來了，我打發妹妹請妳，妳怎麼不回來？」

「我不想見他！」我說。

「他老遠跑來，妳不見他，妳發了甚麼瘋？」

「誰叫他不爭氣，那麼沒有出息？」

「他好好的怎麼不爭氣？他當教員怎麼沒有出息？」

「他衹會吹牛、談玄，實際的事，一點也不會。」

「教書就是教書，妳還要他作甚麼？」

我說不出來，我也不知道要他作甚麼？祇是心裏不滿意。母親看我不作聲，又教訓我：

「今天他很失望地回去了，我心裏都過意不去，下次妳該去看看他。」

我不說去，也不說不去。反正母親最好應付，我不作聲，她也就不講了。

姐姐向來不管我的事。他結婚以後和姐夫處得很好，兩人一起下田工作，一起回家休息，嘴裏雖然不曾說出半個愛字，但是我看得出來他們十分恩愛。我想當初我要是像姐姐一樣不讀書，而又糊裏糊塗結了婚，也許過得十分幸福？不像現在這麼苦惱。

李如鵬老是催我寫信給許要求解除婚約，我心裏很煩，舉棋不定。有一天他火了，責問我：

「妳怎麼這樣軟？難道妳還愛他？」

「不愛他又怎麼樣？」我問李。

「解除婚約！」他斬釘斷鐵地說。

「解除婚約又怎樣？」

「嫁給我！」

「嫁給你作小？」

「不分甚麼大小。」俗話說：「三人同心，黃土變金。我有土地，我正創辦事業，我們三人正好同心合力幹一番。」

我知道他正計畫栽果樹、養豬、養鵝。他發財的野心不小。可是，林鴛鴦會和我同心嗎？

「你說得好聽，你太太會同意嗎？」

「妳不要耽心，我有辦法要她同意。」

「沒有那麼簡單的事。」我不相信，更不相信他太太會有這種雅量。

「我要她向妳道歉，她不是向妳道歉了嗎？」

「是你要她道歉的？」

「當然是我。」

這種事一點不假，他真有辦法。我看他站得那麼直、那麼帥，眼睛有股不可抗拒的魔力，薄薄的嘴唇那麼俏皮，我真有點意亂情迷。我祇好寫信給許之誠，要求解除婚約。

李如鵬要看我的信，我也給他看。看過以後他往口袋裏一塞說：

「我替妳發。」

我也由他。

我不知道許之誠接到我的信作何感想？我也不敢告訴母親，我怕她生氣。她對許之誠的印象始終很好。李如鵬常藉故到我家去，我堂妹在他班上讀書，他「以家庭訪問」為由去看三叔、三嬸，實際上是去看我，藉機和我母親接近。可是接觸愈多，母親對他的印象愈壞。母親說他狡猾、現實，沒有許之誠忠厚。連祖母也說他是「嘴裏說如蜜，心裏辣似刀」。可是我沒有這種感覺，我想這是她們的偏見。

許之誠的回信來了，我遲遲不敢拆開。李如鵬搶過去把信拆了。他是這樣寫的：

燕：

接到妳的信真如晴天霹靂！我做夢也沒想到！

妳說妳和我的個性不合，不能舉案齊眉，白首偕老，如其終生痛苦，不知現在分手。我覺得夫妻本來就是異體，完全不同，個性自然也不一樣。世界上絕對沒有個性完全相同的夫妻，而是彼此遷就，相互調整、適應，我的缺點我會改正，我會以妳的意見為意見，我會百分之百的遷就妳。所以妳解除婚約的理由不能成立。

不管怎樣，我不解除婚約。妳要我另娶我所愛的人，我這一生祇愛妳一個人，不會再愛別人，我不娶妳娶誰？

不管妳對我怎樣，我永遠愛妳！永不變心？

紙短情長，一言難盡，見面再談。

之誠

「牛皮糖！好不要臉的東西！」李如鵬一看完，就把信揉成一團，拋進字紙簍裏。我怕別人看到，又撿起來塞進皮包裏。

「那封牛皮糖的信妳還捨不得丟？」他問我。

「不是捨不得丟。萬一被別人撿去不大好。」我說。

「乾脆把它燒掉！」他從我皮包裏拿出那封信，擦根火柴燒成灰燼。

我心中戚戚，我覺得有點對不起許之誠。

我教升學班，星期天都在學校補習。許之誠來我家，母親又打發堂妹來叫我回去。李不要我回去，要我到和他經常約會的地方等他。我不由自主地去了。

他放走了學生，就趕了過來，一見面就抱住我失聲而哭。我本來祇是煩惱，並不傷心，看見他一個堂堂男子漢竟淚如雨下，我也悲從中來，和他哭成一團。我覺得我今生幸福的婚姻完了！永遠完了！

不知道從甚麼時侯起，他每天早晨空著肚子到校，我就泡「麵茶」給他喝。他到臺北受訓的那天早晨，他喝不下我給他準備的「麵茶」，坐在保健員室床上，表情凝重悽惻，我一楞，他交給我一張半身照片，要我留念。也要我拿一張給他。我說：

「來去不過半天工夫，何必要照片？」

「我好隨時看看。」他說。

我在相片簿上取下一張給他，同時把他那張還給他，我在他相片後面寫了一行字：

「我不要照片，留在我心裏的影子已夠清晰永生的。」

他一看到這一行字，馬上雙手矇著臉，淚水瀝瀝地從指縫中滴落。

我站在他面前也淚流滿面。

這時其他的老師都沒有到校。

王美蘭風聞我和李如鵬戀愛，在回家的路上她悄悄地問我：

「聽說妳愛上了李如鵬是不是？」

「沒有。」我不承認，我覺得我和他不像戀愛，和許之誠也不像戀愛，我心目中的戀愛好像不是這樣的？這好像是兩顆脫離了愛情軌道的流星。

「妳還不承認？老師和學生們都議論紛紛。」她說。

「如果他們說這是戀愛，就算戀愛吧？」我說。

「妳怎麼這樣湖塗？李如鵬是有婦之夫，妳怎麼能愛他？再說，李如鵬並不比許之誠強？許之誠像個君子，李如鵬是個滑頭，妳怎麼這樣糊塗？」她責備我。

「李如鵬像塊吸鐵石，我抵抗不住。」我說。

「妳為甚麼不早告訴我？我好幫妳對付他。」

「這種事任何人都幫不了忙。」

「妳打算怎樣？」

「我不想和許結婚，也不想和李結婚，我祇想維持和李的這種現狀。」

「妳又糊塗！這怎麼可能？」

「我沒有別的辦法。」

「我看妳還是擺脫李如雕好。不但他是個滑頭，他太太也厲害得很！妳要是愈陷愈深，日後的苦頭妳就吃不盡！」

「現在已經太遲，我死不下這條心。」

「怎麼搞的？妳是個聰明人，怎麼做出糊塗事來？」

我悶聲不響，這種事情實在難以理喻。

她也祇好搖頭歎氣。

回到家裏，我看到許之誠的信。他不肯和我解除婚約，我一直不和他見面。他這封信說願意和我解除婚約，要我到城裏和他見面。

我如約前往。

他好久未見我，見了我就癡癡獃獃。我問他：

「你真的同意解除婚約？」

「我想和妳談談。」他說。

「那我們找個冷飲店吧。」

「那不是談話的地方。」

「除了冷飲店還有甚麼地方？」

「旅社比較方便。」

我拗不過他，心想他反正吃不掉我，還敢怎樣？我就和他一道走進旅社。他選了一個僻靜的房間。

「你說，你到底要甚麼條件？」我問他。

「我想早點結婚。」他說。

這完全出乎我的意料之外。我生氣地說：

「你信上不是答應我解除婚約的嗎？怎麼又變卦了？」

「如果我不那樣寫，我就沒有機會和妳談結婚計畫。」

「你別妄想，我不會和你結婚。」

「我是全心全意愛妳，妳怎麼這樣無情？」

「我不愛你？怎麼能和你結婚？」

「妳是不是愛上了別人？」

「用不著你過問。」

他真的不再問。自言自語地講他的結婚計畫。我不愛聽，我對他說：

「你再這樣嘮叨我就走了！」

他聽我這樣說纔住嘴不講。倒杯茶給我，要求吻我。我不同意，他就用強，我用手帕緊緊蒙住臉孔。他沒有辦法，生氣地說：

「妳再不從。我就打妳。」

「打吧？」我說。

他真的給我一記耳光。我憤恨傷心地哭了。他連忙陪禮：

「對不起！我不是真想打妳，是妳惹起我的。」

「你憑甚麼打我？」

「我打錯了，請妳原諒。」他向我作揖。

「我一輩子也不原諒你？」我站了起來，準備走。

他雙膝跪下，拉著我說：

「燕，請妳原諒我，下次再也不敢。」

「你還想有下次？」我手一摔，衝了出來。

回家以後，我把許之誠打我的事告訴母親，而且數說他的劣根性。母新聽了生氣，就說：

「還沒有過門就打，以後日子長了那還得了？妳要解除婚約就解除婚約吧。」

祖母也認為許過份。她也同意。

我回家不久，許之誠也隨後趕來。我不理他。母親也責備他：

「你們還沒有結婚，你怎麼就伸手打她？」

「媽，是她惹我，我祇輕輕打她一下，還一再向她陪禮，她不肯原諒我。」他說。

「你打得好重，還說輕輕地打我？」我反駁他。「再輕我就被你打死了！」

母親又生氣，他連忙對我作揖，說了許多好話，母親終於寬恕他，不談解除婚約的事。

第十二章　梟神奪食顛顛倒倒
意亂情迷雨雨風風

我和李如鵬相戀的事，傳到母親耳裏，母親更反對我和許之誠解除婚約了。我的苦惱也源源而來！

首先，母親到學校罵我，那天祇有隔壁的王老師和我在午睡。母親以為王老師是李如鵬，故意罵給他聽：

「妳怎麼這樣糊塗，聽人家有婦之夫的甜言蜜語？婆婆說他是『嘴裏甜如蜜，心中辣似刀』的人，妳不相信，如果妳不懸崖勒馬，日後哭斷肝腸也是枉然……」

「媽，妳不要相信謠言。」我打斷她的話。

「謠言？虧妳說得出口！無風不起浪，我守了幾十年的寡，怎麼沒有人造我的謠言？」母親駁斥我。「妳也不睜開眼睛看看，許之誠是那一樣比不上他李如鵬？古人說：『要嫁人擔蔥賣菜，不嫁人半邊翁婿。』妳竟糊塗得要作人家的細姨？這不是珍珠變成老鼠屎了？……」

我實在受不了，我哭著說：

「媽，妳不要說，妳不要說！」

母親走後，李如鵬的太太林鴛鴦也來羞辱我：

「我早就看出你們鬼鬼祟祟，勾勾搭搭！妳不承認，那該死的也不承認，還說我多心！現在連妳母親也知道了，妳還有甚麼話說？」

「請妳不要誤會，我實在沒有奪愛之心，我決不想妨礙妳。」我說。

「妳不想妨礙我？妳愛他就是妨礙我！就是奪愛！妳還巧辯。」

「不是巧辯，我可以對天發誓，我沒有這種存心。是他纏得我太緊，我沒有辦法脫身，我對他的愛也不是男女之私……」

「妳還有臉說這種話？」她大聲打斷我的話：「沒有男女之私你們在一塊幹甚麼？妳是聖人？他是賢人？孔夫子都說食色性也，妳們算甚麼東西？」

我沒有辦法解釋，我祇有傷心地哭，我請她出去，關起門來哭。我真想不到，男女之間不能有好感，不能有感情。

我不知道哭了多久？忽然有人敲門，我祇好擦乾眼淚把門打開，是校工歐巴桑送來一封信，我看筆蹟好生，通信地址也沒有見過，我在臺北沒有朋友，到底是誰寫來的？忽然我想到李如鵬，拆開一看，果然是他。原來信封是朋友代寫的，地址也是朋友的。他信上說：

我好想念妳，我每天要在廁所裏偷偷地看妳的照片，一天看好幾次。這封信我也是貼在廁所牆壁上寫的。離開妳我就茶飯無心，神思恍惚，上課時一個字也聽不進去。

我愛妳，調來妳家鄉之前我就愛妳。因此我知道妳要調，我也跟著請調。鴛鴦不知道我為甚麼要調到妳家鄉來！但她覺得離娘家近些，所以贊成我一同調來。如果她知道我是為了妳，她決不會同意。現在她雖然知道了，但我憑三寸不爛之舌可以說服她。妳不要耽心。

我希望馬上飛到妳的身邊……

看了他的信我又好哭，我不知道是情是孽，我覺得我愈陷愈深，不能自拔。

李回來後我更沒有辦法擺脫他，他纏得我更緊，我完全失去了主宰。他要我東就東，要我西就西，我也不知道怎麼會如此？我彷彿喝了迷魂湯。

我和李的事被人談得鼎沸時，母親的憂愁也與日俱增。她成天東奔西跑，求神問卜，以免我誤入歧途。我也不知道她跑些甚麼地方？但她回來總有一套說詞。

「今天我到周神仙那裏去替妳算了命，他說妳現在走的是曚懂運，甚麼梟神奪食？聰明人也變糊塗了。他說尤其是妳，食神是妳的用神，梟神一奪，所以妳就顛顛倒倒，怎麼作怎麼錯，一無是處。」

我不懂甚麼食神梟神，我不懂命，我也不相信命。母親的話我是左耳進右耳出。但我不反駁她，我覺得我已經失去說話的資格。

有一天她又回得很晚，手裏拿了幾張黃裱紙畫的符。她在觀音瓷像前上了香，磕了頭，把符燒成灰，放在開水盌裏。然後叫我過去，向觀音菩薩磕頭。她說磕三個，我就磕三個。

「把這盌符水喝掉。」她端著盌對我說。

我乖乖地一口氣喝光。我知道這是「驅邪」的，她不說明，我也不點破。要是真能「驅邪」，幫助我不顧李的要挾，不理他的甜言蜜語，而能幡然醒悟，那也很好。可是喝下之後，沒有一點效果，我還是依然故我。

母親看我還是執迷不悟，她又弄了幾張紅紙符回來，她又在觀音瓷像前燒香、磕頭。然後對我說：

「妳去庭前走七步。」

我就去庭前走七步。走過之後她又要我回來向觀音菩薩磕九個頭，我就磕九個頭。

「妳把這盌符水做三口喝完。」她端著紅紙燒成灰的符水對我說。

「媽，別說是符水，妳就是端一盌毒藥，要我喝我照樣敢喝。」我說。我覺得活著太難受，惹母親傷心我更難過，不如死了好些。

「早知道妳這般忤逆不孝，丟人現眼，出生後我就該把妳捏死！作孤老還免得受氣。」母親傷心地說。

「媽，我是對不住您，我也不想活，您乾脆把我捏死好些！」我流著眼淚伸長脖子請她捏。

她嚇得倒退兩步，然後瘋狂一般地撲過來，抱著我痛哭。父親死後，不管多麼艱難困苦、冤屈、羞辱，她都沒有流過一滴眼淚，現在卻傷心大哭，邊哭邊說：

「咪，可憐的咪！妳怎麼走了這樣的糊塗運？願觀音菩薩保佑妳頭腦清醒，無災無難。」

可是母親的眼淚沒有用，符水也沒有用，觀音菩薩也不保佑我。

林鴛鴦又羞辱了我好幾次，有一次竟當著學生的面問我：「妳媽准妳當人家的細姨是嗎？」我不知道罵她，祇笨拙地回答：「誰說的？」可是她每次辱罵我之後第二天又向我道歉，表示好感。我真不知道這是怎麼回事？她怎麼這樣善變？她罵我時馬臉拉得長長的，三角眼歪著看我，牙齒咬得緊緊的，樣子好怕人。可是她向我道歉時又滿臉笑容，不過是皮笑肉不笑，但總比拉長馬臉好受得多。她忽冷忽熱，使我非常困擾。

李好幾次要我到他家去我都不去。林也來邀我兩次，我也拒絕，她第三次來邀我時我對她說：

「人言可畏，一去又會生出好多是非。」

「不會的，我那邊沒有閒人。」她說。

「這可不是我找到妳家去的？這是妳三番兩次來找我的，以後可不能閒言閒語呀？」我對她說。

「我們像姊妹一樣，我怎會家醜外揚？」她說。

我這纔跟她去。

他們夫妻兩人好像做好了圈套來戲弄我，林鴛鴦簡直像幫凶，她不但毫無醋意，反而讓李如鵑和我親近，我幾次要走，她都拖著我不放，最後我對她說：

「妳再不放手我就要叫了！」

她這纔鬆手。

本來我應該離開，可是他們又拖著我幫他們做炸餅，我幫他們做好了纔回來。

可是第二天謠言就滿天飛，鬧得全村風雨。別人講的話和當時的情形完全一樣，祇多了一句「關起門來做好事啦！」我想當時的情形外人決不知道，一定是林鴛鴦故意散播出來的。我和堂妹摸黑到她家裏去質問她

「外面風風雨雨，是不是妳講出去的？」

「唉，我怎麼會傻得說出那種話來？」她皮笑肉不笑地回答：「那不是害了自己的丈夫？我怎麼會害自己的丈夫？……」

我信以為真，沒有再問，堂妹卻說：

「如果妳沒有說出去，外人怎麼知道得那麼清楚？」

她不作聲，李如鵑也不作聲，我突然想起母親的一句話：「妳碰到活鬼了！」

我和堂妹一道出來。堂妹邊走邊罵，我邊走邊哭，哭濕了一條手巾，我真不知道他們兩夫妻是何用心？

村裏的人碰見我就說：

「真不相信妳這樣聰明的人，會如此糊塗！愛上了一個『厲害人』的丈夫，一定是被人放了

蠱。」

三嬸說鹽水有個「巫婆」誰中了邪魔她一看就知道，而且能驅邪捉鬼。她要我和她一道去鹽水找她，我欣然同往。在鹽水找了半天，沒有找到。據說已經搬走了，不知道搬到甚麼地方去了？

李如鵰還是照樣纏我，他太太也睜一隻眼閉一隻眼，有一天我故意對他說：

「有人說我遇到了活鬼，母親也給我喝了符水驅邪。」

「妳儘管喝把，看是不是能鎮得住我這個活鬼？」他嘻皮笑臉地回答。

他的笑特別迷人。真奇怪！看見他笑我會感動，看見他笑我就會著迷！我實在被他迷住了心竅，迷得太深。太深。

外面的風風雨雨，校長自然知道，我們在學校的行為，他也留意。不過他很能顧及我的面子，他對我教學的成績十分滿意。他一直沒有直接問我，他問過李如鵰一次，問李如鵰是不是真的愛我？李如鵰一口否認，說沒有這回事，後來他纔找我談話，他很客氣地說：

「朱老師，妳是本校的優秀老師，我不願意有人傷害妳。可是最近外面有些不利於妳的閒言閒語，不知道妳聽到沒有？」

「我也聽到一些。」我說。

「我有一點淺見提供給妳參考，不知妳肯不肯接受？」

「校長有甚麼指教儘管說吧。」

「我想防止謠言的最好辦法是妳和許先生早點結婚。」

「校長，我不愛許，這件事很難辦到。」

「那妳有甚麼更好的辦法沒有？」

「我想請調。」

校長沈吟了一下，摸摸下巴，慢吞吞地說：

「為學生著想，我不應該讓妳離開；為妳自己的名譽著想，我就不便留妳。這件事我會好好地考慮。」

我說聲多謝，就告辭出來。這件事不知道怎麼給林鴛鴦知道了，她馬上告訴李如鵬。李如鵬立刻找我：

「聽說妳向校長請調是不是？」

「是。」我不想否認。

「妳為甚麼要走？」他握著我的兩臂用力搖我。

「我受不了你太太的羞辱和外面的閒言閒語。」

「我已經警告過她，她以後決不敢再羞辱妳。」

「我不相信。」我的確不敢相信，那種話他說了好多次，起初他說她好溫柔，好脾氣，後來她羞辱我一次，他就說下次她不敢。雖然她曾向我道歉，可是她反覆無常，我實在受不了。人家說他是怕老婆的「某奴」，如果是真的，那他將更不能約束她了。他說那種大話，如果不是哄我，就是他們夫妻兩人唱雙簧？

「妳看好了。」他說。

「外面的閒言閒語你又有甚麼辦法？」

「不聽不就得了。」他說得好輕鬆。

「你不聽我可不能不聽，我實在受不了，我一定要走。」

「我不准妳走！」他斬釘截鐵地說。

「你憑甚麼不准我走？」

「因為我愛妳。」

「你不是在校長面前說過你不愛我嗎？」

「那是騙他的。」

「准不准我走是他的事，你管不了。」

「我會去跟他講。」

「你有臉去講？」

「那有甚麼關係？向他道個歉不就得了。」他又說得好輕鬆。「我就說我不能離開妳，妳走到那裏我跟到那裏，沒有妳我就會死！」

「他不會相信你的話。我堅持要走他非准我不可。」我說。

「如果妳真的要走，我就死給妳看！」他馬上變臉，變得十分愁苦、堅決。「如果妳不管我死活，不顧我家庭破碎，妳走好了！」

他忽然把我推開，垂頭喪氣。我反而不知道如何是好？他要是真的因我而死，他的孩子不成了孤兒？他的太太不成了寡婦？他剛創辦的農場又有誰來照顧？想著，想著，我的心又軟了下來。

不知他向校長說了沒有？第二天他太太卻當面遞給我一封信，是她自己寫的：

紫燕妹妹：

聽說妳要調走，我很著急。如鵬真的離不開妳，他睡著了都會叫妳的名字。如果妳走了，他不是跟著妳跑，就會自殺。不管他是走那條路，我這個家庭就完全破碎了！妳忍心見我們母子們成為孤兒寡婦嗎？以前我對妳不禮貌的地方，請妳原諒，以後我決不會那樣對妳，我待妳要如同胞妹妹。我願和妳共事一夫，為我們的家庭事業奮鬪。三人同心，黃土變金。希望妳聽我的話，也為如鵬著想。

姐鴛鴦敬上

我真想不到她會突然寫這封信，使我又喜又驚。喜的是她如果不再羞辱我，我就不必再離鄉別土，我是費了好大的力氣纔從外鄉調回來的。驚的是我真怕李如鵬走極端，男人總有點魯莽。如果林鴛鴦和她的孩子也像當年我母親和我一樣成了孤兒寡婦，那不太悽慘了？我自己的事記憶猶新，我於心何忍？

我把她的信給李如鵰看，他祇是笑笑，第二天她又寫了一封信給我！但我並不希望和她共事一夫，更不想她待我如親妹妹，我祇想維持現狀。

可是李如鵰不然！他一定要把我據為己有，一定要我像妻子一樣對待他，而且要我關心他的家庭和他的事業。他種果樹、養豬、養鵝，處處要錢，他要我把積蓄和薪水交給他投資進去，我真的把積蓄和薪水袋交給他，自己一文不留。好在我不愛吃，也不愛穿，更不買胭脂水粉，我很少用錢。

他還要我做在我的立場上十分為難的事。我不做他就十分氣惱地問我：

「怎麼了？妳不是我的人？妳還要顧甚麼身份？」

不但他，他太太也責罵我：

「妳怎麼惹他生氣？怎麼不顧他？我這一家大小都靠他照顧，妳不要給他刺激，氣壞了他的身體。」

我真啼笑皆非。但為了他，為了他的家庭，為了他的事業，我總是順著他，犧牲自己。

王美蘭非常同情我，也最為我耽心。她總是忠告我：

「妳不要自掘墳墓？」

天曉得！我是直往墳墓裏鑽而無法回頭了？

第十三章 船到江心難補漏 馬臨懸崖不回頭

我和李如鵬的事，一傳十，十傳百，終於傳到許之誠耳裏了。要是別人，可能大興問罪之師，趕來揍我一頓，或是找他的好同學李如鵬算帳。可是他沒有，他祇寫了一封信來：

燕：

聽到妳和如鵬的事我自然十分難過，這裏的同事們平日對我不大諒解的也替我抱不平。他們罵如鵬人面獸心，說「朋友妻不可欺」，我們雖未結婚，他也不應該作出這種事來。現在我纔明白，妳調回家鄉，他為甚麼也跟著請調？現在我纔明白。前些時妳為甚麼要求我解除婚約？為甚麼對我那麼冷淡？原來還有這段文章。可是看在同學、同事的份上，我原諒他，自然更原諒妳。我相信這件事不是妳主動，他在學校時就是一個風流人物，他太太也不是他的第一個愛人。要不是出了這件事，我還不想講。

我原諒妳，不是懦弱，是出於愛妳。以前我中了書本的毒，也以為愛就是性，一切的動力都是性。可是我覺得我對妳的愛不同，沒有邪念，除了愛以外還有幾分尊敬。我這纔相信愛情可以昇華，柏拉圖式的戀愛不是不可能，不過要看人而定。祇追求肉慾的人永遠不瞭解真正的愛情，在他們來說愛就是性，性就是愛。這是原始動物，與人還有一段距離。

為了止謗，避免蜚短流長，解除妳目前的尷尬處境，我願意立刻和妳結婚。妳甚麼要求，我都答應。否則妳可以調回來，或是調到我家鄉附近的學校。

現在我的思想觀念已經轉變，我一定要腳踏實地的做事做人，實現我的願望。不會再使妳失望的。

希望妳早點回信。

之誠 十二月十日

王美蘭看到這封信，感慨萬千地說：

「許先生真是個好人，妳應該回心轉意，懸崖勒馬。」

「我已經到了這種地步，正是船到江心補漏遲。再說，我總覺得和他沒有緣份，他對我再好，我也無動於衷。以後他變得再好，我也無福消受了。」我說。

「妳和李如鵬這樣下去，對妳是有百害而無一利。」王美蘭說。

「我知道，我已經下了地獄，要想升天很不容易。」

「真想不到，像妳這樣聰明的人，怎麼糊塗起來了？誰也沒有妳糊塗？莫非他們兩夫妻真對妳施了符咒？下了迷藥？」王美蘭打量我說。

母親知道許之誠有信給我，而且原諒我，她很高興。催促我說：

「妳趕快回他的信，答應和他結婚。唉！之誠這孩子真是個好人！」

我不作聲，我不打算回信。母親罵我：

「他兩代單傳，上有八十多歲的祖母，早就指望抱曾孫。妳和他結婚，他們會把妳捧在掌心，不比作李如鵬的細姨強一百倍？妳真是空著花花轎子不坐，要在地上作狗爬，這不是賤命？」

母親從來沒有這樣罵過我。她太傷心，我由她罵。

祖母講了很多細姨的故事給我聽，當然沒有一個好下場，我知道她是「借古諷今」，也不和她辯論。我並不想作李如鵬的細姨，可是我身不由己，她們怎麼知道我的心情？

考慮了幾天之後，我還是回了許之誠的信，開頭沒有稱呼，落款是「知名不具」內容是這樣的：

十日來信收到，謝謝你的寬宏大量。

我覺得我們是在感情沒有成熟的情況下訂婚的。我之勉強答應你，完全是有感於你的一片癡情，不是我傾心愛你。自始至終是你對我單戀，我並沒有付出同樣的感情，這點你自己也該明白。我承認你是個君子，是個好人，可是我始終覺得在性格方面和你格格不入。我也想調整還就，培養我們的感情，可是彼此的距離總不能拉得太近，兩心之間存著很大的空隙。我是一個最重感情的人，別人也說我是「蘇糍心」、極軟極軟，可是你始終沒有使我的感情融化，這大概是我們缺少緣份？

我以前不知道李是風流人物，如果你早說了這事也許不會發生？吳鳳子說你是情聖，我卻把他當作情聖，這也許是我的錯覺？這個錯覺已經造成錯誤，我除了讓它錯下去之外沒有別的辦法。即使你真的原諒我，我和你結婚之後也不能原諒自己，仍然會痛苦終生。我是一根腸子到底的人，我缺少雙重人格。一著錯，滿盤輸，我這種性格的人大概註定了是一個悲劇。我原也有我夢中的白馬王子，這個白馬王子不是你，也不是李，但是我沒有遇到，這是多麼可惜！自然我沒有夢過作人家的細姨，可是現在我正在這條路上走，無法回頭。我自問我不是作細姨的料，我不工讒善媚，李更不是討細姨的大爺，他不夠格。但是我們碰在一起，製造笑話，葬送一生的幸福，豈非冤家路窄？

你過去大談存在主義，大談荒謬的人生，其實你並不荒謬；我非常討厭你那門子哲學，可是我作的這件事卻荒謬絕倫！不知道是哲學本身出了毛病？還是人生根本是個謎？算命先生說我這幾年走的是曚懂運，梟神奪食，怎麼作怎麼錯。大概他還有點道理？在這裏我要特別申明，我不是替自己辯護，我也不相信命運。但是對於我和李的事我無法自解，別人也無法解釋，你更莫名其妙。

最後謝謝你的好意，我已經騎虎難下，一切由我自作自受，願你好自為之。

信發出之後，我的心情反而輕鬆一些。過了幾天，他回了我的信，生氣地問我：「妳怎麼不到那種人盡可夫的地方去？」我氣得哭了。但我瞭解他的心情，我不和他計較。第二天他又趕來一封信說：「請妳原諒我失言，我相信妳不是水性楊花的女人。」

他相信好，不相信也好，反正我跳進大海也洗不清。

為了讓許之誠死了這條心，免得耽誤他的青春，我決定馬上和他解除婚約，不管他同不同意。我請三叔用機車把我載到他家，三叔起先不肯，他說：

「這件事妳最好再考慮一下。嫁許之誠比跟李如鵬作細姨要好，三叔不會害妳。」

三叔沒有看到我寫給許之誠的那封信，我怎麼講也講不清。我索性不和他講道理，硬逼著他送我去。他沈痛地說：

「咪，今天妳不聽我的話，將來妳會後悔的。跟李如鵬作細姨絕對沒有好處，他要是再上門來，我一定打斷他的狗腿！」

「三叔，她既忤逆不孝，甘願自作自受，你也不必管她。嫁出去的女兒潑出去的水，日後她哭斷肝腸，我們也不必理她，你送她去好了。」母親傷心絕望地說。

三叔無奈，祇好騎上機車，讓我坐在後座，還回過頭來對我說：

「原先我指望妳嫁個有頭有臉的好姑爺，三叔也好沾點光，想不到完全不是那麼回事！退一萬步講。就是給人家作小，也要嫁個千萬富翁的大闊佬纔是，他李如鵬和妳一樣是個小學教員，他算那根葱、那根蒜？」

我低頭無語。三叔的話不錯，當初我又何嘗不那樣想？我又何嘗想到我的婚姻會是這樣畸形？可惜我沒有給他看我那封信，要他白費這些口舌。

在路上他還和我絮絮不休，平時我們叔姪很少有機會在一塊閒聊，今天他抓住了機會。

「咪，妳還記得小時侯和我一塊找肺形草，一塊釣青蛙嗎？」

「記得。」我說。

「那時我多喜歡妳？對妳的期望多高？」他說。

「三叔，恕我不孝。」我流著眼淚說。

「妳讀書時雖然三叔沒有幫到妳甚麼忙，可是我看見妳小學畢業，初中畢業，師範畢業時，心裏多高興？」

「三叔，這些都不值得提了。」

「尤其是妳師範畢業，不但是我們朱家的第一人，也是我們整個村子的第一人，連婆婆也十分高興，改變了她的女人讀再多的書也是拿椅子去墊人家屁股的觀念。想不到現在妳卻珍珠變成老鼠屎了！」

「三叔，妳不要講！妳不要講！」我抱著他的腰痛哭起來，我恨不得跳下去摔死。

「咪，不是三叔故意傷妳的心，這些話我鯁在心中好久好久，現在我不能不講。如果我是妳父親，我決不讓妳誤入歧途。但我到底是三叔，我愛妳也祇能到此為止。如果我不講，那又是我做長輩的不是了。」

三叔的話比母親罵我更使我難受，我的眼淚像決了堤的河水，不是一滴滴的流。

機車在石子路上顛簸，我的眼淚像斷了線的珍珠一樣一顆顆滾落。一路走，我一路哭，快到許家時我纔止住哭泣，擦乾眼淚。

三叔很不好意思走進許家，我領先走進去。許在學校，父母、祖父母都在家，看我進來起先滿臉歡笑，隨後看看情形不對，個個滿臉烏雲。

我說明來意，把訂婚戒指和聘金退還時，許之誠的父親大大地歎了一口氣說：

「我知道妳是個好女孩，祇怪我自己的子弟不爭氣。」

「不要怪他，祇怪我們沒有緣份。」我說。

「你去把之誠叫回來，當著朱小姐的面好好地訓他一頓。」老祖母對兒子說。她八十多歲了，身體還很健康，和我自己的祖母差不多。

「阿婆，不必，他沒有甚麼不對。」我連忙阻止，我不想和許之誠見面。

三叔也過意不去，連忙插嘴：

「我姪女兒說得不錯，這種事不能怪你家少先生，祇怪他們兩人沒有緣份，我們作大人的也不好勉強。」

「站在我的立場我是萬分地不願意退婚，我想之誠再也找不到像她這樣的好小姐了。」許之誠的父親說。

「比我好的女人多得是，祇怪我沒有福份。」我說了就起身告辭，我不想留在這裏。

三叔瞭解我的意思，陪我走了出來。

許的父親把我們送到門口，笑著對三叔說：

「今天之誠不在家，我看這件事還是從長計議。」

三叔又載我回來！一路上他就說：

「許家人很厚道。」

原先我也怕他們數落我一頓，想不到是這樣風平浪靜，而且還誇獎我一番，我真對不起老人家。

李如鵬聽我說把訂婚戒指聘金送回許家，他很高興地說：

「妳早就應該這樣做。妳跟我比嫁給許好。將來我要把那塊地過戶給妳，而且蓋棟房子給妳住，使妳有個保障。祇要我們的共同事業有發展，成了百萬富翁，誰敢侮辱妳？一切有我作主，妳不要怕，不要耽心。」

這些話他不止講過一次，我第一次把薪水袋交給他時，他也講過這些話。

王美蘭知道我把信物送回許家埋怨我說：

「妳真是千不該，萬不該！不送回信物，還可以觀變，萬一李如鵬口是心非，待妳不好，妳還可以回頭，這樣妳不是自絕後路？」

「我們這麼多年的同學，妳還不瞭解我的性格？我是那種騎牆的人？」我也責怪她。

這天夜晚我作了一個夢，夢見許之誠追我、捉我、抓著我不放手。我拚命掙扎，醒來一身大汗。

第二天許之誠果然把訂婚戒指聘金送回來，我不在家，母親照樣收下，我回家時她告訴我，而且說：

「人家這麼有情有義，妳就是一塊頑石也該點頭！」

我煩得要命。我真想一死了之。

第十四章　調學校避人耳目　懷六甲過海瞞天

星期天的補習課比正課時間長久，休息時也讓學生玩個夠，少則三十分鐘，多則一個鐘頭。一天我剛下課休息，林鴛鴦突然來找我。她找我總沒有好事，不是拉長了臉罵我，就是陰陽怪氣的諷刺我。不管是罵我也好，諷刺我也好，她的話都尖酸刻薄。我一看見她的馬臉、三角眼，再加上又瘦又長的鷹鉤鼻，我心裏就不寒而慄。一位懂得一點相法的男老師曾在背後批評她說：

「林老師這種人真是吃人不吐骨頭。」

我不懂命相？我也不相信命相，自然更不相信他的看法。我以為人心都是肉做的，「人之初，性本善」，我不相信天下有那麼壞的人，我以己之心，度人之心，所以我總往好的方面想。即使她每次羞辱我之後我都原諒她，因為沒有一個女人不吃醋，她不是聖賢，怎能怪她？我總是抱著這種態度和她打交道。我盡量忍讓，情願自己吃虧。祖母也常對我說：

「現在已經到了這種地步，妳衹有忍，忍。」

而且她講了張百忍的故事給我聽。忍字是心上插一把刀，自然不好受，可是我一直忍了下來。

我以為她這次特地找我，又是要羞辱我，我準備逆來順受。可是出乎我意料之外，她和顏悅色，輕言細語地對我說：

「今天我特地找妳不是嘔氣，我是想和妳講幾句心腹話兒。」

「有甚麼話妳儘管講吧，我洗耳恭聽。」我說。

「現在我已經想開了。既然事已至此，不如三人同心，分工合作。家由我管，你們兩人安心做事。」

「這有甚麼問題？我本來就沒有想管你們的家。」我說。我早知道一向是她管家、管錢，李如鵬的薪水交給她，他從我手上拿去的薪水袋也是交給她的。

「那很好，說破了就免得以後爭執。」她說。

別說不要我管家，祇要她不羞辱我，不挖苦我，他要我割一塊肉給她吃我也會。

「妳放心，我不會和妳爭權。」我說。

「還有一件事我也要向妳說明。」

「甚麼事。」

「我已經生了一男兩女，我不想再生。妳可以替他生個男的。一家兩男兩女，是最理想了。

妳看怎樣？」

我從來沒有想到這些問題，何況生男育女，不能完全自己決定，因此我不作聲。

她看我不作聲又接著說下去：

「生男育女可用食物調節法控制。以前我不懂食物調節法，所以頭兩胎都是女的。後來我專吃肉類、甜的，不吃蔬菜、鹹的，所以第三胎生了個兒子。妳以後應該多吃肉類和甜的食品，保管會生男的。」

我讓她一個人自說自話，我不接腔。她忽冷忽熱，使我摸不著頭腦。

暑假到了，我請求另調一個學校，免得再聽閒言閒語，免得再和林鴛鴦接觸。李如鵬不同意。我對他說：

「如果你再不同意，我們就別來往。」

他看我態度堅決，考慮了一會後把大腿一拍說：

「也好，我替妳活動一個最近的學校，比在一塊方便。」

他有人事關係，我知道他辦得到。

沒有好久，我果然調到一個附近的學校，相隔祇有八里，不過離我家遠些，來去費時，因此我花了三百塊錢一個月租了一間房子。他有一部本田機車，每星期到我住處兩次，大約七點半來，九點一到我就攆他回家。從來沒有在我這裏過夜。我不願他和林鴛鴦吵架。

就這樣，我正式成了他的「外室」。

有一天他忽然對我說：

「妳應該生個兒子。」

「為甚麼？」說真的，我還沒有想到這上面去。

「要是我先死，妳就有個倚靠，晚年不會寂寞。而且妳現在已經不小，年紀再大懷孕就不安全。」

我想他替我考慮得真週到。他又接著說：

「我一定要使妳幸福，使妳比一夫一妻更幸福。最少比嫁許之誠幸福。上次我說了要給妳的那塊地，有一千五百坪，我現在就寫個字據給妳。」

說著他就在我桌上的作業簿上扯下一張紙，寫下這麼幾行字：

茲願將本人山坡地一千五百坪，登記過戶給朱紫燕女士名下，恐口無憑，立此存照。

李如鵬　五十五年十月二十日

我根本沒有想到要他的產業。我把我的積蓄和薪水交給他投資在那塊土地上。祇是幫助他成功立業。我知道他極想發財，但是又無資本。過去他們夫妻兩人的私蓄（他並沒有供養父母，由他作鹽民的哥哥一人負擔），全部花在購買土地建造房屋上面。現在他們兩人的收入，除了吃用所餘極為有限，有時還不夠開支。他買果樹苗、肥料、小鵝、小豬……多半靠我的薪水和補習費。他想發財，我就一心一意幫助他發財。我自己有職業，老了有退休金，我要他的產業幹甚麼？祇要他對我真心相愛，不是口是心非，我就心滿意足了。因此他一走，我就把他寫的字條撕碎。塞進塑膠字紙簍裏。

說真的，我很怕懷孕，懷了孕就見不得人。

我非明媒正娶，不懷孕尚可避人耳目，我頭上沒有刺字，生人不知道我是他的外室，一懷孕就無法掩飾，紙包不住火，總會揭穿的。

可是他和我不同，他一定要我生個孩子，他太太也是一樣。我不知道是甚麼意思？我以為他們真是為我著想。

現在醫藥發達，生育可以控制想不懷孕不是難事。可是他一定要我生孩子，而且說「生了孩子愛情更有保障」。他這句話最能打動我的心，我就是怕他「始亂終棄」，怕他薄倖。

「你要生孩子可以，可是懷了孕我就沒有臉去上課，你要替我請長假纔行。」我說。

「那很容易。妳現在不是時常說頭痛嗎？醫生不是說妳神經衰弱嗎？到時間要幾份診斷證明書，我再託人關照一下，請三幾個月的假自然不成問題。」

他這樣說我纔放心。果然不久我就懷了孕，許之誠一直不同意和我解除婚約。我不見他他也不在乎。他照樣來看母親，他對母親很孝順，母親對他的印象更好，我一回家母親就說他的好話，罵我不孝，罵我沒有福份。我知道他是拖，希望拖得我回心轉意。

可是我懷孕的消息傳到他的耳裏，他就不得不同意和我解除婚約了。

他寫了一封信給我，信上說：

「到現在我不得不承認我是徹底失敗了！我的深情，我的癡心，居然感動不了妳，使我不得不懷疑人真是奇怪的動物？我也想不透，聰明如妳，怎麼甘願作李如鵬的外室？我知道妳認為我不如李如鵬，可是我也要告訴妳，李如鵬實在不如妳！無論是學識和品德。真想不到妳會出此下策？這是我的直言，妳可不要看作酸葡萄的心理。以前我不願和妳解除婚約，一方面是太愛妳，一方面是怕妳誤入歧途。現在事實擺在面前，我不能不同意。但我還是愛妳，永遠愛妳、不改初衷。

星期天我同姑父一道來妳家，希望妳不要迴避，我們當著證人把這件事解決。」

星期天我很早就回家，告訴母親這件事。母親生氣地說：

「妳既然做出了這樣丟臉的事，我也不能拖住人家不放。現在退婚也好，人家兩代單傳，讓他早點找個合適的對象，早點成婚，也免得誤了人家的終身大事。」

她隨即把放訂婚戒指、聘金的紅漆木盒子拿出來，同時拜託三叔去請村長到村辦公處來，等會好請他仲裁。

許之誠和他姑父十點多鐘就到了我家。他叫我母親還是叫「媽」。他想和我談話，我沒有搭腔。

我們一道去村辦公處，村長和三叔先在那裏。村長先對我們兩方說：

「我看這件事還是算了，男女兩造不如就在今天選個吉日結婚，我一定替你們證婚。」

村長還想作和事佬。我不同意，許之誠也不便說話，還是他姑父說：

「村長，本來我一直想挽回這件事，現在既然到了這步田地，我們這個和事佬就很難做了，還是由他們當事人決定吧？」

「大嫂，妳看怎樣？」村長問我母親。

「村長，我養了這麼個丟人現眼的女兒，還有甚麼臉面說話？現在衹看男方有甚麼條件了？」母親說。

許之誠的姑父連忙對母親說。

「朱太太，親戚不成仁義在，我們絕對沒有甚麼條件。一不要妳賠償；二不要妳用喇叭把信物送回去；三不要妳小姐去男家向鄰居『請菸』。妳把戒指、聘金交給我就行，我們一言為定，以後男婚女嫁各不相涉。」

母親和三叔很受感動。我也想不到會這樣乾脆。這時許之誠突然說：

「我還有個要求。」

大家一怔，都睜大眼睛望著他，我也望著他，不知道他節外生甚麼枝？想不到他說：

「現在我和紫燕解除了婚約，以後我自然不能叫老太太岳母。承老太太看得起我，我不想斷了這條路，我想拜老太太作乾媽，不知道老太太同不同意？」

毋親感動得流下了眼淚，笑著對他說：

「承你賞我這個老太婆的臉，我還有甚麼不同意的！」

許之誠跪下就拜。我悄悄地溜了出來。

我懷孕的最初三個月，還能勉強掩飾過去，照常上課。以後肚子愈來愈大，我怕同事和學生恥笑，去醫院要了「神經衰弱」的診斷書，由李如鵬替我設法請長假。請准假後我本想避到外縣的親戚家去。可是他不肯，一定要我到他家去。

「除非妳能說服母親，得到她的同意，否則我決不去。」我說。

「好，妳堂伯母的兒子和我很好，我要鴛鴦去請妳堂伯母向妳母親說。」他說。

「你要說是你們要我去的？」我說。

「好吧，我把妳的意思告訴鴛鴦好了。」他說。

林鴛鴦是怎樣去對我堂伯母講的？我不知道；我堂伯母又是怎樣去對我母親講的，我也不知道。直到母親傷心地趕來問我：

「怎麼？妳一定要到他家去作細姨？我不准妳去，妳就要尋死是不是？妳拿死來要挾我？」

我被母親問糊塗了；真是丈二和尚摸不著頭腦。我根本沒有講過這種話，這是怎麼來的？因此我問母親：

「媽，我根本沒有講過這種話，您是從那裏聽來的？」

「是妳堂咱母跟我講的，堂伯母說是林鴛鴦跟她講的，林鴛鴦說是妳講的！」母親又傷心又氣憤地說。

「媽。這不是我的意思，是他們要我去，不是我要去的。」我說。

「妳打算怎樣？」母親厲聲問我。

「我本來打算走得遠遠的，免得丟妳的臉。可是李不讓我走，他一定要我到他家去。」

「我看妳還是當尼姑去吧！這樣纔六根清淨。」母親流著淚說。

我也流淚。別人懷孕是天大的喜事，我懷孕卻不敢見人，無處安身。我愈想愈傷心，不禁大哭起來。母親又安慰我說：

「如果他真要妳過去，要林鴛鴦當著妳的面對我講。明天上午我再來。」

母親走後，我把行李綑好，把李的東西叫學生送過去，我準備遠走高飛，免得在附近丟人現眼。林鴛鴦歪曲事實，揑造謊話，我很生氣。

我正準備出外流浪時，不料林鴛鴦及時趕來，攔住我說：

「妳怎麼能走？妳走了他也不要活。妳這不是害我？弄得我家庭破碎？……」

「妳為甚麼在我母親面前揑造謊話？說我要過去，不然我會尋死？」我質問她。

「唉！那祇是權宜之計，如果不那樣說，妳母親不會准許。」她陪著笑臉說。「我是誠心誠意要妳過去的，我們彼此也好有個照顧。我們一面教書，一面辦農場，三年五載就可以發財，那時妳要甚麼不有甚麼？人有了錢，氣也壯了，誰敢講妳的閒話，談妳的是非？妳放心，祇要妳對我好，我沒有對妳不好的道理。我們可以像姊妹一樣地相處。……」

她說得實在好聽，我也不能不動心。因此我對她說：

「明天上午我母親會來，妳親自對她講好了。」

「奇怪？妳母親明天上午來，妳怎麼現在就準備走？」她非常敏感地打量我。

「如果我等她來，我不是走不成了？」我說。

她哦了一聲，又笑著對我說：

「妳聽我的話，不要走，明天上午我一定來對妳母親講，我一定要接妳回去和我同住，彼此好有個照顧。」

她帶著白狐狸狗來，說完又帶著白狐狸狗走去了。

第二天上午吃過早飯母親就趕了過來。不久林鴛鴦也來了。母親問她：

「妳是不是真心要紫燕過去和妳住在一塊？」

「當然是真心，這樣我們兩人也好彼此有個照顧。」她說。

「那妳可不能虧待她？」母親說。

「那怎麼會？」她滿臉堆笑，皮動肉不動。「我說了我們要像姊妹一樣相處，以後妳也就如同我的母親，我也就如同妳的女兒了！」

母親沈吟了一會說：

「既然如此，我就讓她搬過去。」

「這樣就好，下午我再來接她。」林鴛鴦隨即告辭。

她走後，母親又耽心地說：

「她的話倒是『一流美』，就怕口是心非？」

下午林鴛鴦騎著腳踏車來接我，騎到半路就轉進田野的小路，因為她說怕熟人碰到。我正不願意被熟人碰上，讓人家知道我是去她家。更不願經過學校，讓同事、學生恥笑。

上了山坡，沒有小路可推車子，我們就把車子停在蔗園旁邊，回去叫丫頭來拿。我們穿過大片的樹薯園，「矷衣草」沾滿了我的下半身和長褲。我像小偷一樣潛進李家。

不知道是誰走漏了消息（也許是林鴛鴦故意張揚出去？但我不敢問，我不想一進門就和她吵架）？我一走進李家就有人圍了過來，有好多是我過去教過的學生，由於我要求嚴格，有些不免恨我，這時都跑近窗口窺探。大聲怪叫，甚至夾雜著難堪的詈罵。我羞憤地哭泣起來。

第二天全村都轟動了，有人老遠趕來觀看，學生更是一下課就跑過來，探頭探腦，彷彿我是個怪物。

第十五章 朱紫燕如二姐
李如鵬是某奴

我到李家的頭一天，林鴛鴦就不准我單獨睡在別間，怕李「走私」。她要我和他們一床睡，又不許李碰我一下。這時我纔恍然大悟，她要我進李家，和王熙鳳誆尤二姐搬進大觀園異曲同工。同時我也發現李如鵬也真和賈璉一樣是怕老婆的「某奴」。不過他們的家不是大觀園，祇有三間平房。李如鵬也沒有賈璉那種花花公子的儒雅，林鴛鴦更沒有王熙鳳那麼風華絕代，我卻比尤二姐多喝了不少墨水。

我一個人睡慣了，我非常不習慣和他們同床「各」被。想想這種處境，我感傷委屈地哭了。他伸過手來握住我的手，她猛然坐起掀開他的被子，把他的手拉開。我把被子蒙住頭，躲在被子裏哭泣，愈哭愈難過，氣都吐不出來，我起來坐在隔間的沙發上，哭到天亮。

林鴛鴦不做家事，孩子的鈕子掉了也不縫，她自己很注重穿著，孩子的衣服不是長了就是短了，而且很髒，彷彿沒有娘的孩子一樣。

我進李家後，雖然沒有上課，薪水還是由他去領，因為我是請假，不是離職。在家裏我並沒有休息，幫助丫頭柯蓮（別人叫她可憐）做事。柯蓮十七、八了，還祇有十三、四歲的女孩子高，面黃肌瘦，發育不全，見了林就像老鼠見了貓。無怪別人叫她「可憐」。柯蓮祇會做粗事，不會縫補，我把他們弄得乾乾淨淨，漂漂亮亮。我不是想討好林鴛鴦，我是看孩子們可憐。李看見孩子們煥然一新，不免讚我兩句，林鴛鴦馬上指著他的腦殼說：

「怎麼？她剛進門你就把她寵了上天！日子久了我還想活命？」

李不敢作聲，我懶得和她計較，我祇求心安。

她不但不管孩子們的穿著，也不訓練孩子養成好習慣。孩子們的拖鞋到處亂丟，常常祇存一隻，她也懶得找，寧可購新的。洗臉毛巾用後也是亂丟，聚成一團，不掛不晾，我利用裝電線的廢塑膠管，把繩子穿進去，兩端繫好，做了兩個掛毛巾的橫檔，上層掛大人的，下層掛小孩子的，他們沒有掛好，我就替她們弄伸，慢慢地他們就習慣了，她不但不說我好，反而諷笑我「貓毛」。

他們一家大小祇有早晨起來漱口，小孩子有時還不漱，我每天早晚必漱兩次，她也看不順眼，罵我「假乾淨」。

李家房屋是建築在山坡地上的獨立家屋，沒有鄰居，離學校也有幾百公尺。李的父母非常反對，認為這是林鴛鴦的主意。所以當時落成請客時他父母也不肯來。他們為甚麼要把房子蓋在沒有鄰居的地方？她說她不歡喜鄰居，她娘家也是沒有鄰居的。其實她娘家本來有左鄰右舍，因為她父親做了一件亂倫的醜事，受不了鄰居的白眼，纔在遠遠的田中建屋而居。

林鴛鴦是個非常歡喜親吻孩子和丈夫的人，不擇時，不擇地，有一次她在客廳吻他，他一閃，避開了，她的腦殼卻撞在牆壁上，兒子們看了哈哈大笑，她一點也不在乎。

她又好吃，歡喜做這做那，她常常和我說：

「沒有鄰居，就不必分給張三，分給李四，自己可以安心享受。」

此外她還歡喜打罵丫頭，而且罵得不堪入耳，打得狠毒，大概怕別人看了聽了會打抱不平。我看了也非常難過，但我不敢說她，她是一家之主。

我來以前，柯蓮逃回家兩次，都被她押回。我來了不到一個星期，柯蓮又逃過一次，這次是她父親親自送來，當面哀求林鴛鴦說：

「如果她不聽話，請妳好好地開導她，不要打得青一塊、紫一塊，尤其要請妳高抬貴手，不要傷了見不得人的地方，害得她將來嫁不出去。」

林鴛鴦一點不知道反省，反而搶白柯蓮父親幾句：

「哼！要你來說這些廢話！她長大了，成人了，奶子腫了……我就打不得是不是？她在我家一天我就有權打，期滿了你領回去，兩下拉倒，不必廢話！」

柯蓮的父親碰了一鼻子灰，祇好自打耳光罵自己：

「我該死！我不該輸錢！把親骨肉抵押給妳。」

「抵押給我有甚麼不好？我給她吃、給她穿，比抵押給綠燈戶總強一百倍！」

柯蓮的父親流著淚，自怨自艾地走了。

有一次我悄悄對李說：

「柯蓮現在不小了，你勸勸鴛鴦，不要打她、罵她。」

「沒有那回事。」他不相信我的話：「我從來沒有看見鴛鴦打罵她。」

「當然她不會當著你的面打罵。」

「我把全權都交給鴛鴦，家裏的事我一概不管。柯蓮是丫頭，我更不便管。」

我知道他是「某奴」，也就懶得再講。

湊巧，這天下午他從外面回來，正好碰上林鴛鴦罵柯蓮罵得不堪入耳，他隨便說了兩句：

「好啦！她又不是不懂，何必罵得那麼難聽？」

「怎麼？她長大了，罵得你心疼了？你吃在盌裏，還望著鍋裏？又想不安份是不是？」

他氣也不敢吭，連忙走進隔壁房間。

整片山坡地裏都種了果樹，灌水、除草的工作都由柯蓮負責。挑水是一件最吃力的工作，不論是從山上家中水龍頭裏接的水挑到山腰，或是從山下水溝裏挑水上山腰，都不容易。那一大擔水我就挑不起，她發育不全，更感吃力，而一擔水又灌不足兩棵樹，因此她從早到晚很少休息。做工時的斗笠，長統布手套，工作鞋，林鴛鴦都不肯買，說是「浪費」，有時高興，買了廉價品，又不經用，壞了又罵丫頭不知愛惜，寒冬時柯蓮的赤腳破裂得出血，她也視若無睹。我懷孕行動不便，既不能幫柯蓮的忙，連想買雙膠鞋送給她也沒有錢，因為我和李的薪水都交給了林鴛鳶，由她總管，她掌握經濟大權。

我除了料理家事之外，還要餵十頭豬，我進門後李如鵬從來不敢和我單獨在一起，祇有乘我在豬舍餵豬時偶爾蹲在地上和我談幾句。有一次我把豬餵得很飽，看來肥肥壯壯，他高興地對我說：

「咪，這都是花花綠綠的鈔票，人祇要有了錢甚麼都好辦，說話的聲音也大些，走路也可以橫衝直撞。我們祇要再苦三、兩年，財產就抵上百萬。那時我在東邊另外給妳蓋一棟小洋房，把那塊地也過戶給妳，妳和兒子就可以在那邊過清靜日子，享享清福，我們就是神仙眷屬。醋罈子也管不了我們。現在妳暫時委屈一下，好日子在後頭。」

「祇要你能發財，大家都好，我並不希望我個人享福。」我說：「祇要你不變心，就是多吃點苦，多受點委屈，我也願意。」

「我決不會變心，目前實在是醋罈子看得太緊，使我不敢和妳接近，其實我的心時刻在妳身邊。」他說。

我想起祖母過去時常對我講的「要嫁人擔蔥買菜，不嫁人半邊翁婿」的話，我不禁一陣心酸，淚水漣漣。其實我連半邊翁婿也沒有。

「不要難過，」他安慰我說：「一有了錢我會另想辦法。」

「其實我在外面住著還好些，你為甚麼一定要我搬進來？」我問他。

「妳已經是我的人了，怎麼能老住在外面？」

「是不是她做好圈套整我？」

「那倒未必，她就是這種性子。」他似乎在替她掩飾。「我說了要使妳幸福，目前妳忍耐一下，將來我自有辦法。」

不知道林鴛鴦甚麼時候悄悄地走了過來，一把揪住他的耳朵說：

「好呀，你有辦法，你把老娘怎樣？」他雙手護著耳朵歪著嘴說：

「妳怎麼這麼不講理？快點放手。」

「你說，你葫蘆裏到底賣的甚麼藥？」她揪著他的耳朵不放。

「我甚麼話不都對妳講了？我葫蘆裏還有甚麼藥？」

「哼，我諒你也不敢藏私！」她得意一笑，這纔放手。「跟我回去，讓她一個人餵，用不著你獻殷勤。」

他真的丟下我跟著她走了。想不到一個風流自賞，體體面面的大男人沒有一點丈夫氣，我真看左了！我靠著豬圈傷心地哭泣。

他還養了一千多隻蛋雞、肉鴨，都是他自己餵，糞板由柯蓮洗。他很能吃苦，雞舍、雞籠都是他自己釘，溫度也是他自己調整，養小雞最辛苦，晚上還要起來照顧，不是怕小雞啄了腳，就是怕沒有水。此外還要種痘打預防針。小雞活潑可愛，十分好玩，我常常捉一隻放在掌心，聽牠像鳥兒一樣嘰嘰叫。

雞全部關在籠子裏養，自成特區，鴨子都是隨便放，讓牠們在屋前屋後亂竄，弄得到處都是鴨屎。

他住在家鄉的父母聽說他養了很多雞鴨，春節前寫信來要他送幾隻回去過年吃。我要他多送幾隻回去，他答應了。可是春節後他帶我回老家拜年時，我隨便問他妹妹一句。

「過年時哥哥送了幾隻雞來？」

「祇送一隻鴨子。」他妹妹說。

「我要他多送幾隻雞，他答應了，怎麼沒有送？」我奇怪地說。

「這一定是鴛嫂的鬼主意，她牽著哥哥的鼻子走。他們把五毛錢看得比父母還重要！」他妹妹說：「我早就知道她不是個好東西，如果哥哥先娶的是妳就好，她實在應該和妳調換一個位置。」

我先在這邊教書時她就和我熟識，我們兩人倒很投契，所以她對我講這樣的話。

「我沒有這份福氣，她的命比我好？」我說。「她常說她有個好鼻子，該嫁個好丈夫。」

「甚麼好鼻子！」她鼻孔裏嗤了一聲：「爸說她是個鷹鉤鼻，會吃人！將來真不知道她要害死多少人？本來哥哥先愛的不是她，是一位很好的周小姐，人也比她漂亮，她從中破壞，橫刀奪愛。她鬼心眼兒多得很，妳要小心纔是。」

這倒是個新聞，我以前沒有聽她說過，林鴛鴦大概也知道公婆、小姑對她的印象不好，所以開恩讓我和他一道帶著她的兒子、女兒來向公婆拜年。

「我鬥不過她，我也不想和她鬭。」我說：「我祇希望和她相安無事，她吃肉我啃骨頭都沒有關係。」

「就怕她連骨頭也不讓妳啃。」她說。「妳的心太善，妳不該遇上她這種厲害的人！」

她知道我和許之誠的事，似乎有點替我惋惜。

「我曾經說過哥哥，不該動妳的腦筋。」

「小妹，難得妳是個明白人。但是現在木已成舟，怪他也無益了。」我無可奈何地說。

李如鵬的父母看我有孕，心裏很高興。他對兒子說：

「那兩塊水田已經登記給鴛鴦，還有三分地我想登記給紫燕的孩子，讓她母子將來有個倚靠。」

李如鵬聽了很高興。我對老人家說：

「不必。好男不要爺田地，好女不著嫁時衣。孩子將來要是有辦法，不在乎那三分地。要是沒有辦法，那三分地也養他不活。」

老人家聽了我的話很感動地說：

「這真稀奇！我分地給妳妳不要，鴛鴦為了那兩塊水田差點演逼宮呐！」

「她是她，我是我，我不要非分之財。」我說。

「這纔是好媳婦！」老太太望著兒子說：「我看她該和鴛鴦換個位子坐纔對？」

他不作聲。祇是傻笑。

回家後他把這件事告訴林鴛鴦，她很快地把那兩塊水田賣掉，說是為了還債。我問他債還了沒有？他苦笑地說：

「債愈來愈多。」

我知道林鴛鴦積私，但我裝糊塗。

我在李家住了兩個月左右，實在住不下去，有一天晚上就寢時，他未上床，我和林鴛鴦睡在一塊，我輕輕地對她說：

「明天我要離開這裏，有甚麼話要說嗎？」

想不到她卻大聲地叱責：

「開玩笑！簡直是兒戲！一下子和人家訂婚，一下子又解除婚約；一下子進來，一下子又要出去。這又不是小孩子辦家家酒？」

她惡狠狠地挖我的瘡疤，我和她爭論起來，我穿起長褲，準備就走。李趕進來把我攔住。她坐在椅子上盛氣凌人。我祇是哭，我用力推開他大聲哭叫：

「都是你害我的！都是你害我的！」

林鴛鴦像貓頭鷹樣冷冷地哼笑說：

「是妳自己水性楊花，誰叫妳愛上人家的丈夫？……」

「你若不三番兩次的請求我別離開妳的丈夫，說妳會待我好，我死也不會愛上妳的丈夫！是妳破壞我離開妳丈夫的計畫的？」

她又嘿嘿冷笑說：

「嘿嘿！妳不知道我的厲害嗎？妳現在還不曉得我詭計多端嗎？我不央求妳別離開他，他就會跟著妳跑，那我這個家不是要破了嗎？哼！妳真傻！有那個女人肯讓自己的丈夫愛上別的女人的？」

她的話像一把把匕首，插進我的心中。我一分一秒也待不下去，可是我又掙不脫他的掌握。他勸我上床去睡，我死也不肯，我在沙發上坐了一夜，哭了一夜。

天一亮，我就騎上腳踏車跑回娘家了。

我這麼早跑回來，一家人都非常詫異。母親問我是怎麼回事？我祇好告訴她，她又氣又恨地罵林鴛鴦：

「她對我說的真是一流美，果然口是心非！」

「她是口蜜腹劍。」我說。

「妳也是自作自受！」母親又罵我。

婆婆起得很早，她瞭解真相後對我說：

「這真是不聽老人言，受苦在眼前。我說的話都驗了吧？」

我沒有臉和她們爭辯，我祇是哭。我恨林鴛鴦存心坑我、整我，害得我好苦！我也恨我自己的「痲瘋心」！

第十六章 村人譏笑親戚罵
鴛鴦稱心紫燕啼

我在家裏住了幾天。

李如鵬天天來求我回去，我不答應。母親對他沒有好臉色，三叔、二叔更會罵他。二叔指看他的鼻尖罵：

「你是個某奴！你沒有本領討細姨，你就不要動歪腦筋害人！你還有臉到我們家來？」

他向二叔說了許多好話，陪了許多不是，提出許多保證：諸如讓我單獨睡，要為我蓋房子，要分一半地給我等等，二叔纔不再罵。

有天夜裏，他冒著雨，打著赤腳來我家，掏出林鴛鴦的字條給我看，我不要看。他央求我說：

「妳看看也沒有甚麼損失，何必這麼固執？」

我這纔接過來看：

「過去的就算過去了，請妳不要計較。俗話說：『相罵沒好言，相打沒好拳。』牙齒也會和舌頭相撞。我會同妳和好如初，和衷共濟，把我們的家建設起來，把我們的事業發展下去。這裏有妳的心血，妳怎麼可以一走了之？妳走後如鵰寢食不安，工作勞累，十分可憐。妳要是真的愛他，怎麼忍心棄他不顧？妳要知道：他愛的是妳不是我。妳回來，我帶妳去產科檢查，我看妳快要生了。生了孩子不是有了寄託，有了倚靠嗎？他不是對妳說過要使妳幸福，好日子在後頭嗎？妳不相信我也該相信他呀！因為妳愛的是他不是我。『磨心』不好當，何必使他為難呢？」

本來我是生她的氣，我一直很體諒他。她這樣說我自然更同情他。我便答應他明天回去。第二天他來接我時母親不在，我要告訴了母親再走。他說他還要轉來拿東西，待會兒再告訴母親。我信以為真。

我回他家不久，母親就吩咐堂妹來對我說：

「妳走的時候怎麼不和伯母講一聲？她好生氣，要我告訴妳，以後不准妳再回娘家。」

我聽了好詫異，好傷心。我問他：

「你怎麼不和母親講！」

「我忘了。」他輕鬆地說：「這不過是句氣話，那有女兒不回娘家？」

我請堂妹回去替我向母親解釋。但我還是怪他不守信，使我對不起母親。我傷心地哭了很久。

林鴛鴦對我的態度還是老樣，他還是不敢親近我，不敢和我單獨講話，我餵豬時他也不敢過來。她還向我族人鄰居揚言：

「她進來對我一點沒有妨礙。丈夫仍然是我的丈夫，兒女仍然是我的兒女，我反而多了一個人賺錢養家，出錢給我辦農場，落個人財兩得。是她自己傻，進我家來當孤雞。祇要我在家裏，她就不敢和他一起講話……」

村子裏的人見了我家人就毫不客氣地譏笑他們。二叔氣哭了，打發人來把我叫回家痛罵一頓：

「妳丟我們朱家的臉！妳丟我的人！我一出門人家就譏笑我，使我抬不起頭來，我們朱家怎麼出了妳這個不肖的子孫？妳讀書有甚麼用！比沒有讀書的更糟糕！妳姐姐就不要我們淘氣……」

我站著紋風不動，一聲不響。祖母也生氣地說：

「我說了女孩子讀再多的書，也是拿椅子去墊人家的屁股。她還更糟！」

「妳是不是出錢給他們辦農場了賺錢養他的家？」三叔問我。

我不敢承認，我說根本沒有這回事。其實他開辦農場時我把過去三年在海邊教書的積蓄三萬塊錢都給了他。來這邊半年以後他又按月領走我的薪水，標了我的會。

母親氣得祇是流淚，一句話也不講。直到二叔大聲對我吼叫：

「滾！妳給我滾！」

我纔走出來，一路哭回李的家。我一心一意愛他，一心一意為他的事業前途著想，連半邊翁婿也得不到，卻換來林鴛鴦的折磨、歧視、侮辱，和家人的唾罵，村人的輕視。世界上大概也祇有我這一個大傻瓜？

林鴛鴦知道我回家挨了罵，非常高興。但她卻裝作十分同情地對我說：

「他們不高興隨他們去！斷了來往有甚麼關係？妳小時候他們都沒有照顧妳，現在妳能自己賺錢，又不靠他們吃飯，和他們斷了來往又有甚麼關係？」

她不喜歡我和娘家來往。過年前我和她在山坡下拔菜，遇見鄰居大嫂，大嫂說：

「紫燕，回家過年啊！」

我尷尬地笑笑，沒有回答。她馬上接嘴：

「她的家在這裏，回那裏過年呀？」

鄰居大嫂碰了一鼻子灰走了，她卻在背後罵：

「真是狗咬耗子，多管閒事？」

我家裏人來看我，她總避不見面，她娘家人來看她，她就要我一一跟她叫喚。

有一次她母親和妹妹來時，先不進屋，和她在學校附近竊竊私語。我不知道是甚麼緣故？後來在旁邊工作的人告訴我說：

「她母親和妹妹準備給妳過不去，要找你的麻煩。」

「並沒有那回事。」我說。那次她們對我笑嘻嘻的。

「是林老師勸她們的。」

「她怎麼勸法?」我心裏真有點感激她。

「她說李如鵬正愛妳，打妳罵妳都會壞事。線兒放得長，魚兒養得大，來日方長，她自然會整妳。」

沒有幾天。我收到一封匿名信說：

「妳要乖乖地聽鴛鴦的話，她是大，妳是小。妳如果不聽話，我就宰了妳和姓李的小子!」

我知道這又是她搞的鬼，這封信我就擺在抽屜裏，讓她自己看。因為她常在我外出時翻我的抽屜、衣物。同時也拆我的私信。我很不欣賞她這份德性，但是我卻忍著沒說，我希望她自我反省。

她雖然怕李和我接近，可是我不和她計較。這次再入李家後，我是單獨睡。他一到我這邊來，我就把他攆過去。或是自己走開。他很奇怪，以為我討厭他了?

「妳這是怎麼回事?」他悄悄問我。

「不要讓她難過，我願意息事寧人。相愛以心就行。」我說。

大概他把我的話告訴她了，她自己心裏也很明白。因此我生孩子時，她也照顧了我兩天。看我生的是男孩子她也高興。還說：

「我教妳的話沒有錯吧?」

說真的，如果當初不是他們兩人要我生孩子我真不想生。

孩子洗完澡後，她又在嬰兒室抱來給我看，還對著孩子說：

「哼哼，你最好，你有兩個媽媽？」

可是孩子回家以後，情形又不同了。夜晚孩子愛哭，我從未好好睡過。他若起來幫我照顧一下，她就咒罵：

「會生不會養！有辦法生就該有辦法養！」

因此常惹他生氣，和她鬧彆扭。她對我們母子也就視同陌路。

有一天晚上不知甚麼原因，她向他嘮叨不休，他避到客廳去看報，她又追過去罵。用食指戳他的額頭，打他耳光。他忍無可忍，也摑了她一下，使她牙齦流血。她嚎啕大哭，在地上打滾，抓到甚麼東西就向他扔。我正在餵孩子吃奶，我連忙放下孩子把他拉開，求他不要再打。他坐下之後我又去攙她。起先她推我、罵我，我一直不回嘴，低聲下氣安慰她。她祇是乾叫，並沒有眼淚，看到再殘忍的事她也不流一滴眼淚。我看她在地上滾，早就忍不住眼淚。我好不容易把她攙起來，替她拍淨衣服。她纔說：

「這不怪妳，妳去照顧孩子。」

她要回娘家去，永不回來。我拉住她，又叫她的大女兒守著她。這時他已經跑到室外去了。我找到他，哭著對他說：

「你快回去對她賠個禮，不要讓她走。」

「她得寸進尺，太不成話，我再也不能忍受了！」他說。

我看他臉色十分難看，怕他有甚麼差錯。央求他說：

「你千萬不要做出遺憾的事來。」

「不會。」他說。

我又進來勸她。她趁我照顧孩子，拿起一條小被出走了。我同柯蓮在她的教室找到她，我對她說：

「不管妳走到那裏，我跟到那裏。」

這天夜晚她就在沙發上睡到天亮，我坐在旁邊陪著她。她睡得很好，我卻一夜未曾闔眼。天亮後她同我一道回家。

孩子未滿月，校長就通知我上課。

上課的那天正好大雨，李要騎車子載我去，可是她不同意。

「她上課讓她自己揹孩子騎車去，用不著你送。」她說。

「這麼大的雨，她又沒有滿月，讓她揹著孩子騎著車子在石子路上顛顛簸簸，妳於心何忍？」他問她。

「我不管，我就是不願意你騎車子送她！」她說。

他用三字經罵她，她又哭叫一陣，把錢拿得光光的，帶著小兒子回娘家。我勸他去把她請了回來。

因為她不願意他騎車送我去學校，我請求他不要載我，我自己揹著孩子走，免得她吵吵鬧鬧。從李家去學校，要走一個多鐘頭，我怕人家笑話，不敢走大路，而走田埂小路，愈走愈傷心，在無人看見的地方，邊走邊抹淚。每天這樣來回走兩趟，要走兩、三個鐘頭。那些田埂小路，灑遍了我滴滴眼淚，淚水滴在草上，彷彿早晨的露珠。

我在通勤期間，中午都帶便當。李家早餐的菜總是臨時下山買來弄，時間來不及，我早晨祇吃一盌沒有菜的飯，便當也是有飯無菜。中午的便當我總是和著淚水吃下去的。因為營養不夠，睡眠不足，站著講課都打瞌睡。星期天在家裏也不能休息，林鴛鴦的孩子吵得很，在家東追西逐，這裏敲一下，那裏打一下，驚嚇得孩子直哭，不能安睡。我請他們出去玩，他們不聽，林鴛鴦視若無睹。她的小兒子午睡時，她就不准其他孩子在家裏玩。他偶爾幫我拍孩子入睡時，她就在門邊窺探。有一次我的被子被他不小心弄下地了，他替我重新蓋上，被她看見，她就尖酸地說：

「哼！我和你做了十年夫妻，不曾替我蓋過一次被子，細姨的被子一掉你就替她蓋上了！細姨是寶，妻子是草，好個沒良心的東西！」

我不願意和她吵鬧，我連忙對他說：

「快點出去，以後不要再來照顧孩子，我會照顧。」

他無可奈何出去了。

有一次我要帶孩子回娘家，他要用剛買的機車載我，她又大聲辱罵阻止：

「她沒有腳走路，也可以用屁股蹲！你剛買了機車，就想載細姨兜風？亮相？是不是？」

李倒抽一口冷氣，沒有作聲。我就揹著孩子走回娘家。

李的父母在我的孩子滿月時來看孫子。他們知道我上學是揹著孩子走來走去，就責怪兒子說：

「你不該把她留在山上，讓她走那麼遠的路。孩子小，通勤太苦，你應該讓她在山下住。」

他們知道我和林不能住在一起，知道我會吃虧，所以一再寫信勸兒子讓我們分開住。可是他偏偏不聽，大概是受了醋罐子的挾持。

我不能長久揹著孩子奔波，我在學校附近租好了房子，準備搬去住。可是她不准我搬，她尖酸地說：

「妳想得好，住在外面好和他幽會是不是？」

我聽了又氣又傷心。她既不准他用機車送我上學，又不讓我在家好好休息，又不准我在學校附近住，這不是存心整我？因此我和她吵了幾句。我哭著收拾行李，把她給孩子的幾塊破尿布也還她。他給我放尿布的黑舊皮包，她也把裏面的東西傾出來，撒得滿床都是，她原以為裏面裝了甚麼貴重東西，結果發現全是尿布，也就丟了不管。

這次他算是不顧一切，用機車把我送走。

我走時身上沒有一文錢。我的薪水全由她管，看病的錢都是臨時向她要，多餘十圓、八圓我都交還她。好在明天我就可以領薪水，這個月的薪水我要自己領了。

第二天我把薪水領了回來，連補習費一起共有三千四百多。晚上他到我這裏盤桓了一下，臨走的時侯對我說：

「豬的飼料吃完了，明天要買。妳領了薪水，先給我兩千好了。」

如果孩子和我不生病，我一個月有一千多圓也夠用，因此我如數交給他。他收好錢，生怕遲到似的，匆匆忙忙跨上機車趕回家。

第十七章　滿腔幽怨憑誰訴　泣血記予子孫知

他每週祇來探望我一兩次，有時一次也不來，可是發薪水時一定來，一來就伸手向我要錢，拿了錢就走，一分鐘也不坐。我要洗澡時請他照顧一下孩子他也說沒有空，使我好傷心。

別人知道我出來後還按月給他們錢，都在背後取笑我說：

「天下竟有這樣傻的細姨！」

我也把這種話告訴他，他笑笑說：

「妳的就是我的，我的就是妳的，我們兩人還分甚麼彼此？講這種話的人真是狗咬耗子，多管閒事。」

王美蘭知道我離開李家，為我高興。可是她知道李還按月向我要錢後就特地趕來問我：

「聽說他還每月向妳要錢，是不是真有這回事？」

我點點頭。她埋怨我說

「妳怎麼這麼傻？妳愛他是為了那一門？妳連半邊翁婿都得不到，妳竟這樣死心塌地！祇有男人送錢給姨太太花，那有姨太太倒貼？一旦妳被他榨光了，成了根枯竹子，他不摔掉妳纔怪！」

「我想他不會那麼沒有良心。」我說。

「他有甚麼良心。」王美蘭生氣地說：「他有良心就不會這樣對妳！我看一開始就是他們夫妻兩人串通了騙妳！」

王美蘭的話使我一怔！我心裏最怕的就是這件事，她竟揭穿開來。但是我還是欺騙自己，我不相信世界上會有這種人。

「我看不會那樣，他不敢對我好祇是怕老婆。」我替他辯護。

「妳是當局者迷，我是旁觀者清。妳不能再迷糊下去！」她說。

「反正我已經不和他們住在一塊。」

「除非妳頭腦清醒，不住在一塊也沒有用？他還是會照樣向妳要錢，我看他還會要妳回去。」

「我已經發誓不再進李家的門。」

「妳經得起他的花言巧語嗎？」她不信任地望著我。

這倒真是一個難關！不管我下多大的決心，往往被他三言兩語融化。他們夫妻兩人摸透了我的性格，好像吃定了我。我吃了苦頭、受了侮辱之後也痛恨自己的心腸為甚麼不能像別人一樣硬，不能像別人一樣堅強？可是痛苦一過我又原諒他們，同情他的處境。

王美蘭看我遲遲不能回答，又指著我說。

「我就知道妳是蔴糍心！」

「我想他不會再要我上山，」我說：「萬一他再提出這種要求，我也有相對條件。」

「妳看！」她指著我的鼻子說：「他還沒有要妳上山，妳就先軟了，妳還有甚麼辦法？」

「那有甚麼辦法？妳又不能給我換個鐵石心。」我向她苦笑，眼裏有淚。

「我的話說到這裏為止。」她結束說：「總之，妳要打定主意，不能再上當下去。」

「我能像妳就好了。」我羨慕地說。

王美蘭已經結了婚，現在也懷了孩子。本來她預定我當她的儐相，後來因為我的身份關係，雙方家長都不同意。取消了我的儐相資格，我祇能作個普通客人，她的婚禮是在城裏舉行，十分熱鬧。婚後她先生待他很好，兩人恩恩愛愛，夫唱婦隨，形影不離，我不能不佩服她的眼光，她的理智。我在李家時一想起她的美滿姻緣，就暗自飲泣。

「祇要妳不再迷糊下去就行。」她安慰我說。

母親知道我搬出來以後，也來看我。我沒有臉再回去，我怕二叔罵。

母親看了外孫也很高興，她還買了些衣服鞋帽帶來，使我更加慚愧。

「這次出來了就不要再鬧笑話，不管怎樣也不能再進李家。」母親說。

「我不會再上山去。」我安慰母親。她最怕我丟臉。

因為我每月的錢都被李拿走，僅僅留下生活費，所以遇有急用就很困難，有一天睡到半夜，孩子忽發高燒，腳踏車沒有燈，祇好揹著孩子摸黑走路。我怕時間來不及，順便到教導主任家裏請他用機車載我到醫院去，恰巧他不在家。從我住處去最近的醫院也有十幾里路，路上沒有一個人，沒有一輛車，死樣的寂靜，天上下著毛毛雨，到處一片黑暗，我摸索著走，邊走邊哭，但誰也聽不見我的哭聲，看不見我的眼淚。連孩子的父親李如鵬也正和林鴛鴦沈沈入夢。一想到他們我更傷心，如果不是他們要我生孩子，我不會受這樣的悽苦，孩子也不會缺少父愛。我真是有冤無處申，有苦無處訴，我的眼淚伴著雨水汩汩地流。走過亂墳堆，我也一點不怕，我想惡活不如好死，讓孩子死吧，我也自盡。我心裏雖然這樣想，可是腳不由自主地向前行，終於走到了更生醫院。這時已經清晨三點鐘。

要是平時，我決不敢擾人清夢。可是量量孩子的體溫（我隨身帶了溫度計），燒到四十度，我祇好猛擂鐵門，大聲喊叫。過了一、二十分鐘，纔有人起來開門。

醫生診斷結果，說是急性肺炎，打了針，開了三天藥。我本來不想走，可是人家要關門睡覺，我祇好又摸黑趕回來。到家時天已經亮了。

看了病，我身上祇剩幾塊錢。

上午到學校時，我把昨夜孩子生病的事告訴教導主任。他抱歉地說：

「幸好我不在家，我也不敢半夜載妳去醫院，免得李如鵬找我的麻煩。」

人家想幫助我也不敢幫助，我的處境實在難堪！

這天晚上七點多鐘李到我這邊來，我生氣地對他說：

「以後不要再來找我，我們各走各的。」

「為甚麼？」他笑著問我。

我把昨夜孩子生病的事告訴他，他默不作聲。我又數落他一頓：

「起先人家說我傻，說你是愛我的錢不是愛我的人，我還不相信，現在看來，果然是真。」

「妳信那些鬼話？」他望著我說。

「事實擺在面前，我不能不信。」我故意氣他。

「唉。真他媽的！」他歎口氣說：「我要是有錢，就不必受盡鳥氣。」

他的意思是說，如果他有錢，就不必像風箱裏的老鼠，兩頭受氣。也不必聽別人的閒話。

我看他垂頭喪氣，心又軟了，反而抹抹眼淚，安慰他說：

「祇要你是真心，我不在乎別人的閒話；祇要你能發財，我多吃點苦也無所謂。現在有了孩子，不比我一個人，我不知道他那天生病？你有空時也該來看看他，萬一有甚麼事，也免得我措手不及。」

「最近我實在太忙，以後我會常來。」他說：「現在果樹又等著施肥，豬雞的飼料又沒有了，沒有五千塊錢不能過關，妳能不能想點辦法？」

「我有甚麼辦法？過去的積蓄早給你了，兩個會也標給你了，每月的薪水你也拿了過去，我還有甚麼辦法？」

「我是說妳能不能代我借一下？由我出借條。」他說：「我知道妳學校的王老師有錢放債，她和妳很好。妳一開口就行。」

「你真的需要這麼多錢？」

「怎麼不要？飼料一天要上百塊，肥料一次就要三千塊，五千塊錢我還嫌少。」

「她雖然有錢，可是不隨便放。你幾時還她？」

「賣了豬就還。」

「那我替你試探一下。」

「我先把借條寫好，妳帶在身邊，我明天再來聽信。」他隨即寫了一張五千塊錢的借條交給我。接著又說：「母豬要生仔了，我要趕回去照顧。」

我替他餵過豬，也看過母豬晚上生仔，不管是真是假，我由他去。

第二天我向王老師借錢，王老師很奇怪地問我：

「奇怪，你教升學班，錢比我多，怎麼還要借錢？」

我向她說明原因，她又奇怪地問我：

「聽說他時常向妳要錢，妳怎麼又替他借？」

「他有困難，我不能不幫他解決。」我說。

「我和他可沒有來往，妳要答應擔保，我纔借給他，不然不借。」

我祇好答應。她還說看我的面子，祇算兩分利。

晚上他又騎著機車趕來，我把錢交給他，他歡天喜地，眉開眼笑。抱著孩子親親，也多盤桓了一個多鐘頭。

這個月我領薪水了，他又來向我要錢，連王老師的息錢也是我付的。

我在外面住了半年，他又要我回去。我不答應，他說：

「鴛鴦現在完全改了，我也不再怕她，錢也不交給她管，妳放心回去，她不敢對妳怎樣的。」

「如果她再侮辱我又怎樣？」我問他。

「那我立刻買地做屋給妳住，沒有錢借我也要借。不然我們一道走。」

「你說的話算話？」

「如果騙妳我不得好死！」他賭咒發誓。

我還是不動心。他又央求房東來勸我，並向房東保證，我祇好同意。

我一同意他就迫不及待地叫三輪車來搬東西。林鴛鴦也帶著丫頭、大女兒來幫忙搬，對我好親熱、好客氣。

「上次妳出來後我真後悔？我時刻都在想念妳。我要他請妳回去，他故意和我嘔氣，不對妳講。所以今天我要親自來幫妳搬，表示我是誠心誠意。」她說。

聽她這樣說，我心裏也很高興。但願她真的改變了，也免得我母子兩人在外孤苦無依。

我娘家人聽說我又回到李家，都罵我沒有血性。母親更是又氣又傷心，說我不久又會跑出來的。

我在李家用的蚊帳破得千瘡百孔，補也無法補。我最怕蚊蟲咬，半夜蚊蟲鑽了進來，我就臨時用紙糊。我告訴他說孩子不能讓蚊子蚊，請他買一床新的。他卻勸我：

「忍耐一下，有錢時再買。」

我真的沒有再提。

他因為忙農場的事，學生的作業都堆積如山，校長對他的印象不好。我怕影響他的前途替他一一批改清理。林鴛鴦祇顧自己的，不管他的事。

果樹長大了更要人工照顧，他又種了一批鳳梨，他和柯蓮兩人更忙不過來，我也下地幫他除草、施肥。林鴛鴦怕鳳梨的刺割手，又怕太陽曬，她就坐在家裏做「阿娘」，我在地裏做奴婢。我以前從來沒有做過粗事，也沒有長手套、頭巾那些裝備，我的手都刺破了，汗水一浸更痛，我強自忍耐，不在他面前叫一聲苦。林鴛鴦看見我兩手都刺破了，就掩飾不了內心的喜悅。她特別歡喜看我受苦受難。我被開水燙了，自然要敷藥，她就說我愛惜生命。我騎自行車上學被別人車上的大水管拐倒跌傷，她也說「活該」！

以前柯蓮對我很好，她受了林鴛鴦的打罵總是暗地向我哭訴。我總是安慰她、關切她，偷偷地買東西送她。這次再回李家，她對我的態度卻突然大變，無端地發我的脾氣，甚至侮辱我，我想這又是林鴛鴦的詭計。明明是丫頭侮辱我，她卻在外面揚言我虐待丫頭。

我出走了幾次，都被拖了回來。有一次我要他們兩夫婦開張六萬元的借據給我，我纔肯留下來。他像哄小孩子一樣，真的開了一張。其實他們用我的不止此數，也未計算利息。

除夕我又出走，他又把孩子奪了回去，把我拖回家。我哭著說：

「你要留著我讓你們兩夫妻欺侮嗎？」

他重重地摑了我一個耳光。我做夢也想不到他會打我，我傷心、我憤恨。以前許之誠打了我一個耳光，他滿腔「義憤」，要找許算賬，其實那不關他屁事。現在他卻打我了，打得比許重得多。

有了孩子我要出走就更困難，他不放孩子我就不忍心走。可是有苦無處訴，有冤無處申。我第一次服安眠藥自殺。我想惡活不如好死，死了就一了百了。

但是他們又找醫生把我救活。讓我繼續受折磨。

我滿腔幽怨、悲憤無處發洩，我就開始寫日記。我知道她會偷看，甚至撕毀，我不用日記簿，用作業簿，在教室寫，也鎖在抽屜裏。我希望把日記留給兒子將來看，讓他知道母親是怎樣受騙、受欺、受苦、受難；我並且在日記簿上寫了一個標題「泣血記」。

二月六日

沒有人會料到我竟如此狼狽：人家雖知道「醋罈子」狠毒，但不知道他怕「醋罈子」如虎。要不然就是別有用心，真有陰謀。祇要有人問我，我就會說給人家聽我是如何被引誘上鉤的。讓人家笑我也好，罵我也好，我要讓別人知道他們夫妻心如蛇蠍。

二月七日

校工送來幾封賀年卡，有一封是許之誠的，信封上沒有地址姓名，年卡正面有「愛咪鞠躬」四字，我知道是他。卡片背面還有一首情詩：

愛是給予，不是掠奪。
愛是和風細雨，不是駭浪驚濤。
百靈鳥向貓頭鷹獻唱纏綿的戀曲
貓頭鷹卻在黑暗中陰森森地獰笑
百靈鳥阿，百靈鳥！
何時飛回藍天白雲的懷抱？

去年我也收到他一份賀年片，印著一隻男人的手托著女人的手，看樣子他還沒有太上忘情。

二月九日

可悲啊！我為何愛上一個不能給我幸福的人呢？我為何愛上一個花言巧語的人呢？我為何愛上一個祇說不做的人呢？事到如今，他還不承認他欺騙了我。

二月十一日

甚麼是他最愛的？錢！為何他還說得出口他愛我遠勝於我愛他呢？我祇差點沒有把心挖給他吃，他給了我甚麼呢？一輩子的痛苦！

二月十二日

我何以永遠這般心軟？一味的為別人著想。而別人卻一絲兒也不為我著想。我當真要如此屈辱一輩子嗎？

二月十四日

孩子，你多麼可愛！媽也不算醜。可是我們母子卻享受不到正常的家庭生活。孩子，你是多麼需要有一個關切你、愛護你、疼惜你的爸爸啊！可是你沒有，沒有！孩子，你的爸爸是有名無實。你何辜？

二月十五日

王美蘭教我要求李如何如何？可是我就是不會厚顏的提起。他若真的愛我，不待我提他就會做的。可是他不。他終究不是我的丈夫，我終究不是他的太太。我祇是他的細姨。

二月十六日

他又用甜言蜜語來蠱惑我，我真的再也不敢相信他的那些話了。事實勝於雄辯，教我如何相信呢？

二月十八日

孩子，你的「表飛鳴」吃完了，可是媽媽沒有錢給你買，媽媽這個月的薪水又被你爸爸花光了。媽媽造孽害了自己也害了你。媽媽為何狠不下心來與你爸爸一刀兩斷呢？如果你爸爸待我們母子像人一點就好了！

二月十九日

燙髮時碰到趙翠英，不知道她是不認識我了還是故意不理我？她沒有和我打招呼。我也不願和她打招呼。我自踏上不幸之路後。就盡量避免與熟人見面了。人家都有個溫馨幸福的家庭，我怎麼和人家攀談呢？我如何回答人家叫我難以啟齒的問題呢？

二月二十日

多狠啊！說了不用我的錢，總是把我的錢花得光光的。說是為了我纔那麼奮鬥，這教我如何能相信呢？他愈奮鬥我愈吃苦。我何其不幸會碰到這種貪得無厭的人？天意嗎？太不公平了！可歎我這弱女總被他三寸不爛之舌屈服，沒有辦法脫離他的掌握。

二月二十二日

唉！昨夜「小黑豹」死了！如果牠不吃中毒的死鼠怎麼會死呢？祇怪做主人的不善盡保護之責，給牠及時解毒。第一次柯蓮看見，叫了，我連忙趕開牠，埋了死鼠，沒想到牠又扒起來吃，又被趕走。鍊起，以為不會有事的。誰知半夜毒性發作，扯斷鐵鍊，拖著鐵鍊撞門，這邊撞不開又跑到那邊撞，跑來跑去，悽厲地哀號，使我心如刀割。今天午睡時想到還流淚。唉！小黑豹，如果我早點撥開那死鼠，或許你不會死？我怎知那毒死的老鼠還如此厲害呢？如果我是女主人，你也不會這麼饞，落得如此下場。

女主人多麼偏心啊！祇因你是土狗，長相、品種都不高貴，不如洋狗白狐狸得她歡喜。一切吃的都以白狐狸為主，牠吃剩了你纔能吃。我們明知你餓，也不敢給你飯吃。除非女主人不在，我纔能偷偷地餵你。我再也沒有辦法善待你了！小黑豹，安息吧，你知道還有人為你流淚嗎？願你不再出世為狗，即使再輪迴作狗，也別生在李家。

二月二十四日

中午到鎮上買塑膠繩子一捆，他說是要綁柳橙枝的。另外替他和柯蓮各買了一雙工作鞋。她情願買一兩百塊錢一瓶的外國面霜，一百多塊錢一支的口紅，也捨不得給他買一雙膠鞋。柯蓮就更不用講了，祇一味地叫她像牛馬樣的工作，鞋子破了還罵她不知愛惜，蹧踏東西，我是用自己的錢替他們買的，不怕她嘮叨。

她要我替她的孩子各買一件長褲我也照買了，而且是最好的質料，一件藏青色、一件咖啡色，這樣就不易混淆。另外我還替老大買了一件黑裙，我不在乎她感不感激我，我祇求心安。以前我每月的薪水袋都交給她，她從來沒有給我買一毛錢的東西。

在鎮上碰到不少熟人，我沒有臉和他們打招呼，有好心的人問我近況如何？我反而不知道怎樣回答。

我也碰到了三叔，三叔叫我回去玩玩。我對他說：

「我沒有臉回去，我怕二叔罵。」

「沒有關係，那次罵過也就算了。」三叔說。「妳這次回去情形怎樣？」

我不告訴他李如鵬打我，林鴦鴦侮辱我，更不能告訴他丫頭柯蓮也輕視我、罵我。當然我也不能騙他說我很好，就是說了他也不會相信，我真是啞子吃黃連，有苦說不出。

「許之誠有信給妳沒有？」他突然問我。

「寄過一張賀年片。」我說。

「他來拜過年，對我們還是和從前一樣，對妳母親很孝順。」三叔說。

「三叔，你還提他作甚麼？」我向三叔苦笑。

「他對妳還沒有死心。」三叔說，「他不打算結婚。」

「那又何必？」

「人就是這樣難說！」三叔說：「在我們看來，妳又何必？」

的確，我對三叔也無以自解，我買了一些糖果零用東西請三叔帶回去。

二月二十五日

孩子又不舒服，老是哭鬧，她又罵我不會帶，罵得十分尖酸刻薄。他默不作聲，讓她罵，像個木頭人。孩子，你快點長大，媽並不希望你反哺報恩，媽祇希望你懂事，成為出類拔萃的人，好替媽爭口氣。可是媽一想到你長大了若果像你父親，我就心悸！願老天不要太絕我。雖然媽媽辜負了你外婆，但天帝神祇知道媽媽的孝心，祇恨媽媽命薄運蹇，碰到了你父親夫婦這樣沒良心的人。

二月二十六日

他父親七十大壽，她收到了信不告訴他。她自己不想去，她也不希望他去。因為去做壽要花錢。我記得他父親的生日，因為我在他家鄉教書時，吃過老人家的壽酒。我給了他三百塊錢，叫他悄悄地去。

二月二十八日

他砍樹不愼，將左手食指砍傷，血流如注。骨頭都露了出來，他自己塗紅汞水，她視若無睹，坐著不動。我連忙騎車去鎮上中藥店買那種專治跌打損傷的藥膏回來替他敷好，當時就止住了血。她卻坐在旁邊冷言冷語：

「細姨，狐媚子！以後可以爬上高枝兒了。」

好硬的心腸！好大的醋罈子！我眞奇怪，天下怎麼會有這種人？而又偏偏被我遇上了！

三月一日

三入李家，差三天就兩個月了，我告訴他，不管他對我怎樣，我時常會傷心的想到他，關心他。昨夜，我凝視著屋樑，不能成眠，心坎一片悽涼。

三月二日

為甚麼還要欺騙我呢？可哀可歎！要我信任他，信任他最後一次，然而我還是被騙了！我不該聽他胡說八道的，他不過是在利用我罷了，我好傷心、好氣憤，我眞的氣哭了，我為何如此命薄運蹇？

三月四日

將來，將來，渺不可期的將來！如果將來他真的成了百萬富翁，我也不會受他的供養。金錢的賜予，彌補不了心靈的創傷。何況他講話不算話？

三月五日

不必裝模作樣給我看，祇是換湯不換藥而已！不掌權的比「掌權」的更清楚情況，豈不笑話？何必騙我呢？「某奴」總是「某奴」。

三月六日

王美蘭生了一個女兒，請我吃滿月酒，好熱鬧，他們夫妻兩人好高興，抱著女兒給張三看、李四看，客人滿口恭維。我生兒子卻像母豬生小豬，偷偷地見不得人。滿月也沒有誰理會，那天「醋罈子」還罵他是妾婆養的。想著，想著，我差點哭出來，我先藉故告辭了。在路上我痛快地哭了一陣。

三月七日

我在浴室洗衣，他來浴室洗澡，我慢出浴室一步，柯蓮就不分青紅皂白像罵小孩一樣數落我了！把東西大聲地碰擊著。我真傷心，這丫頭也如此沒有良心，仗著「醋罈子」的勢欺侮我。她一絲兒也不敢冒犯醋罈子，醋罈子叫她東，她就不敢西！叫她爬，她就不敢走！我對她的同情、愛護，卻招來她的藐視，無禮！人，你究竟是甚麼東西？狗也不會如此。我愈想愈氣，愈想愈傷心。我在這個家庭裏是甚麼地位？是甚麼身份？連一個丫頭也瞧不起我！孩子也得不到安全的照顧，遭她們主僕的白眼。每當夜闌人靜，我更孤單落寞，真是「枕前淚共階前雨，隔個窗兒滴到明」。走吧，走吧！我何苦忍受這種屈辱？每天一出門，若非想到孩子，我就不想再進門了。

三月八日

今天是婦女節，女同事都高高興興，「醋罈子」也打扮得花枝招展地進城玩去了。她盡情地吃喝玩樂，打扮得簡直像個妓女。我卻布衣布裙，連蚊帳也捨不得買，我是何苦？我賺錢給他養家、給他發展事業，換來的卻是輕視、侮辱，和流不盡的眼淚，我為的是甚麼？為了一點殘餘的愛嗎？不，他沒有給我，給我的全是花言巧語。

三月九日

上午進城有事，在車上我都在想出走的事，太多的感觸，幾次熱淚盈眶。

好久沒有看到凌蕙芬，我順便去看看她，想不到她有了男朋友？她高興地替我介紹，兩人好親熱。男的長的相當帥，人也老誠，說話實實在在，一點也不花言巧語。她還告訴我吳鳳子也結婚了，婚後如何幸福。

「下個月我請妳吃喜酒，妳一定要來！」凌蕙芬說。

「當然我要來。」我口裏雖然這麼說，心裏卻在否定。我怎麼能去？碰到那些老同學，我怎麼有臉說我作了人家細姨？而且是一個倒貼的細姨，連丫頭的地位也不如的細姨！

我真後悔我去看凌蕙芬，我連她也趕不上。我這是甚麼黃連命。

三月十日

孩子拚命地哭叫著要爸爸。他爸爸就在隔壁他們夫婦床上。孩子，任憑你哭斷肝腸，我也不能抱你過去。咫尺天涯，媽心如刀絞。孩子，你沒有福份享受父愛，猶如媽沒有福份享受夫愛一樣。你叫「爸爸」叫得媽心碎，你爸爸卻不回答你，孩子，媽要帶你走的，此後你連見爸爸的機會也沒有了。

三月十一日

早起打好包袱，揹起孩子正跨出門，不巧被他碰見了，他阻擋我，還是被我趁機溜了。在山下等車，他又來拉我回家，我死命不肯走。經過好幾次掙扎，仍然被他抓回來，把我摔在沙發上。我恨他，太恨他，他不是愛我，而是我還沒有被榨成枯竹子。他不許我走，卻不肯善待我，多麼可惡啊！我把全副愛心和希望寄託在他父子身上，孩子叫他叫斷了肝腸他都不答應一聲，真可恨！他為甚麼一再欺騙我，使我落得如此傷心的下場？

三月十二日

即使頂平靜的日子，也還是有著淡淡的寂寞和哀傷。正因為我愛他，願意尊重他，所以我百般忍耐，一切為他著想。可是我祇能控制住言語，卻控制不了陣陣心酸。一看到他的臉，一聽見他的聲音，心就酸楚，眼睛就潮濕起來。愛果是真誠的，它不折磨妳，也不欺騙妳，它不會突如其來，也不會驟然消失？它祇是很安詳、很寧馨地圍繞著妳，漸行漸深，歷久彌堅。可是我擁有的還份殘餘的愛是多麼令我悲苦啊！

三月十三日

上課時還有一股悲悽湧上心頭，淚水在眼中泛濫，字蹟、兒童的面孔都變得模糊了。我心裏在哭，無聲的哭。

「老師，那兩個字寫在一塊了。」孩子們說。

我掏出手絹，背著他們擦擦眼鏡，也趁機擦擦眼淚。

三月十四日

我左思右想，想來想去想不到一條出路。愈想愈窩囊。我自問沒有一點趕不上我的那些同學，可是沒有一個人不比我幸福。小學同學如此，初中同學如此，師範同學亦然。王美蘭不用說了，吳鳳子那樣亂交男朋友，也有一個好歸宿，她丈夫熱的怕她燙了，冷的怕她冰了，真的把她寵上了天。連凌蕙芬也比我好。甚至我姐姐也比我幸福百倍。我付出的愛比任何人多，我付出的代價比任何人大，而我所得到的正好相反，我的處境卻如此難堪！

上次自殺未死，這次我買了半瓶強力安眠藥，關起門來一顆顆吞下去。我忘了吞了幾顆？孩子在睡，看著他那可愛的樣子我心如刀絞，我差點哭出聲來。想到可憐的寡母，我跪在床前默默請她寬恕，今生我再也不能報答她了？

我小心地睡在孩子旁邊，我要看他最後一眼，他使我牽腸掛肚，死不瞑目？

藥力太強，不久我就感到一陣陣陰冷麻痺侵襲全身，動彈不得，我彷彿聽到一種乒乒的聲音，卻辨不出是甚麼聲音？死吧，快點死吧！我受夠了折磨、羞辱，沒有一點生之樂趣。如果真有閻羅，我要跪在閻羅面前，訴說他們兩夫婦的絕情絕義，害我一生。

我不知道門是怎麼弄開的？醫生是甚麼時候來的？等我清醒時，我看見醫生坐在床邊，他們夫妻兩人站在我的面前。我望望孩子，孩子不見了。

「孩子還我！」我有氣無力地對他們兩人說。

「柯蓮抱去了，待會兒再給妳。」他說。

「讓我死好了，何必救我？」

「妳不能死。」她說。

「怎麼？妳也貓兒哭老鼠？」我問她。

「妳既然愛他，就不能害他。」她指著他說。

「我活看妳把我當作眼中釘，死又是害他，妳到底要我怎樣？」

「別作聲，妳還是剛醒過來。」他說。

「醒了我就痛苦，死了纔能解脫。」我又悲從中來，哭了起來。

醫生安慰我，勸我休息。我要他們把孩子交給我，我想看看。他們無奈，祇好叫柯蓮抱過來，柯蓮交給我，我恍同隔世，摸著孩子痛哭不止。

三月十五日

母親聽說我自殺，哭著趕了過來。「醋罈子」避不見面，他支吾地應付母親。

「你男子漢、大丈夫，沒有本領討小，就不要害她，就不要作孽。如果真的死了，我這條老命也不要，我就和你拼了！」母親對他說。

「我們待她不壞，是她一時想不開？」他說。

「你還有臉說這種話！誰不知道你是某奴？林鴛鴦呢？她怎麼不見我？她當初對我講些甚麼話？我要問問她。」

他推說不在家。盡陪著笑臉對母親說好話：

「我保證以後決不會有這種事。」

「你拿甚麼保證？」

「我會另外蓋房子給她住。」

他這種話不知道對我說過多少次，母親還是第一次聽見。她也信以為真：

「本來我要接她回去，既然你這樣說，我就看你的。」

他把母親哄走。他真是哄死人不償命！

三月十八日

我揭開了「醋罈子」的醜惡面目，她惱羞成怒，趕來打我，我和她打了起來。她竟下流狠毒到了極點，我的衣褲都被她扯破，人也打得很狼狽，我永遠忘不了這次的羞辱！

他一點辦法也沒有，祇勸我：「冷靜，冷靜！」醋罈子心如蛇蠍，我怎麼個冷靜法子？

三月十九日

他的法寶是「忍耐」，他也勸我忍耐。

沒有一個人不譏笑他是個怕老婆的傢伙！

沒有一個人不譏笑我是個天大的傻瓜！

三月二十一日

我把孩子送到王美蘭家裏。我告訴她說：

「我決心走出那個地獄。」

「妳根本就不該進去。」王美蘭說：「妳那天自殺實在太蠢！幸好救了過來，妳現在是再世為人。頭腦應該清醒。」

「我決定和他拆了。」我說。

「本來勸人拆散姻緣是件喪德的事，可是妳們這碼子事，早就應該收攤子了。」隨後她又打量我：「不過——我怕妳又是嘴上說說，即使出來，他三句好話一講、妳又軟了下來，那還不是多此一舉。」

「不會、這次我痛下決心。」

「妳已經三進三出，我怕妳會像趙子龍在長坂坡一樣，來個七進七出。」

「妳怎麼這樣不相信我？」

「甚麼事我都相信妳，唯獨這件事我不相信。」她笑著搖頭。

「那妳騎著驢子看唱本——走著瞧好了。」我說。

「好吧，那我就看妳的。」

「我的東西妳替我找個地方放放好不好？」

「妳娘家不是很好？」

「我怕他找到。」

「那妳放到我娘家好了。」

「那請妳先通知一聲，明天我就搬。」

三月二十二日

那死豬午睡得不省人事，我把應用的東西都搬走他還不曉得。

三月二十三日

我再去搬東西時被他撞見了。他問我：

「妳搬到那裏去了。」

「你用不著問。」我說。

「我要把東西搬回來。」

「你去搬吧？」我料他想不到東西放在甚麼地方。

「走，妳同我去。」他把我拉上機車。開了就走。

車子在鎮上兜來兜去，在村子裏兜來兜去，他問我東西放在甚麼地方了我始終不肯講。

「妳怎麼不信我的話？我說了要替妳蓋房子。」他說。

「你說了不止一百次，房子呢？」我問他。

「這次一定蓋。」

「你蓋好了再說。」

「妳不回家去住，我蓋它作甚麼？」

「你蓋好了我再去住。」

「妳何必這麼倔？今天先回去，房子不是一天蓋得好的。」

「這又是你的緩兵之計，不要再騙我。」

「這次決不騙妳，妳放心好了。孩子在甚麼地方？」

「在王美蘭家裏。」我忍不住說了出來。

他載著我直開王美蘭家。王美蘭看見他載著我來，似笑非笑地對我說：

「我早料到了！」

我實在不好意思。他笑著對王美蘭說：

「多謝妳照顧孩子。」

「李先生，你真會說話，難怪紫燕歡喜你。」王美蘭一語雙關地說。

他載我和孩子回家。我為甚麼要聽從他呢？那明明是痛苦的呀。我體諒他，他卻一點不體諒我。我多麼恨自己不能對他恩斷情絕！

三月二十四日

我真正不能再忍受了！我名沒有，利也沒有，他給我的祇有憔悴的心身。

下了班我去找村長，我對他說：

「村長，我想請你作個見證。我決定和李如鵬分手，孩子我要。」

村長打量了我一會，問：

「是真的嗎？」

「一點不假。」我說。

「妳可不能開我的玩笑？」

「不會。」

「好，我晚上八點上山去找他，妳也去。」

晚上我等到九點多鐘村長纔來。村長指著我問他：

「她說要同你分手，你的意思怎麼樣？」

「我們孩子都生了，還談甚麼分手的話？」他輕鬆地回答。

「孩子我要，其他的條件另談。」我說。

「我不同意分手，還有甚麼條件好談？」

「你不肯分我也要分。我不向你要贍養費，祇要你還我那六萬塊錢，孩子歸我。」

「如果妳真要分，要錢就不要孩子。要孩子就不能要錢。」

「虧你說這種沒良心的話！錢是我的，你怎麼能不還？我沒有算息錢已經對你仁至義盡，你還想以孩子作要挾？」

「孩子自然歸父親，這算甚麼要挾？」

「你知道我捨不得孩子，怎麼不是要挾？何況孩子還小，自然應該由母親照顧。」

他不和我理論，把村長拉到外面去，私談了一陣，村長逕自走了，待他進來關門，我纔知道上當。

三月二十八日

他對我的要求總是能推就推，能拖就拖。不管他答應不答應分手，我已經租好了房子。下午我雇人搬完了笨重東西。這些東西是他說替我蓋房子我纔搬進來的。現在房子的影兒也沒有，我又不得不搬出來。他一再甜言蜜語騙我，以後我再也不會上他的當墜入虎穴了。

搬東西時他們還想阻止，但我不惜拼命，工人也聽我的話，他們也就無可奈何了。

三月二十九日

我要他到這兒來談判解決。我要求他到代書處寫借據（上次寫給我的借條後來他又要回去了），他都不去，真把我氣暈了，我要到法院去申告，可是一出門車子就撞在電線桿上，人和車子都倒在地上，他又扶我進去，說好說歹。

「晚上我一定寫給妳。」他像哄小孩子一樣哄我。

又是晚上！任何與我有關的事他都推到晚上，真正可惡！我無可奈何地說：

「好吧！看你拖到甚麼時侯？」

晚上他又說村長不在，改天再寫。我真不知道他要拖到甚麼時侯？反正他是沒有誠心還我！

三月三十日

約好了今天晚上寫借據來，又沒有來。孩子以為還是在家裏，每天晚上都見他回來，因此他問：

「媽媽，爸爸怎麼還不回來？」

孩子的話像一把刀插在我心上，我禁不住眼淚漣漣。孩子你年幼無知，你不知道你爸爸永遠不會回來。人家的孩子都有父愛，唯獨你沒有。看著可愛而又無知的你，媽怎不心碎？

四月一日

孩子，再沒有比證實你爸爸對我的虛偽的愛更令我傷心的了！若非你和外婆還在，媽媽一定死掉多時了，墳頭上一定長滿了窈衣草了。老天，幫助我，幫助我忘掉那狠心陰險的人，忘掉那傷心的往事吧！李如鵬，你們夫婦兩人做的圈套真把我害慘了！

制不住內心的激憤，我反覆難眠，我失聲痛哭，我真想摸黑上山與那對狠毒狡猾的夫婦算帳。我心裏像被利刀在絞，我又想自殺。李如鵬，這都是你「愛」我的下場！你愛我嗎？一點也不！否則不會用了我幾萬塊錢連一張借據也不肯寫給我。人家寵的是小老婆，而你卻相反。我真恨我為甚麼輕信你的花言巧語，把我的童貞和少女的全心的愛都奉獻給你，而且一直體諒你，不信別人的忠言。

四月二日

母親又來看我，看見她我就慚愧！可是她到底是母親，她很我丟臉，又憐憫我孤苦無依。她已不再罵我，她知道罵已無用。她用愛和憐憫來安慰我母子兩人。

四月四日

今天是兒童節，孩子們都歡天喜地，父母給他們買玩具、買新衣，帶他們去玩。我的孩子卻沒有父親理會，他來都不來看他一下，我為孩子傷心。我騎車到鎮上替他買了一架小飛機，而他卻問我是不是爸爸買的？他怎知道他爸爸對不起他？他爸爸愛的是錢不是人。

四月五日

孤寂悽清，日子是一串無法言喻的辛酸。甚麼時候我纔有一個溫暖的家啊！我明知道姓李的不可能實現我的願望，為甚麼我還要理會他呢？為甚麼我不是一個翻臉無情的人呢？我就長此在痛苦的深淵裏掙扎嗎？命運啊！當真有命運嗎？我不服氣的！誠如王美蘭說：「師範的嫁師範的已經夠倒楣了，何況作的是人所不齒的細姨。」我為甚麼遇上一個看似多情卻最無情的人呢？姓李的，我白愛你了。

四月七日

王美蘭抱著孩子來看我，真正關心我的祇有母親和她這位好同學。她的女兒長得很好，打扮得像位小公主。她和我說話時左一個「她爸爸」，右一個「她爸爸」，說得那麼親熱，那麼恩愛，我聽了都心酸。

「這次妳該死心了，千萬不能再蹈過去的覆轍。」她勸我說。「比他好的男人多的是，他不值得妳意亂情迷。」

四月九日

凌蕙芬今天結婚，我邀王美蘭一道進城去吃喜酒，如果不是和她的特殊關係，我真不想去。

「凌蕙芬如果沒有妳，也許她不會有今天？」王美蘭說。

「過去的事還提它作甚麼？」我說。「現在人人都比我好了。」

「我真奇怪，妳怎麼好心沒有好報？」

「大概是我前世作多了孽？」

「佛講三世因果，我看那祇是自圓其說，今生是最現實不過的，以妳的為人來說，應該有個美滿姻緣，不該這樣的下場。但是事實剛好相反！妳的深情祇換來薄倖，這樣看來，因果之說似乎不大可靠了？」

「古往今來多少人含冤莫白？多少薄倖人逍遙自在？誰管因果報應？」

在禮堂遇見不少同學，吳鳳子也來了，她好久沒有看見我，顯得十分親熱，她還是那麼愛打扮，現在穿著更加入時，臺北流行甚麼她馬上迎頭趕上。她還是老樣子，一點沒變。

「妳和李如鵰的情形怎樣？」她關心地問我。

「四兩棉花——別『談』。」我說。

「真想不到，妳會上了他們的圈套？」

「大概是鬼迷了心竅。」

「過去的同事都替妳惋惜。」

「多謝他們的好意。」

「許之誠還時常和我談起妳，他還沒有死心。」

「今生算我欠了他一份情，來生再還吧。」

「我看妳不如和李一刀兩斷，馬上和許結婚，不必自苦。」王美蘭插嘴。

「好馬不吃回頭草，我不做這種事。」我說。

她們兩人搖頭苦笑。

凌蕙芬穿著三寸高跟鞋，顯得高了不少，自禮服一穿，飄飄欲仙。今天遇見的同學。個個都結了婚，個個都穿過結婚禮服，祇有我沒有穿過，我算甚麼呢？我像小偷一樣潛進李家。我愈想愈沒有臉面，坐在禮堂裏如坐針氈。

四月十日

在心靈深處烙下無法治癒的創傷，不時作痛。我整天心浮氣躁，憂鬱愁悶，無以自遣。

四月十二日

到現在他還不肯把借據寫來，我對他的信心都被他自己的行為粉碎了。他到底要欺騙我到甚麼時侯方肯罷休？事實證明他重視的是「醋罈子」，祇是捨不得失去我這個可以賺錢的細姨罷了！我走了，誰還會像我這個笨瓜去當他的細姨呢？誰還會受他們兩夫妻花言巧語的蠱惑呢？我為甚麼要去點綴一個使我受盡屈辱的人的人生呢？希望愛他的心能像曇花一樣的凋謝，恨他的心能像木麻黃一樣的孳長纔好。

四月十三日

彼此的愛若不能平立於天平上，沈重的一端將更痛苦。愛若真誠時，不會體察不出對方的痛苦的。

四月十四日

心情從來沒有開朗過，身體也變得毛病多多了。長久的鬱結會使病情加重，氣憤、悲傷，都化作無數向我侵襲的病魔。我多希望一病不起，長眠地下，死了，一切煩惱都完了，孩子可愛，不會沒有人要的。至於媽媽，我橫豎沒有辦法達成我孝順的心願了。見她身體羸弱，我又無能為力，心裏更加慚愧。媽媽是白養了我一場了。

四月十五日

我要調得遠遠的，調離這傷心之地，他又反對，他到底存的甚麼心呢？他說他明白我的苦楚，卻不為我著想。叫我怎不傷心氣憤？他為甚麼那麼狠心欺騙我呢？老天，如果我這一輩子不能擺脫李如鵬的糾纏，也該讓他對我們母子稍加顧盼啦！難道他真是被「醋罈子」的符水迷了心竅嗎？怎麼媽給我喝了那麼多符水還是不能擺脫他呢？他說他一輩子都會愛我的，信誓旦旦，言猶在耳，而行動上卻一絲兒表示也沒有，我何癡何傻還要聽他的花言巧語呢？

四月十六日

又夢見許之誠追我、捉我。奇怪，我並不想念他，何以他時常入夢？我既放棄了那份摯愛，選上了這份嚐不盡的辛酸苦辣的虛偽的愛，還有甚麽話好說？聽說他變得積極上進（但願如此），對我癡念如昔，是不是真的魂牽夢縈？如果李如鵬有他愛我情份的十分之一，我死也甘心。

四月十七日

無邊的寂寞和孤獨啃嚙著我的心。他的「愛」祇是加速消蝕我的生命而已。

四月十九日

他既連張借據也不肯寫，我還愛他作甚麼呢？算了吧，不要留戀一個使我終身痛苦的人。

四月二十日

孩子又病了。半夜發燒，給他服驚風散，今晨仍不退燒，一大早就帶他看病去，這次是氣管炎。

四月二十二日

孩子的爸爸今夜來了，半夜孩子喘得更厲害，想叫醒他陪我去醫院，看他睡得沈，起來又要折騰很久，怕他睡不足，祇好作罷。本想自己單獨送醫院，又怕他罵。捱到天亮我送孩子去醫院，又轉成肺炎。

四月二十四日

我問他購地建屋的事進行得如何？他罵我是三歲小孩。既然辦不到，當初為甚麼要那樣說服我，使我多受一次磨難？這不是欺騙我是甚麼？我為甚麼還要愛他呢？我多少次決定不給他錢了，可是他又拿走了一千圓，我真不能再渾渾噩噩下去了。

四月二十七日

他三天沒有來看孩子，滿以為他今天會來，然而沒有來，我和孩子沒有他山上的果樹、畜牲重要。

四月二十八日

我把借據寫好，託人帶去要他們夫婦兩人簽名蓋章。否則不要來見我，我真的不理會他了。我要把請調的簽呈送上去。他與醋罈子一丘之貉，無情無義，唯有那樣的兩個人纔能結成夫婦。真是一張床上不睡兩樣的人，可歎我落進他們的陷阱難以自拔。

四月三十日

他來了，借據卻沒有帶來。我差點氣暈了。

「我說了不帶借據來別再見我，你怎麼空手來？」

「遲早我會給妳的，何必要甚麼借據？」他嘻皮笑臉地說。

「你說話不算話，所以我纔要借據。」

「我那些果樹、那些地，妳和孩子也有一份，這不夠了？妳要一張紙有甚麼用？」

「你用了我那麼多錢，連一張借據也不肯給我，還會給我地和果樹，你真把我當三歲的孩子！」

「不是把妳當三歲的孩子，本來我們就不該分甚麼彼此，妳何必要甚麼借據？」

「我賺錢給你養家，賺錢給你辦農場，你給了我甚麼好處。」

「我給妳生了孩子。以後妳不是有了倚靠？」

「你太沒有良心，你祇是給我痛苦！倚靠孩子還早得很哩？」

他又甜言蜜語地安慰我。我想起王老師那五千塊錢要還，我又對他說：

「王老師的借款要還，你打算怎樣？」

「現在那有錢還？」他兩手一攤。

「你當初不是說賣了豬就還嗎！豬賣了好幾隻，怎麼還不還錢呢？」

「賣豬的錢要買飼料，那有錢還她？」他輕鬆地笑笑：「按月付她的息錢不就得了？」

「你幾時付過她的息錢？」他借走五千圓之後，就不聞不問，一直到如今。

「妳繼續墊墊，以後我再給妳。」

他說得真輕鬆，他真是吃定我了！我很生氣，我教孩子說：

「爸爸渾蛋，你回去好了，不要你在這兒。」

孩子真的照說了，他望著孩子笑罵：

「你這個小渾蛋！將來長大了還不是和爸爸一樣？」

我看看孩子，長的真和他一模一樣，逗人喜愛，嘴又愛講。我不禁倒抽一口冷氣。

五月一日

我不能再迷迷糊糊地讓他捉弄利用下去。我要時刻鞭策自己，不要再迷戀他害苦了我的那點「情」！我一定要發狠心給那對口蜜腹劍的夫婦一點顏色看。

五月二日

我生他的氣時他又把我逗笑了。不管我生多大的氣。他總有本事把我逗笑，我真恨我不能拉下臉來。我生成就不是個長臉，不像「醋罈子」那樣。有人說馬臉無情，真的一點不錯。我要是個馬臉，就不會吃這麼大的虧，不會上他們的圈套，他也沒有辦法把我逗笑。

五月四日

我不把調動的事告訴尹老師，他就不再對我說笑關懷了。這樣正好！真是知人知面不知心，想不到他有歪念頭！幸好我發覺得早，我連一眼也懶得看他了。愛一個人是不容易的，我純真的愛情雖被李蹧踏得像隻爛草鞋，也決不會輕易去愛別的人。能再闖進我的心坎而又為我喜歡的人，今生今世恐怕也沒有第二個了。雖然李玩弄了我的真情，我也不是毫無痛苦的就一刀兩斷的。

五月六日

尹老師過來向我借試卷答案，他問我：

「怎麼這幾天總是悶悶不樂？是小孩生了病操心？還是『他』不對勁？」

我怎麼說好呢？學校的同事沒有一個不當面或是背後譏笑我傻，譏笑姓李的是某奴，吃軟飯的。

五月七日

哄孩子午睡時，他說要上山到爸爸那兒去。我問他：

「去那兒做甚麼？」

「要找爸爸，要吃鳳梨。」他說。「我要吃甜的，不吃酸的。」

可憐的孩子，他父母要他送幾隻雞回家過年，他祇送了一隻鴨子，他連酸鳳梨也捨不得給你呢？

我想寫張明信片去罵他一頓，咬「醋罈子」幾下，結果忍下來了。

五月十日

昨夜他來了。他不問甚麼，我也不提甚麼。我的心被憂鬱籠罩著，我祇是傷心地流淚，我為甚麼會沈淪得無法自拔？早晨我告訴他：

「愛你很痛苦？離了你痛苦，不離你也痛苦，怎麼辦？」

「神經病！」他惡狠狠地罵我。

我好傷心！我料得到他會罵我的。隨後他又說：

「我瞭解妳的痛苦。」

說得好聽！瞭解我的痛苦為甚麼不解除我的痛苦？我不相信他是基於愛我不忍分離，而是我還有利用的價值。我把昨天寫好的話放在他口袋裏讓他帶回去看，看他有沒有甚麼反應？會不會見諸行動？

五月十一日

請調的簽呈還沒有送上去，尹老師卻以為我快要走了，彷彿有點惜別之情。不管他是真的也好，假的也好，反正我不是個濫施情感的人。

五月十二日

他仍然沒有來。他不肯與我徹底解決。使我無邊煩惱，使我痛心疾首。

清晨醒來，心緒紊亂極了。我竟掉入感情的泥淖，他真要把我折騰至死！我承擔不了這樣的重壓，我簡直要崩潰下來。我哭得心碎。

枕邊袖上難拂拭

任它點點與斑斑

我真的是以淚洗面了。

五月十五日

我一再警告自己：不要傷心，不要流淚，不要憤怒。可是我還是抑制不住眼淚，眼淚涔涔地流下來。最使我難堪的是在學生面前流下來。

五月十六日

最近尹老師愛和我閒談，他說我聽。不管他多真摯，也不是我訴說心曲的人了。

他說到相命的事。若果冥冥中真有命運之神在安排，我真不服氣！為甚麼別人都安排得好好的，我偏偏這樣顛顛倒倒？受盡折磨？我真想找個相命家看個究竟。

五月十七日

別人看見我的孩子都說他聰明伶俐，要我好好地教育他，否則會是個大壞蛋、大惡棍，我聽了真是一則以喜，一則以懼。我最怕他將來像他父親，去勾引女人、蹧踏女人。

五月十八日

下課後大家在休息室聊天，尹老師和林老師對我說：

「和妳相處愈久，愈覺得妳迷人。」

「我是個不幸的人，我有甚麼地方迷人？」我說。

尹老師沈思了一會說：

「說又說不出來，就像一首詩，祇可意會，不可言傳。」

「也像一幅淡墨山水，意境深遠，淡雅宜人。」林老師說。

我不相信他們的迷湯，果真我是那樣，我就不會是李如鵬那個俗物的細姨了。

我祇是個心地善良的平凡女性，不與人爭，像看報紙副刊，女同事總是搶來搶去，先睹為快，我從不和她們搶，等她們看完了我纔看。可是李如鵬還說我的脾氣壞呢！我不過是沒有「醋罈子」那麼工讒善媚而已。

五月十九月

十一點了，他纔來。他在窗口叫了好幾聲，沒有聽見我輕聲答應。

我告訴他請調的事。他要我把簽呈抽回來。

「我要走得遠遠的。」我說。

「妳走不成。」他說。

我知道他的人事關係好，兜得轉，如果他搗蛋，我是真的走不成，真可恨。

五月二十二日

校長果然不准我調，說我在本校服務未滿三年。這都是他搗的鬼？

五月二十三日

今天發狠到鎮上買了瓦斯爐和果汁機。有了它們就不必到房東家借用，方便多了。幾年來為了李的事業，我自己節衣縮食，很多早該買的東西我都沒有買，省下十塊、八塊都交給他們用，難怪人家笑我傻。

五月二十四日

中午剛要和孩子午睡，房東的女兒素卿在窗口叫：

「尹老師、林老師來了。」

我暗叫討厭，那兩個冒失鬼果真找上門來了！我吩咐素卿說：

「妳說我睡覺了。」

不知輕重的房東卻一疊連聲地叫我，我祇好答應。孩子聽見聲音，也一直嚷著要起來看他們。我硬把他哄睡了，自己也賴在床上，到一點半上班時間到了，纔出來陪他們，尹要求看瓦斯爐，我的瓦斯爐放在寢室裏，我怎會讓他看？他要求了兩次，我都說：

「和教導的一樣，沒有甚麼好看的。」

他自討沒趣，祇好和林老師一道走了。

不知道他們是否看我這個走上為人不齒之路的女人可欺，心存不正，還是真要看瓦斯爐？反正這種訪問我不歡迎。如果孩子的爸來得頻繁，給我一個像樣的家，真心關切照顧，他們知道他待我不錯，或許他們不會如此唐突的。

五月二十六日

中午聚餐完畢，我要回家，偏巧車子沒氣，使用學校的打氣筒打氣，尹老師見了說：

「那支打氣筒不行。」

他另外拿了一支幫我打好了，我把打氣筒放回原處。他卻拿走了我放在車後記日記的作業簿，我本能地搶回來，如果被人看見了不知作何感想？

「今天上午妳怎麼兇我好幾次？」他問我。

其實我沒有兇他，我祇是覺得他穿那件大藍格子白底的襯衣好笑而已。他既認為我兇他也好，讓他知道我不喜歡他，他纔不會老是接近我。「肚子沒冷病，不怕吃西瓜」。管他說我兇他也好，不兇他也好。

五月二十八日

孩子一想到鳳梨，就要求他爸爸帶來。可是他總不帶來。可歎一個聰明靈巧的孩子，卻有一個不解人意的爸爸。我不願推想他為甚麼不帶鳳梨來給孩子吃？而房東卻不論甚麼東西都大的、小的送給情婦。他卻盡量剝削我的錢，自己盛產的鳳梨寧可賤賣也不拿點來給孩子吃，反而要我自己花錢去買。房東一家大小都疼我的孩子，我曾提過，媽也曾提過要他拿點鳳梨來送房東，他也當面答應，可是鳳梨產期過了他還是一顆都不曾送來，房東曾當面批評他吝嗇，對我母子無情。背地裏更不知道人家如何議論？他能借人家的東西或是金錢，久而不還，一點也不覺得不好意思，昨天我祇剩五塊錢他也拿走。我多恨自己心軟！下個月再也不能給他錢了。

五月二十九日

「妳最近心情開朗多了，不像過去那段日子一到學校就垂頭喪氣。」章老師對我說。

「你看左了。」我說。

他不知道我已漸漸能把喜、怒、哀、樂深藏內心，不形於色。我沒有一天不是懊喪神傷的，但不得不裝瘋賣傻，以免別人譏笑我被打入冷宮，不明底細的人以為我有說有笑是真快樂，他們怎知我眼淚往肚裏流呢？

五月三十日

同事們都說我開口就是成語，文氣衝天。不管他們是諷刺也好，恭維也好，我毫不介意。我並不是故意咬文嚼字，因為那些都是普通語文，並不是艱難的詞句，甚至是極通俗的諺語。祇有用那些成語、諺語表情達意纔能恰到好處。如果不那樣說我就不知怎樣說好了，他們自己講話粗俗不堪，真不像個讀書人，卻說我愛用成語，實在是馬不知臉長。

六月一日

和李在一起我的話總比他多。他祇一意看著報紙，我卻絮絮叨叨向他說些瑣事，也許是幾天不見話特別多？

過去我總不願意他們夫婦因我發生磨擦。可是如今不然了，他們愈勃谿我愈高興，祇因那「醋罈子」人面獸心，對我羞辱太甚，不過他被她牽著鼻子慣了，奴性已深，不敢反叛。

六月二日

《浮生六記》中的沈三白是多麼令人嚮往的男人呀！那細緻的情意，那體貼備至的愛心，令人感歎。他們是貧賤夫妻，每每看到他們的相互關切，不由得不想到自己的福薄命蹇。王美蘭的丈夫魏，也是篤愛她的男人。凌蕙芬的丈夫蘇，對她也是情深似海。女人一生夢寐以求的就是希望擁有一份美滿幸福的愛。如果我不離開李，就註定是殘缺不全的了，那無緣的許之誠，他的情意也比李細緻得多。如果當時不調回故鄉，我的際遇怎會如此難堪？

六月三日

難得他帶個鳳梨來！這個鳳梨不知道孩子討了幾十次？孩子摟著鳳梨捨不得吃，貼著臉喃喃地說：

「鳳梨是爸爸帶來的，爸爸乖，我不罵爸爸了。」

一個鳳梨他賣出去還不到兩塊錢，他在我這裏一拿就是一千、兩千，他竟這麼吝嗇！光是孩子這幾句話？他推一車來給孩子吃也不為多。而他答應了送房東的鳳梨，卻一個也沒有送，我真不知道他怎麼好意思拿著一個鳳梨進房東的大門？

六月五日

上午十一點由學校回來，孩子在門口見到我就興沖沖地說：

「媽，爸爸來了！」

我以為他說謊，進門一看，他爸爸果然睡在床上看報。

他老爸一來，他就到處奔走相告：「我爸爸來了！我爸爸來了！」房東太太指著孩子對我說：「好像他爸爸來了他臉上也有光彩。」

我有點奇怪他為甚麼中午跑來？我一進房他就坐起來對我說：

「下午有幾筆款子等著要付，妳手頭方不方便？」

「薪水還沒有發，我那裏有錢？」我說。我身上祇有幾十塊錢。

「能不能在別的地方週轉一下？」

「王老師的錢你還沒有還，我去那裏週轉？」，

他不高興，吃過午飯就回去了。晚上該來的也沒有來。

六月七日

昨夜我問他要借據，他粗聲粗氣地說：

「我以前不是給妳了！」

「你怎麼說橫話？你不是早要回去了？」

我們的聲音把孩子吵醒了，孩子以為我們吵架，駭哭了。我祇好哄孩子入睡。不久他也睡著了。我很生氣，他還是不想解決，一意拖下去。見他沈沈入睡了我更黯然，通宵失眠。

早起我故意激他說：

「你再不寫借據，我要交男朋友了？」

「去交吧！我又沒有叫妳不要交！」他粗聲粗氣地回答：「妳交妳的，我來我的，妳嚇唬誰？」

真想不到他會說這種話！我好傷心，眼淚奪眶而出。我要是個水性楊花的人，我還會受盡折磨，苦度到今天？老天，他為甚麼要這樣令我傷心，令我絕望呢？

死心吧！死心吧！不要再愛這個令我身心俱痒的負心人吧！

我不再和他講話，我默默地為他沖杯牛奶，他也默默地喝完回去。

他回去後，我在房間、在井邊、在辦公室、在教室、在路上，洗衣時、晾衣時、吃飯時……不知道流了多少眼淚？默默地流，無聲地流。我哀悼那個說是最愛我，會給我快樂、會給我幸福，而我深信不疑，傾心以愛，不畏人唾棄非議，不顧慈母心碎腸斷，而毅然決然以身相許的那個李如鵬的死去。

凝望著在藍天中漫步的雲朵，凝望著在微風中搖曳的花樹，我腦中縈繞著他的那些令我迷失了理智的甜言蜜語，那動人心弦的懇求，那感人至深的男子淚，使我將身心一齊奉獻，不留餘地，以致陷入如此深的泥淖！天啊！天！負心人真要氣死我了！

六月八日

昨夜又失眠了。

孩子從椅上跌下來，跌傷了手臂，兼之天熱，終夜啼哭，使我心情更加惡劣，痛苦萬分。

六月九日

陪三叔的小女兒鸞去考嘉女，整天心緒惡劣極了。頭痛欲裂，尤其是蹲下去再站起來時，真使我痛得流下淚來。

在嘉女見到好幾位師範同學，我不願打招呼，李淑貞常向王美蘭問起我，我也無心去看她，像我這樣一個最不幸的人，與她們見了面談甚麼好呢？

回家時碰見母親從田裏回來，我把真相對她說了，不說，她不知道我的處境；說了，她又萬分難過。她心裏一定在數落我：

「當初告訴妳不要和他來往，妳偏不聽，現在是咎由自取，怨誰？」

六月十日

我決心要把他從心裏拔除。可悲、可歎，深植我內心的「情聖」，竟是害苦我一生的人。我要瘋狂了。我甚麼也不顧了。孩子固然是我的心肝寶貝，但將來如果和他父親一般心腸，我苦心養育他又有甚麼意義？說不定真要含恨以終的。

我為甚麼還要關心他，體念他呢？他攫去了我所有的愛，攫去了我所有的錢，卻對我如此薄倖。我為甚麼不是水性楊花的人？否則我也不會如此悲悽！

週圍盡是陪考的人，我振筆疾書給他寫信，眼淚淋淋，想抑制也抑制不住。

六月十五日

他說他忙得連吃飯的時間都沒有，所以一個多星期都不能來看我母子二人，我卻在他口袋裏發現兩張電影票根，分明他陪「醋罈子」去看過電影。

一想起那次「醋罈子」用下流惡毒的手段毆辱我，我就切齒痛恨。好幾個人告訴我那是她母親教她的，真是上樑不正下樑歪，難怪她父親會做出亂倫的事情來。

六月十六日

李在學校挪用公款，欠了很多和學校有來往的商人的濫帳不還，他的同事都不齒他。

知道我的處境的人沒有一個贊成我和他再混下去。原因是他是某奴，吸血鬼，「醋罈子」心地狠毒，於我有百害而無一利。王美蘭更語重心長地勸過我好多次，教我不要沈溺於這痛苦的深淵。

六月十七日

晚上他來了，門窗敲了好久，我纔去開。他拿了一張圖畫紙，一進來就掃開了我桌上的紙張，我連忙收拾日記，他惡狠狠地瞪著我說：

「誰不知道妳在寫日記。我纔沒有眼睛看妳那種日記！」

他一來就侮辱我，我真好氣，連聲對他說：

「滾蛋好了，我不是要你來罵我的！」

我氣憤地坐在床上，看他亂塗，塗了一陣子又回過頭來向我嘻皮笑臉，我又被他的笑臉攻勢屈服。我真恨我多麼心軟無用！

他走後不久，孩子就醒了，折騰到十二點多，我用萬金油塗他的頸子，又用紗布纏著，他纔漸漸入睡。

躺在床上，覺得鼻子濕濕的，以為是流鼻水，擦了幾次，纔發覺是血，真嚇人，怎麼流鼻血了？我是很少流鼻血的，喉頭也常卡住帶血的痰，是甚麼原因？大概是時常氣極所致。我想到媽被我氣得吐血，現在該輪到我為他吐血了！是報應嗎？那麼誰會折磨得他吐血呢？他食言而肥，拆別人的濫污，拿我的錢用，他反而愈來愈壯了。誰奈他何？

六月十八日

蚊帳破洞愈來愈多，蚊蟲打了又鑽進來，臨時剪紙黏住，折騰到三點纔睡。去年他就說要給我買，結果把我的錢一個個剎去，使我買不成。他祇說得好聽，他身上穿的那一樣不是我花錢買的。

六月十九日

三叔陪鸞去臺北，三嬸要我陪她睡了一夜。

回來時歐巴桑對我說，他昨晚來找我。找甚麼？說不定又是來要錢的？他知道我甚麼時候發薪水。

六月二十一日

我內心極端複雜矛盾。要離，不簡單。情感的創傷固足痛苦終生，金錢的損失也沒有辦法要回來。我何去何從？我原以為我能攆走他的形影，拔除深植於內心的愛。可是不然，我對自已都估計錯誤。看看懷中的孩子，我更是不忍就此拆散，我懷著和好的渺茫希望，至少也該在和平狀況下分開。我寫張條子通知他：

直到昨夜你纔承認你是欺騙我、敷衍我。

我願和你單獨面談一次，我希望你不要激怒我。激怒我對我身體有害，固然你無所謂，但狗急跳牆，對你也未必有利。

希望你九點以前來，到那兒談判，悉聽尊便。如屆時不到，衹好對簿公堂了。

左等右等，他還是不來，他真的不要我了。我的愛呢？我全心全意付出的愛呢？天啊，叫我如何承受得住？我想死，死了一了百了，但在死前必須見他最後一面，看看他是何種猙獰面目？

我又寫了這樣一張條子：

我最愛的人，我最恨的人！我受不了這致命的打擊，我祈求你給我見最後一面。我的遺願衹有一個：孩子不能到你們的山上。

請馬上來，我在路旁等候。

活著一分一秒對我都是難受的。

我請素卿送去，我隨後騎車到橋邊的木麻黃樹下等他，不料素卿還未轉來，他卻來了，可能是從鎮上來的。我忍著眼淚，哽咽了半天纔說出話來：

「我問你，你究竟愛不愛我？請你立刻回答。」

他不回答，堂叔和一個同伴正好從鎮上回來，問：

「是怎麼回事？」

他馬上說我許多不是。他們不知底細，信他一面之詞。我看他那冷酷絕情的臉色，我願立即死掉。我壓制一下哀傷，背著他們取出車袋內的毒藥，悄悄服下。我的手不知被誰抓住了，剩餘的藥粒也被搶去。他要我騎車回去，我怎能騎呢？我祇覺得黑暗，無邊的黑暗，堂叔要他載我，他太傷我的心，我賭氣下來，堂叔纔載我。

我怎願在那人來人往的大路上丟醜呢？實在是氣暈了！我在那裏等他是錯誤的。我怎料到會有此局面？也難怪他生氣。唉，是上天責罰我負情於許吧？否則怎會有今日不幸的下場？

我回到家坐在房外椅上，我聽見他在房東飯廳和人說話，我走過去不知說了甚麼？我已沒有記憶了，祇覺得難受欲嘔。他把我拖進房間，把我往床上丟。大概怕我吐在床上吧？又拖我坐在床前椅上，我恍恍惚惚，好像坐不住倒地了，彷彿覺得他又拖起我往床上摔，重重的，但已失去痛楚的感覺。我祇想死，死，死，死！趕快斷氣，趕快斷氣！胸中憋得好難受呀！是誰叫醫生來打針的？我不知道。待我恢復知覺，孩子已醒，他在我懷中，不停地哭著要「媽媽乖」。

大概是中午吧？表妹婿載著媽來了。他不斷地開導、責備、勸慰、鼓勵我。我一語不發，無論甚麼人都不能體會我的心情，不知道我的痛苦。我感激任何人的關懷，但不能接受別人的指引。我請堂叔叫李來，我要做最後的決定，如果他不念舊情，我纔作離的打算。他來了，卻不明白答覆我的問題。他是不理睬我了，我不是他的髮妻。他不怕我告，祇怕我死，我死會引起公憤，對他沒有好處。可憐我還為他耽心，我真錯愛他了！好吧，既然如此，我請堂叔載我回娘家，晚上再和他到村長處解決。

晚上我請三叔、二叔、母親、姊夫一道去，我首先發言，我要離，條件由他說。他卻不說，連從前一再提到的「要孩子就沒錢，要錢就沒孩子」的苛刻條件也不提了。二叔當眾大大地訓了我和他一頓。後來三叔按照我和合的條件逐項徵求他的同意，可恨他幾度中途開溜，以致不能順利進行。二叔生氣回家了。三叔還是耐心地等他來再談。後來談到一點，沒談完他又要回去，說是明天再談，誰也奈何他不得。天吶，我那自認「情聖」的人，竟是這種無賴？

我揹著孩子向鐵道上跑，正好有一列貨車開來，我迎上去，我準備和孩子同歸於盡。想不到在千鈞一髮時三叔從背後扯住我的頭髮，把我摔倒在鐵路邊上，沒有被火車輾死。

六月二十二日

三叔、二叔見他那種態度，知道他祇礙於付不出六萬塊錢而已，再也沒有和合的誠意了。要我死心、看破，再也不會陪我談判了。我祇好獨自去村長處，後來姊夫、小姨父也去了，他卻先囑咐村長不要理我。

多狠的人吶！用相應不理來折騰我。

我請村長帶張條子去，表示對他的變心遺憾，不信他狠心如此，請他下來談個明白。他果然下來了。我抱著孩子坐在椅子上閉目支頤，他進屋我沒有發覺，他叫了我一聲「可愛的仇人」，我纔睜開眼睛看他。他竟用「仇人」來稱呼我，我絕望了。可是我還不死心。

談來談去還是毫無結果。我說不離，他又無動於衷；我說離，他又要來看孩子。不管我歡不歡迎，而且根本不提錢的事，臨走時他說：

「好好地照顧孩子，不要意氣用事，彼此冷靜一下。」

天！他有太太孩子，他有果樹，他有雞、有豬，不必到我這邊來，他很冷靜，我甚麼都沒有，孩子徒然增加我精神和物質上的負擔，我怎麼冷靜得下來？還要我冷靜多久？我度日如年，生不如死。

他冷靜地走了！留下我擁著驚醒了哭求「媽媽乖」的孩子傷心欲絕地哭泣。

六月二十三日

我真不能相信他的心腸如此硬，面對鐵般的事實我還疑幻疑真，可憐、可歎啊！我披露我的愛心，他仍然無視我的悲痛。唉，我該斷的、該斷的！可是為甚麼總不相信他是那樣的負心？我是多麼不可救藥啊！分明是鬼，當他是神，甚麼時候我纔會真正的清醒呀？老天，賜我智慧，賜我毅力吧！

六月二十四日

我沒想到他把我給他的字條給村長看，讓村長宣揚他是給我送情書的，不是他不能解決糾紛的。諸如此類讓人恥笑，藐視我的話柄，不一而足。真想不到他會故意陷我於不利，要手段整我！他明知我愛他徹骨，深情難移，他偏不回心轉意，百般折磨我、氣我，實在太狠心了！

六月二十五日

我不再求你的愛，我的「情聖」已死。對於活著的你我已關起心扉，所以纔寫此信，免得你又以為我在打動你的心，哀求你施捨。你盡可能拿出去公開，反正我是為人譏笑的傻蛋，祇遺憾玷污了我的家族。

如果法律是你們夫婦制定的，孩子將會是你的，我的錢將會給你白花。否則你的如意算盤很難打通。

六月二十六日

我真的人財兩空嗎？

他真的那樣狠心無情嗎？

他知道我與孩子不可分離，就用「要孩子就沒錢，要錢就沒孩子」來整我；他知道我不忍離他，就逼得我聚散兩難，痛苦萬分，為甚麼這樣狠心？

六月二十七日

你真的願意就此分手嗎？你再不答覆我就表示我們真的沒有和好的餘地了。你對我的移情別戀無所謂嗎？我祇怕你是一時的氣憤？不是居心如此。

你真的不理會我遠走天涯嗎！你真的願意我和你分手嗎？你真的願意我移情別戀嗎？請你在這張信紙上寫幾個字，或是口頭答覆我一句，好讓我死心，從此不再問你甚麼了。真的！

六月二十八日

進城遇見淩蕙芬，她十分驚訝地說：

「唉呀！妳怎麼瘦成個乾殼了？我差點認不出來！」

「一言難盡。」我答覆她，又禁不住流下眼淚，這一問我真是寢食難安，往往通宵失眠，整天忘記吃飯。

她新婚後卻豐腴多了，不像從前那隻瘦鴨子。我也差點認不出是她。人是真的會變！

她要我到她的新居去談談，本來我不想去，但近來精神不濟，人很疲倦，我就去她家裏休息一下。

她的新居佈置得很雅緻，牆壁上掛了一張放大的結婚照片，和許多蜜月旅行的生活照片，像一對枝頭小鳥，相偎相依。關子嶺、日月潭、澄清湖、四重溪、鵝鑾鼻、……到處留下他們的儷影。我也曾經做過這樣的美夢，現在想來真正是南柯一夢。我愈看愈心酸，又差點流淚。

她知道我最近的情況之後，祇是頻頻歎氣，沒有一點辦法。誰有辦法呢？我自己都沒有辦法。

六月二十九日

房東太太陪我去天后宮抽籤。我決心離開，但不知何方為佳？

先問到北部如何？搖了三次纔抽得這樣的籤：

紫竹林中大士安　君爾何須歎苦難
天地精華皆和合　添香如意即自然

這枝籤似乎不壞。我又問留此地不走如何？搖一次就中。籤文如下：

勸君把定心莫虛　天註姻緣自有餘
和合重重常吉慶　時來終必得明珠

這一籤更好。想到我不該離母親太遠，讓她懸念，一顆急欲他去之心總算穩定了許多，煩惱也減去不少。說不定與負心人還有和好的希望呢？

六月三十日

我明知我祇是一廂情願，可是總不相信你真如他人所料的心腸。我想遠走高飛，又怕我的「情聖」復活，則彼此煩惱更深，傷心更甚。我總認為愛歸愛，氣歸氣，所以每當我心情惡劣時，不免向你發脾氣，見你沮喪或是被你一逗時，我的心就軟了下來。可是你並不像我，是我不幸。

孩子又病了，需要錢用，希望你良心未泯，送點錢到我娘家，我有印章在她那裏，她會給你開收據的。

總會情不自禁的說幾句心裏的話，但一警覺你已不是我深信不疑的「情聖」，祇好緊急煞車了。

謝謝你昨天覆了我幾個字。謝謝。

七月一日

姐夫突然帶媽來了，我好詫異，以為發生了甚麼事？姐夫訓了我一頓：

「妳簡直莫名其妙！自己要死要活，害得老人家連滾帶爬，一把眼淚，一把鼻涕，要我送她來，妳到底搞甚麼鬼？」

「究竟是怎麼回事？我自己也莫名其妙？」我說。

「我聽說妳吃農藥自殺了，從田裏趕來。」母親流著淚說。

「唉！是誰造的謠？真太罪過了！」我望著母親說。

「妳平安就好，我多跑一趟路沒有關係。」母親擦擦眼淚說。

媽和房東談了一會，千拜託，萬拜託後纔放心回去。

老天，你保佑母親吧！寬恕我吧！

七月二日

我在報紙上看到一首水調歌頭的詞，很切合我的心境，隨手抄了下來，向李致別：

歡會幾時有，往事祇堪哀，豈知造物弄人，無計可安排。祇恐天長地久，又是綿綿此恨，重見費疑猜。樂事賞心絕，笑口幾時開？徵新歌，選秀色，總成灰。那堪夜合將離，紅豆一時栽？聚散悲歡無定，美景良辰時節，何事足關懷？

我省下了最後「但願心相印，花下玉人來」兩句未抄，他若非鐵石心腸，必有同樣的感觸。

七月三日

到林老師家去，他驚奇的很。一方面是我好久沒來，一方面看我如此消瘦，使他意想不到。

「妳怎麼這樣瘦？」他端詳了我一會說。

「不為悲秋，非關病酒。」我強作歡笑地說。

「是不是和李如鵬鬧得不愉快？」他打量我說。

我點點頭。他歎口氣說。

「我早就勸告過妳，說李如鵬是個輕薄無行的人，妳不聽我的話，纔有今日。」

他雖然是我的小學老師，我一直很感激他對我的愛護。我和李如鵬的事當初也告訴過他，因為他認識李如鵬。他極端反對，不僅因為李如鵬有太太，而是不齒李如鵬的為人。可惜忠言逆耳，我沒有聽他的話，也一直不敢來看他。他大概也聽到一些風聲。他兩鬢已白，是個古道熱腸的人，在我們這一輩的教員中，已經找不到他這樣的人了。

「老師，祇怪我當局者迷，上了他們的圈套。」我說。

「看起來妳是個聰明絕頂的人，可是心善面軟，感情勝於理智，所以容易吃虧上當。祇要遇上壞人、狠人，妳一定一敗塗地。」他說。

俗話說「知子莫若父」，知我就莫若師了。我還有甚麼話說？他看我不作聲，又問：

「妳現在打算怎樣？」

「他弄得我進退兩難，我也不知如何是好？」我說。「我想到大仙寺去抽個籤。」大仙寺就在這附近，我今天來是一舉兩便。

他搖頭歎息，也不知如何是好！祇是堅留我吃了中飯再去抽籤。由於他一片熱誠，我祇好叨擾。

飯後趕到大仙寺，已經有很多香客在那裏，都是為抽籤而來。顯然各人有各人的心事，無論男的、女的，年輕的、年老的，面容都很嚴肅沈重。不知道有沒有人和我同樣的遭遇？同樣的心情？

我等了大半天纔輪到。誠心誠意地禱告一番，問我和李的事究竟如何？抽出的籤卻是這樣的：

佛前發誓無異心　且看前途聽好音
此物原來不是鐵　亦能變化得成金

這枝籤倒很切合，似乎他有回心轉意的可能？但願它靈。

七月四日

他對我雖然恩斷情絕，我還是時刻掛念著他。今天看見騎機車出事的新聞和車禍現場照片，我又忍不住寫了一封信給他，囑咐他出外小心。信發出後又有點後悔，怕他誤會我別有用心，那我又是好心不得好報了。

七月五日

三叔到鎮上去，順便來看我，問我：

「結果如何？」

「他一點反應也沒有！」我說。

「妳還看不破？他祇要錢而已，孩子和其他一切他都無所謂了。他既無情無義，萬不得已祇有上法院。就是想死，也要死得有點代價，殺他個滿門。」三叔氣憤地說。

「那怎麼可能？」房東聽了好笑。「她手無縛雞之力，一動手就會被人家捉住不能動彈，還想殺人？」

縱然我有排山倒海的力量，我也沒有殺人的狠心。不然醋罈子早被我宰了，他也不敢耍賴。我何致於一再自殺？我連一隻雞都不敢殺，何況殺人？三叔真太不瞭解我了。他大概沒有念過心理學，對人性的瞭解不如林老師。

晚上三叔陪我去村長家，請村長代我向李先要回一萬五千圓給我買機車。村長是個愛說話的人，我怕他坐得太久，特別拜託他：

「村長，請您長話短說，早點回來。」

他笑著點頭。可是直到十點半纔回來。我問他：

「錢拿回來沒有？」

「他沒有回來，我勸了林鴛鴦一頓。」村長說。

「鴨子背上澆水，您勸她有甚麼用？」我說。

「我勸她待妳厚道一點，大家和好算了。」

我知道他是白費口舌，我向他告辭。他堅持不讓我徒步回去。我就請他用機車載我到山腳，再去看看李如鵰回家沒有？他很幫忙，真的照辦。

他單獨上山，我揹著孩子在山下等，非常難挨。蚊蟲不斷地侵襲，把睡著的孩子叮醒了，他乖乖地讓我揹著不作聲。我的腿上、手上不知道被蚊蟲叮了多少次？又痛又癢，很不好受。我沒有戴錶，不知道現在是甚麼時候？好久好久，村長纔和他一道下來。他說現在沒有錢，等有錢時會送到我娘家去。村長要他用機車送我回家，免得摸黑走路。

「她會哭，我不送。」他說。

這是甚麼理由？竟忍心讓我揹著孩子摸黑走回去，可見他無情無義了。我拔腳就走，看我能不能走回家？

村長過意不去，堅持載我回家。一路走他一路勸我：

「妳忍耐一些，不要生氣，傷了身體，等幾天看他送不送錢來？」

我接受他的意見。多謝他送我這一段黑路。

回到家裏我又忍不住落淚，他竟這樣絕情，視我母子如路人，用了我的錢又不還我。難怪三叔說他祇要錢，別的都無所謂了。

七月九日

等了幾天，他還是不送錢來，他是存心賴帳了。

我徬徨無依，跑遍大大小小的寺廟，求神指引迷津，我深信冥冥中有神祇主管善惡。到底誰負了誰？天理昭彰，自有公斷。

天子至尊，不能悖理。草根也會絆倒人，用「孩子」已要挾不了我了。

七月十一日

自從和李如鵰來往後，我就沒有臉來大姨父家。今天突然造訪，我叫了一聲「大姨媽」，她望著我怔了半天，好久纔說：

「哎呀！咪，真想不到是妳？我真的不認識了！妳怎麼這麼瘦骨嶙嶙？」

我不禁落淚。恰巧大姨父在家，我就直截了當地告訴他我要和李分手，把經過情形講給他聽。他聽了之後歎口氣說：

「妳這孩子就是不肯聽別人勸，做了糊塗事，果然如此下場。現在我勸妳甚麼也不要，孩子還他，和他斷絕一切關係，這種人不值得藕斷絲連！」

「我情願不結婚，也要守著孩子。」我說。

「好傻！」他說。

「母子臍帶相連，她自然捨不下。」大姨媽說。

「孩子是個累贅。將來萬一像他父親，還有氣受。」大姨父說。

他的話使我不寒而慄，孩子的外表是太像他父親，不知道心性如何?如果也和李如鵬一樣，那我真欲哭無淚了。

大姨父說他有個律師朋友，是縣議員，現在正在開會，過幾天他代我打聽要錢的途徑。

七月十二日

老想如何解決與李的問題。有時想不理會他，有時又覺得祇要他真心誠意愛我，則既往不究，仍然可以從頭作起。但誰能測知他居心何在呢?我想祇要他不怕「醋罈子」，以後我們會和諧的，可是他沒有魄力。一想到那狠毒刻薄的「醋罈子」，我又心灰意冷，不想再和他重聚了。讓痛苦折磨我一輩子吧！

七月十三日

我打發人送信給他限期先還一萬五千圓，他卻回我這樣一封信：

燕：

妳和孩子好嗎？念念。

田裏的事忙得透不過氣來，實在無法抽身，請妳保重，有空我會來的。

這封信實在是驢唇不對馬嘴，不提收到我的信，更不提還錢的事，竟顧左右而言他，不知他又要甚麼花槍？

七月十四日

王美蘭又來看我，一見面就問：

「李如鵬來過沒有？」

「沒有。不過來過一封信。」我說，同時把信遞給她看。

她看了以後把信往桌上一摔說：

「別信他的鬼話。如果他真的愛妳，鐵鍊也鎖他不住，何況工作？再說，白天工作，晚上該有空來，他為甚麼不來？」

她的膽子比我小，可是說話，處理事情都比我爽快利落。我再告訴她我還寫了信限他還錢之事，她雙手一拍說：

「這更對了！他知道妳愛他，知道妳心軟，這封信完全是緩兵之計，又是欺騙妳，不要信他的！」

我再把那天深夜他不肯送我母子回來，還是村長過意不去送我回來的事告訴她，她跳了起來罵：

「李如鵬這傢伙太沒有良心，妳還不死心？」

她是真的關心我。

七月十五日

大姨父來信說，他問過那位律師朋友，律師教我最好別訴諸法律，以免影響我的工作。同時討錢的官司也不好打。

「妳可請叔父們與李如鵬當面談判解決，他不該如此缺德把錢和孩子混為一談。妳既然要孩子，他又沒有良心，祇好委屈辛苦地把孩子養大，以後由孩子向他要。」大姨父的信上說。

這更是不可能的事，他不理會叔父，一談錢他就開溜。等孩子長大要，那更是望梅止渴。看樣子我祇好委之於天命了。

七月十六日

今天去學校，碰見尹老師，我連正眼也沒有看他一下。我盡量避免和他接觸談話，以免惹是生非。前天聽到一些謠言，說尹老師和我如何如何。王美蘭也警告我提防他。真奇怪，我一次失足，別人就以有色眼鏡看我。物不腐，蟲不生；蛋不破，蠅不叮。以後我盡可能不和異性說話，處處小心。否則和李分手後，更會被人亂猜的。

七月十七日

王美蘭怪我祇為孩子著想，不為自己找個適當伴侶太傻，太不值得。她說：

「孩子將來要是像他父親那副德性，妳就吃不了兜著走！我看他現在一舉一動都像李如鵬，連走路時屁股一歪一歪也像。」

她真是有心人，對他們父子兩人看得很透徹，但我不幸遇上這種事，有甚麼辦法？

「看到孩子，就會想到他父親，令人痛心，因此會連孩子也討厭。妳有沒有這種感覺？」她問我。

「不，我沒有這種感覺。我不會因為他父親的絕情絕義而恨孩子。」我說。

「妳真是個怪人，所以妳自討苦吃。」她說。

「縱然孩子給他父親，留在心裏的影子一樣清晰。」我說。

七月十八日

林老師很關心我的孩子的戶籍問題。他說孩子的生母如果報的是我，當然歸我；如果報的是「醋罈子」，我就得不到孩子。我知道李報的是次子，那我連孩子也會失去了！

「他來過沒有。」林老師問我。

我搖搖頭，他又說：

「他不該不來，應該和妳明白解決，這麼拖泥帶水算那門子事？」

「他就是想這樣把我拖垮！」我說。

「妳要下定決心，和他一刀兩斷。」林老師說：「不要他幾句好話一說，妳又心軟。」

今天是我們唯一的紀念日子他都不來，我再心軟又有甚麼用？

七月十九日

孩子穿了有直升機圖的上衣，竟能回憶以前在他父親家裏看見直升機在上空盤旋的事。他的記性真好，他說：

「媽媽，爸爸那裏的直昇機好大隻的，我不罵爸爸了，您帶我去爸爸那裏看直升機好嗎？」

他這樣小小的年紀，無論說話、思考、記憶，我都未見過有出其右的。我老覺得他爸爸寧可要錢不要他，是沒有人性，沒有福份；我一旦失去了他，將會痛苦終生。

七月二十日

下午去鎮上打電話到村長家，請村長轉告李如鵬聽電話，我要和他作決定性的離合。可是他一直不接電話。我給了他太多的機會，他竟一絲兒也不珍惜！

我在郵局裏寫了一封給他：

我打電話給你祇是要求你給我一個明白的結束，不是要求和你重圓。最危急的時候我都度過了，縱然往事嚙噬我的心，我仍能忍受下來。

若果你能以真心待我，我們未嘗不可以重新開始。但我知道你已心如鐵石。

你沒有了孩子是你沒有福份，你沒有和他生活在一起你就無法領會他是多麼可貴？多麼寶貝？

你放心吧，我已抱著「食齋千日，不如了事一場」，以省事饒人的胸懷來與你分手，我不會做出對你不利的事來。祇要你能還我的錢我就感激不盡了。

七月二十三日

他回我的信祇有一句話：「有錢時一定還妳。」這等於廢話。他天天哭窮，其實他的不動產，和地上作物、豬、雞，已近百萬大關了。他是個小富翁，卻不肯無息償還我那幾萬塊錢，多狠心！

七月二十四日

進城去辦調職的事回來，房東說母親來過了，我為了怕她來回跑，早告訴她我很好，不必來。她還是來了，徒步來去，令我難過，母親的愛總是真的！我這一輩子最大的遺憾是沒有好好地安慰她，讓她稱心如意，總是使她牽腸掛肚。

七月二十五日

在客運車上聽到〈負心的人〉的歌，我忍不住濕了眼眶。當年我和他在銀夜歌廳聽這首歌時，我曾用手肘碰碰他，叫他留心聽，心想有一天他負心時，這首歌就是我心情的寫照，不想真的應驗了，負心的人，負心的人！

一片癡心，一顆不變的心，也不能留住負心的人。
難道說你是草木，不能教你動心？
愛你也深，恨你也深，整日抹淚痕，獨自抹淚痕，獨自抹淚痕。
我悔恨，我悔恨，我悔恨對你癡心。
啊，負心的人，負心的人！

一滴情淚，一顆破碎的心，也不能喚回遠去的人。
往日的海誓山盟，像春夢一樣無痕。
愛你也深，恨你也深，惆悵中暗傷神，獨自暗傷神。
我悔恨，我悔恨，我悔恨浪費青春。
啊，負心的人，負心的人！

無限的愛，換來無限的恨，到頭來剩我一個人。
盼望你早日歸來，默數著無盡晨昏。
愛你也深，恨你也深，將你心換我心，纔知相憶深，
我悔恨，我悔恨，我悔恨守到如今。
啊？負心的人，負心的人！

七月二十六日

聽說柯蓮又跑了。這也難怪，「醋罈子」對她那麼刻薄寡恩，她怎麼待得下去？外傳李如鵬連她也愛上了？我就不信這等事。但難料的事太多了！就以自己而論，明明他已負心，我還是不相信，我就是這麼無可救藥！

七月二十七日

進城去決定調職之前，我又給了他一次機會，我寫信給他：

在我決定調職之前，我仍願和你詳細面談一次。我請求你九點正到客運總站一趟，我在那邊等你。

我怕離了不單是我會痛苦終身，這是天地良心話，神祇共鑑的。如果離了，你不覺得痛苦，那就別去。我和你的關係也就此告一段落。

我叫素卿給我送去，她回來告訴我說他答應去，還要先還王老師兩千塊錢。我好高興，起先我還以為他會拒絕呢？我帶著孩子去客運總站，讓他去見見爸爸，他有好久沒有看見爸爸了。孩子也高興地說：

「我見了爸爸要叫爸爸，我不要罵爸爸了，我的鞋子壞了，我要爸爸買一雙。」

我聽了好心酸，眼淚又汩汩流了。

我九點差五分到客運總站。看到和他高矮肥瘦差不多的人我都不免探望一下，孩子也渴望見到他，差點叫錯了人。

左等不來，右等不來，我和孩子急得像熱鍋上的螞蟻。等到快十二點，我祇好絕望地對孩子說：

「你爸爸不會來了。」

孩子氣得哭了，罵了一句：

「死爸爸！」

他何苦要故意騙我呢？害得我還不夠嗎？

我和他的愛是不被允許，不被祝福的。種種壓迫，種種痛苦，並沒有把我屈服，沒有把我們撕開，我的愛反而歷久彌堅，如今卻活生生地由他一手捏殺了！可憐的孩子，你將像母親一樣，自幼即失去父愛。茫茫人海，芸芸眾生，縱然媽能遇到一個摯愛媽的人，可是能遇到一個也疼愛你的人嗎？媽付出無限的愛，無限的關懷，換來的卻是絕情絕義，詭詐欺騙，令媽傷心欲絕，令你剛纔氣憤，日後無限的難堪。天！媽何不幸遇到這種男人？孩子，你何不幸，有了這樣的父親？

七月二十八日

昨夜孩子醒來，傷心地哭著說：

「媽，爸爸來了，我罵他死爸爸！」

大概是他做了夢？我聽了也傷心地流下淚來。孩子，你爸爸永遠不會來了！

上午我進城去探聽調職的事，承辦人對我說：

「不必調了，李如鵰不會去打擾妳的。」

聽他的口氣，好像知道李如鵰和我分手的事。一定是李如鵰告訴他的。

七月二十九日

房東太太對我說：

「早在柯蓮逃走之前，我曾悄悄地去李家，請李對妳好一點，不要太使妳傷心。李不在家，林鴛鴦卻告訴我說：他已經愛上了柯蓮，妳生了孩子，他對妳沒有興趣了，丫頭升了上來。這些話我一直不敢對妳說，現在看他騙得妳好苦，妳還不死心，我不能不說。有人還主張妳和柯蓮去控告姓李的專門玩弄女性，妳看怎樣？」

我真想不到他真是衣冠禽獸？我真後悔我愛上了他！

七月三十日

他向上面揚言，說我如何如何對不起他，他給了我六萬塊錢脫離關係，孩子也給我，我問教導聽過這樣的話沒有？他說聽過。我問校長，他也承認聽過。真無賴！我立刻去郵局辦存證函，要他還我六萬塊錢和王老師的借款，事實如此我不信也得信，不死心也得死心了。

我找出孩子四個月時和他的合照，把他剪了下來。見相片上孩子頭上的人已空空，我又心酸落淚。孩子見了他的照片說：

「這是爸爸，我要見爸爸。」

我告訴他說：

「爸爸死了！」

八月一日

想到我拼著性命愛那麼一個人面獸心的人我就痛心，我就覺得可恥，非常可恥。為了怕他去死，怕「醋罈子」成寡婦，怕那些無辜的孩子失怙，我犧牲自己，奉獻一切，成全他們，卻換來遺棄，換來誣衊，換來一生痛苦。不是我去賴著愛他，是他們做好圈套把我套進去，我纔以死相愛的。我好後悔，我好後悔。

八月二日

他接到我要他還錢的存證函後寫了一張條子打發人送給我：

「妳這樣做太絕，我除了坐牢以外沒有第二條路好走。錢是還不出來，妳看著辦吧！」

又耍無賴，還說我絕！他把我的錢剝得光光的，使我八月份的薪水都透支了，我要他還錢就說我絕。天下會有這種人？

八月三日

早晨和房東太太在井邊談到李如鵰的絕情絕義，如何訛詐欺騙我，不覺失聲痛哭。

「普天之下真沒有妳這樣的細姨！」房東太太歎口氣說。

房東先生是有外室的，而且常常為了外室打她。她痛恨養細姨的，可是卻特別同情我。替我照顧孩子，甚至自動去找他來和我相聚，使我非常感激。

八月四日

教導太太說李請教過律師，不打算還我的錢，還把我寫給他的要和好的信交給「醋罈子」存起來，屆時好反告我。真是居心險惡。

八月五日

本來我不相信命相，現在走投無路，也祇好去試試。我找到一位本省籍的算命仙，奇怪，他說得很準。他想給我畫張符，說是可以挽回對方的心。別說他要三千圓，就是一文不要，我也不會用邪法去換取愛情。

八月六日

尹老師晚上又來找我，我好厭惡。我的冷淡他不會不知道的，願他識相。

八月七日

昨夜半夜醒來，一直無法入眠，眼睜睜的直到天亮。我怎樣也無法忘卻身心的創痛。我如此下場，難道是上天對我負情於許的報應嗎？那李如鵬夫婦又該得到甚麼報應呢？

八月八日

房東太太和歐巴桑看戲回來，把劇情說給我聽，房東太太最後說：

「那個負心的男人就像妳的丈夫李如鵬。」

我聽了心裏很難受。我有丈夫嗎？他若是我的丈夫就不會棄我如敝屣的。我到何年何月纔能忘記被欺騙玩弄的悲哀？

八月九日

昨夜夢見李，那是個恩愛的夢，醒來徒增唏噓。願此後他不再來入夢。

八月十日

上午媽送來不少拜拜的東西，我早對她說過，那些東西我和孩子都不喜歡吃，她偏要送來。她不反對我和李和好，她對李像待女婿，李也說他一定孝敬媽媽，而今卻忘恩負義，見了媽也不招呼。這也和許之誠大不相同，許最近還來看媽，依然孝順。李祇是為了目的，不擇手段。目的達到，就過河拆橋。

八月十一日

中午起全身發燒，頭又痛得難受。心想我若生了重病，孩子小，無人照顧，如何是好？一陣悽楚湧上心頭，不禁落淚。我是不能病，更不能死的，否則我可愛的孩子將是世上最可憐的孤兒了。

八月十二日

昨夜又做了許多無根據的夢，根本沒有想到的，也在夢裏出現。

不要去想那負心的人吧，忍，忍，忍！忍受他們加於我的一切損害羞辱。沒有他的「愛」應該活得更愜意纔對。

八月十三日

王美蘭又來看我，安慰我。但他一看見孩子就左一下右一下的擰，擰得孩子直哭。我笑著罵她：

「妳瘋了。怎麼老是擰他？」

「我一看見他就想起李如鵬，」她也笑著回答：「一想起那薄倖的傢伙，我就好恨。明知孩子不是他，我也愈看愈不順眼，就忍不住要擰他幾下。」

我抱著孩子傷心落淚。她又訓我：

「妳哭個甚麼勁？還不趕快找個適當的對象結婚！我看這小子也是靠不住的。妳現在是人財兩空，這樣下去將來更是前不巴村，後不巴店，後悔更遲了。」

她說得我好傷心，愈哭愈想哭，除了母親外，她是最肯講直話的人。

八月十四日

林老師帶信要我去，他一直很關懷我。一見面他就問我：

「妳和李如鵬的事解決了沒有？」

「他不還錢，也不理我，祇是拖。」我說。

「我看妳乾脆把孩子給他，離開那傷心之地，到我這邊來教書，再擇人而嫁好了。」

「我捨不得孩子。」

「這不是長久的辦法，妳應該慎重考慮。」他面色凝重地說：「妳從前不聽人勸，現在可不能再一意孤行了。」

他的話和王美蘭的意思一樣，我捨不得孩子，也不想嫁，我真不知道如何是好？

八月十五日

他託人帶來王老師五千圓的利息錢，我的錢卻本利分文不還，他真是吃定我了，實在氣人。忍字心上一把刀，我的心真是千刀萬剮？

八月十六日

我還會下意識地注意晚間從東而來的機車，明知不可能，卻仍情不自禁，看樣子祇有易地而居，纔能免除這傷心的回憶了。

八月十七日

昨夜夢見負心人要和我談和，還有許多證人，媽也在場，但他說了些甚麼話？有沒有結果？醒來完全忘記了，為甚麼不做個有結果的夢呢？不管是好結果、壞結果，總比這樣拖死狗好些。

八月十八日

進城下車時看見許之誠在售票口，他好像早就看見我，幸好沒有過來和我打招呼，我連忙隨著人群湧進大街，他的樣子氣質還沒有改，他還是有點癡，我還是不大喜歡他，沒有緣真沒有辦法。

八月十九日

昨夜被陣陣的敲擊玻璃窗的聲音吵醒，起先還以為是甚麼東西在碰擊呢？仔細一聽，發現是人在敲，我用國語發問：

「誰？」

對方的聲音很小，我聽不清楚。難道會是李嗎？但聲音不像，不可能的，他不會來。那麼是誰呢？我把窗子開了一點，外面黑暗，看不清楚，對方用閩南語說話，我纔聽出是尹，嘴裏還有酒氣，我把窗子關上，他請求地說：

「請開開門，我進來講幾句話。」

「不行，你快點走。」我說。三更半夜開門讓一個男人進來成何體統？

他一直不走，老站在窗外嚕嗦。我向他說：

「請不要給我添麻煩惹禍，再不走我要哭了。」

「請妳讓我握握手我就走。」他說。

我怎麼肯呢？開窗和他說話已不應該，和他握手那不更糟？我想到來敲窗的應該是李而不是他，不禁悲從中來，忍不住哭泣起來，他說了一句：「我恨妳！」纔走。

唉！我怎麼又碰到一個有婦之夫呢？我有甚麼可愛之處呢！他說我迷人，我又迷在那裏呢？而他居心曖昧卻不問可知了。

八月二十日

昨夜尹走後好久我纔睡著，一睡著就做了好多怪夢，記得清楚的是李如鵬和「醋罈子」一道來了，不知道是要帶走孩子還是幹甚麼的？被我大罵一頓，「醋罈子」卻嘻皮笑臉，一副笑面虎的樣子。我不知道去外面做了甚麼？進房來看見李在翻我的箱子，看我的日記和別人來的信件，我對他說：

「你沒有資格看！」

隨即帶孩子出來，以後就沒有「文章」了，奇怪，做夢總是有頭無尾的。

八月二十一日

昨夜又做了一個怪夢，我受了冤枉，變成逃犯，我的照片貼在通衢要巷，公共場所，登了報紙，隨便到那裏都有人捉我，最後我跑進深山，躲入一個山地人家裏，纔逃脫追捕，醒來好煩惱，我為甚麼做這樣的怪夢呢？

八月二十二日

今天聽到「醋罈子」放的新謠言，說我拐了李如鵬一大筆錢，她居然無中生有，含血噴人，他們夫婦騙光了我的錢，卻反過來咬我一口，真是其心可誅，人心，人心，實在太可怕了。

八月二十三日

孩子傷風、咳嗽、發燒，嗓子都啞了，昨天晚上被他折騰到四點纔睡。

今天我又買了楊桃罐頭給他喝。我收衣服時一隻大紅頭公鴨啄我，追我，我立即關上門。不知道孩子也從井邊過去，那瘋鴨子又啄他，我隱約聽到孩子的哭聲，立即趕過去，不知道他被啄了多久了？他嚇得面色蒼白，哭也哭不出聲音，我真心疼，後來那死鴨子被素卿捉走了。

真是人倒楣，連鴨子也來欺侮！

八月二十四日

今天遇見同村的桃嬸，若非她先叫我我還看不清楚，我的眼睛真的愈來愈近視了，她和「醋罈子」原是很好的朋友，她自然談起我和李分手的事。她說：

「我當面問過李如鵬：聽說你拿了紫燕好幾萬塊錢，是不是真有這回事？妳猜他怎麼回答？」

「我怎麼知道？」

「他惡狠狠地說：誰看見？」桃嬸望望我；「我看妳是肉包子打狗，錢要不回來了！」

「我知道他存心耍賴。」我說。

「他們兩夫婦太不厚道了？」桃嬸說。總算聽到了一句公道話。不明底細的人是不能分是非的。

八月二十五日

國民住宅貸款可申請了。可是我有何資格申請呢？這是要相對基金的。要是負心人還我的錢我就可以建一棟屬於自己的房子了。可是現在我一無所有，我怎敢申請呢？他會想到他害得我無一棲身之處嗎？我說不想了，結果仍想得落淚。

看書吧，準備中檢考試吧！

八月二十六日

昨夜又夢見李和「醋罈子」來了。一來就吵架，先是醋罈子和我吵，惱怒了他，他想打「醋罈子」，結果卻拿根扁擔向我走來，我知道他要打我，我也拿根竹竿準備抵抗。我明知打不過他，心想惡活不如好死，讓他打死算了。房東看了很不高興地對他說：

「不准在我家裏撒野?」

這場噩夢也就醒了。又是沒有結局。

八月二十七日

張老師準備結婚，要我去參觀她的洞房，新房子，新氣氛，被子做得尤其漂亮，據說是她媽親手做的，她對我說。

「將來妳結婚時，我也請媽代妳做。」

我和誰結婚呢?我這一輩子恐怕也難有和一個心愛的人結婚的日子。

八月二十八日

昨夜夢見一個唸初中時的男同學（連姓名我都忘記了），他長得不錯，沈默寡言，我很欣賞。怎麼他突然在一個穿泳裝的公共場合出現了而且拉著我就跑，跑到一個草寮向我求婚，他說他唸書時就愛上我，一直找不到，今天總算碰上了。他塞給我一包東西，有他的照片和給我的信，我想看信時人就醒了，不知信裏寫些甚麼!十分惆悵。

八月二十九日

早晨我整理我班上的花圃，我整理得比別的花圃好看得多。可惜我自己沒有一塊地可以種花。

下午我弄了一批好花苗，把將死未死的拔掉，再栽新的，徐老師花圃缺花，我留了一半給她種。工友老梁對我說：

「妳怎麼把好的留給徐老師種？」

「不留好的給她，還能把壞的給她？」我隨口說。

「怪，怪，怪！」老梁一連說了三個「怪」字。

彷彿好的留給自己，壞的給別人纔不怪。難怪我作李的細姨，賺錢給他用別人更奇怪了。

八月三十日

我班上有個患小兒痲痺症，走路一瘸一瘸的學生王彩鳳，放學時總是我用車子載他回家，平時大家都不注意我載的是誰？多半以為我載的是堂妹，今天突然被吳老師發現，驚奇地問我：

「原來妳天天載的是她？」

「不是她是誰？」我笑著問他。

「這樁好人好事應該登在報上，讓大家知道。」他說。

「請你別給我惹痲煩，」我對他說：「你要是登報我就不載她了。」

他也說了幾個「怪」字，我真不明白，人為甚麼愛沽名釣譽？

八月三十一日

昨晚又做了好多怪夢，又夢見和李夫婦在一起，他們又向我展開笑臉攻勢，他又向我要錢，我又給了他。醒來好氣，打了自己一個耳光。

九月一日

報載一位癱瘓了十多年的六十七歲的老婦人，洗澡、餵飯、大小便，一直由他七十多歲的丈夫服侍，十幾年來如一日，而且不論晴雨，每天都推她出去散步，使她不覺愁苦。想不到天下還有這樣好心的男人？怎麼李又那麼狡詐陰狠？

九月二日

開會時我當紀錄，不管在甚麼地方服務，紀錄總是推到我頭上，彷彿我是生來當紀錄的，有些人愛講話而又口齒不清，顛三倒四，實在難記，我要他們寫發言條子交給我，總算講話的人肯合作，真的交了。尹也交給我一張條子，我一看是：

「阿拉無有，有辣無米，麥歐涅斯特佛雲。」

我看了好久硬是看不懂，我不願和他講話，也懶得問他，我想這也許是青番仔話，許老師是山地人，我準備散會後再問他。散會後我突然靈光一閃，想到原來是英文：

「I love you, you love me, my honest friend.（我愛你，你愛我，我的好朋友。）」我又好笑又好氣，這又是個輕薄鬼，以後他再不識相，我要給他難堪了。

九月三日

昨晚夢見負心的人死了，大家都說他罪有應得，死得活該。我雖然覺得那是報應，可是還是傷心地哭了。哭醒了夢也完了。

九月四日

自我和李如鵬鬧翻以後，每隔三、兩天就有媒人上門。有些是同學、同事，好心關注。有些是遠親近鄰愛管閒事。對象有外省人、本省人，最年輕的三十三歲，最大的五十二歲，各行各業都有，有的是死了妻子續絃，有的是太太陷在大陸，有的是老光棍。可是我的顧慮很多，創痛鉅深，實在不想結婚。我不勝其煩，就向母親身上一推，要他們先去問母親。漸漸他們就不直接找我了。

今天凌蕙芬突然來找我，帶來了一張男人的照片，說是他先生的同事，今年四十二歲，看著那個光頭，我相信總有五十好幾。她說他有積蓄，資格也很好，性情也和善，人很可靠。最後她問我：

「妳看怎樣？」

「謝謝妳的好意，我還不想結婚。」我說。

她乘興而來，敗興而歸，我們相聚的時間不多，她不大瞭解我的心情。

九月五日

母親打發人來找我回家，我不知道發生了甚麼事了連忙趕回來。

堂屋裏坐了很多人。祖母、二叔、三叔、嬸嬸、母親，還有一位我不認識的女客。

「媽，您找我回來有甚麼事？」我問。

「今天我要好好地同妳談談。」母親說，同時指指那位女客：

「這位是王太太，大姨媽的好朋友，她特地來為妳做媒的。」

王太太接著告訴我對方的姓名、年齡、籍貫、職業。隨後又說：

「人很好，祇有一個孩子，配妳最合適。」

母親把照片遞給我看，是個普普通通的人，看樣子不止四十歲。當著客人的面我不便一口拒絕，我對她說：

「讓我考慮考慮。」

她要我的照片，母親問我：

「給王太太帶去怎樣？」

照片在母親那裏，兩個月前要了我一張底片，洗了一打，我不知道她給了甚麼人？不過我相信她很謹慎。

「給就給吧。」我說，我不能給大姨媽的朋友難堪。

她拿了照片就告辭，希望我一個星期內回她的信。

把她送走之後母親說：

「我看這個人可以嫁。」

「我還不想結婚。」我說。

「妳守誰？」二叔沒有好氣地問我：「李如鵬那小子不要妳，妳還死心塌地？」

「我守孩子，我祇想把孩子養大。」我說。

「蠢豬！」二叔罵我：「孩子是他的，戶籍上的母親是林鴦鴦，不是妳。妳辛辛苦苦地養大了，日後他要歸宗，妳不是白白辛苦了一場？」

「如果李如鵬不是捨不得錢，現在他就可以要回去，妳何必給他白辛苦？」三叔說。

「孩子是我生的，我不這樣想。」我說。

「嫁了人妳還怕沒有孩子？」祖母說。

「是呀，妳還年輕得很，」三嬸說。「十個、八個也能生。」

「這個人妳是不是中意？」母親問我。「我這裏還有好幾張照片沒有給妳看，我拿出來妳自己挑吧？」

母親拿出了七張照片，我看了一下，多半是中年人，又不知道他們的身世，因此我沒有作聲。即使要嫁，我也不能嫁個在各方面都比李如鵬差的人。不然他們準會笑話。

母親看我不作聲，又一一解釋張三如何如何？李四如何如何。最後作了個結論：

「我看條件都不錯。」

「一個我也不嫁。」我說。

「妳瘋了，妳想守一輩子活寡？」祖母罵我。

「妳現在不是黃花閨女，還能眼睛長在額角上？」二叔說。

「咪，妳下錯了一步棋，我看將就一點算了。」三叔好意勸我。

「三叔，你不瞭解我的心情，我不能祇為自己打算，不顧孩子？」我說。

「如果妳為孩子想得太多，這問題就很難解決。」三叔說。

「我看這小子長得和李如鵬一樣，」二叔指指孩子說：「妳不要白費了心血！」

看著孩子是真的像負心人，我不禁落淚。

「妳從前不聽我的話，纔落得這樣悽慘的下場；如果再不擇人而嫁，這樣傻下去，將來妳真會欲哭無淚，我八十多了，過的橋比妳走的路多，不信妳等著瞧好了。」祖母說。她八十三了，說話還是清清楚楚，斬釘截鐵。

「我看妳讀書真是白讀了，比不讀書的還糟？」二叔又罵我。

「其實許之誠也還沒有結婚，他還是一根腸子到底的。」母親說。「他不像李如鵬那個沒良心的東西。」

「媽，好馬不吃回頭草，妳還提許之誠幹甚麼？」我說。

「哼，如果妳當初不鬼迷了心竅，那會是這個樣子？」母親說。

「哼，現在真是珍珠變成老鼠屎了！」祖母說。

我心亂如麻，心痛如絞，我又哭了起來。

尾語

她寫到這裏就沒有再寫下去，祇在後面的空白紙上寫了這樣幾句話：

寒假結束，事情很忙，沒有時間再抄日記，提供資料。我的心情依舊，眼淚還是照流。如果您認為故事未完，您自己編下去好了，我決不反對。

我不記得是在那一本書上看過這樣的話：

「愛令人糊塗，不管是偉人或凡人。」

我一時糊塗，換來終生痛苦，而有些不瞭解真相的人還鄙視我，我向您吐露了實情，不知道您會不會罵我？

她的故事到此為止，我覺得我沒有編下去的必要，我不能愈俎代庖。

我回了她的信，可是我的信卻不必在這裏公開了。

民國六十八年（一九七九）六月，初版

民國八十九年（二〇〇〇）五月二十日，校正於北投紅塵寄廬

民國九十六年（二〇〇七）丁亥正月初四下午重校

墨人博士著作書目（校正版）

書目	類別	出版者	出版時間
一、自由的火焰 } 與《山之禮讚》合併	詩集	自印（左營）	民國三十九年（一九五〇）
二、哀祖國 } 易名《墨人新詩集》	詩集	大江出版社（臺北）	民國四十一年（一九五二）
三、最後的選擇	短篇小說	百成書店（高雄）	民國四十二年（一九五三）
四、閃爍的星辰	長篇小說	大業書店（高雄）	民國四十二年（一九五三）
五、黑森林	長篇小說	香港亞洲社	民國四十四年（一九五五）
六、魔障	長篇小說	暢流半月刊（臺北）	民國四十七年（一九五八）
七、孤島長虹（全集中易名為富國島）	長篇小說	文壇社（臺北）	民國四十八年（一九五九）
八、古樹春藤	中篇小說	九龍東方社	民國五十一年（一九六二）
九、花嫁	短篇小說	九龍東方社	民國五十三年（一九六四）
一〇、水仙花	短篇小說	長城出版社（高雄）	民國五十三年（一九六四）
一一、白夢蘭	短篇小說	長城出版社（高雄）	民國五十三年（一九六四）
一二、颱風之夜	短篇小說	長城出版社（高雄）	民國五十三年（一九六四）

一三、白雪青山	長篇小說	長城出版社（高雄）	民國五十四年（一九六五）
一四、春梅小史	長篇小說	長城出版社（高雄）	民國五十四年（一九六五）
一五、洛陽花似錦	長篇小說	長城出版社（高雄）	民國五十四年（一九六五）
一六、東風無力百花殘	長篇小說	長城出版社（高雄）	民國五十四年（一九六五）
一七、合家歡	長篇小說	臺灣省新聞處（臺中）	民國五十四年（一九六五）
一八、紅樓夢的寫作技巧	文學理論	臺灣商務印書館（臺北）	民國五十五年（一九六六）
一九、塞外	短篇小說	臺灣商務印書館（臺北）	民國五十五年（一九六六）
二〇、碎心記	長篇小說	小說創作社（臺北）	民國五十六年（一九六七）
二一、蠶姑	長篇小說	小說創作社（臺北）	民國五十七年（一九六八）
二二、鱗爪集	散　文	水牛出版社（臺北）	民國五十七年（一九六八）
二三、青雲路	短篇小說	臺灣商務印書館（臺北）	民國五十八年（一九六九）
二四、變性記	短篇小說	臺灣商務印書館（臺北）	民國五十八年（一九六九）
二五、龍鳳傳	長篇小說	幼獅書店（臺北）	民國五十九年（一九七〇）
二六、火樹銀花	長篇小說	立志出版社（臺北）	民國五十九年（一九七〇）
二七、浮生集	散　文	聞道出版社（臺南）	民國六十一年（一九七二）
二八、墨人詩選	詩　集	臺灣中華書局（臺北）	民國六十一年（一九七二）
二九、鳳凰谷	長篇小說	臺灣中華書局（臺北）	民國六十一年（一九七二）

三〇、墨人短篇小說選	短篇小說	臺灣中華書局（臺北）	民國六十二年（一九七三）
三一、斷腸人	短篇小說	臺灣學生書局（臺北）	民國六十二年（一九七三）
三二、詩人革命家胡漢民傳	傳記小說	近代中國社（臺北）	民國六十七年（一九七八）
三三、心猿	長篇小說	學人文化公司（臺北）	民國六十八年（一九七九）
三四、山之禮讚	詩　　集	秋水詩刊（臺北）	民國六十九年（一九八〇）
三五、心在山林	散　　文	中華日報社（臺北）	民國六十九年（一九八〇）
三六、墨人散文集	散　　文	學人文化公司（臺中）	民國六十九年（一九八〇）
三七、山中人語	散　　文	臺灣商務印書館（臺北）	民國七十二年（一九八三）
三八、花市	散　　文	江山出版社（臺北）	民國七十四年（一九八五）
三九、三更燈火五更雞	散　　文	江山出版社（臺北）	民國七十四年（一九八五）
四〇、墨人絕律詩集	詩　　集	臺灣商務印書館（臺北）	民國七十六年（一九八七）
四一、全唐詩尋幽探微	文學理論	臺灣商務印書館（臺北）	民國七十六年（一九八七）
四二、第二春	短篇小說	采風出版社（臺北）	民國七十七年（一九八八）
四三、全唐宋詞尋幽探微	文學理論	臺灣商務印書館（臺北）	民國七十八年（一九八九）
四四、小園昨夜又東風	散　　文	黎明文化公司（臺北）	民國八十年（一九九一）
四五、紅塵（上、中、下三卷）	長篇小說	臺灣新生報社（臺北）	民國八十年（一九九一）
四六、大陸文學之旅	散　　文	文史哲出版社（臺北）	民國八十一年（一九九二）

四七、紅塵續集	長篇小說	臺灣新生報社（臺北）	民國八十二年（一九九三）
四八、墨人半世紀詩選	詩　選	文史哲出版社（臺北）	民國八十四年（一九九五）
四九、張本紅樓夢（上下兩巨冊）	修訂批註	湖南出版社（長沙）	民國八十五年（一九九六）
五〇、紅塵心語	散　文	圓明出版社（臺北）	民國八十五年（一九九六）
五一、年年作客伴寒窗	散　文	中天出版社（臺北）	民國八十六年（一九九七）
五二、全宋詩尋幽探微	文學理論	文史哲出版社（臺北）	民國八十九年（二〇〇〇）
五三、墨人詩詞詩話	詩詞・理論	詩藝文出版社（臺北）	民國八十九年（二〇〇〇）
五四、娑婆世界（定本）	長篇小說	昭明出版社（臺北）	民國八十八年（一九九九）
五五、白雪青山（定本）	長篇小說	昭明出版社（臺北）	民國八十九年（二〇〇〇）
五六、滾滾長江（定本）	長篇小說	昭明出版社（臺北）	民國八十九年（二〇〇〇）
五七、春梅小史（定本）	長篇小說	昭明出版社（臺北）	民國八十九年（二〇〇〇）
五八、紫燕（定本）	長篇小說	昭明出版社（臺北）	民國九　十年（二〇〇一）
五九、紅樓夢的寫作技巧（定本）	文學理論	昭明出版社（臺北）	民國九　十年（二〇〇一）
六〇、紅塵六卷（定本）	長篇小說	昭明出版社（臺北）	民國九　十年（二〇〇一）
六一、紅塵法文本	巴黎友豐（you fong）書局出版		二〇〇四年初版

附註：

▲北京中國文聯出版社二〇〇三年出版　大陸教授羅龍炎・王稚清合著《紅塵》論專書

▲臺北市昭明出版社出版墨人一系列代表作、長篇小說《娑婆世界》、一百九十多萬字的空前大長篇《紅塵》（中法文本共出五版）暨《白雪青山》（兩岸共出六版）、《滾滾長紅》、《春梅小史》、《紫燕》、短篇小說集、文學理論《紅樓夢的寫作技巧》（兩岸共出十四版）等書。臺灣中華書局出版的《墨人自選集》共五大冊，收入長篇小說《白雪青山》、《靈姑》、《鳳凰谷》、《江水悠悠》（為《東風無力百花殘》易名）、《短篇小說・詩選》合集。《哀祖國》及《合家歡》皆由高雄大業書店再版。臺北詩藝文出版社出版的《墨人詩詞詩話》創作理論兼備，為「五四」以來詩人、作家所未有者。

▲臺灣商務印書館於民國七十三年七月出版先留英後留美哲學博士程石泉、宋瑞等數十人的評論專集《論墨人及其作品》上、下兩冊。

▲《白雪青山》於民國七十八年（一九八九）由臺北大地出版社第三版。

▲▲臺北中國詩歌藝術學會於一九九五年五月出版《十三家論文》論《墨人半世紀詩選》。

《紅塵》於民國七十九年（一九九〇）五月由大陸黃河文化出版社出版前五十四章（香港登記、深圳市印行）。大陸因未有書號未公開發行僅供墨人「大陸文學之旅」時與會作家座談時參考。

▲北京中國文聯出版公司於一九九二年十二月出版長篇小說《春梅小史》（易名《也無風雨也無晴》）；一九九三年四月出版《紅樓夢的寫作技巧》。

▲北京中國社會科學出版社於一九九四年出版散文集《浮生小趣》。

▲北京群眾出版社於一九九五年一月出版散文集《小園昨夜又東風》；一九九五年十月京華出版社出版

長篇小說《白雪青山》大陸版，第一版三千冊、一九九七年八月再版一萬冊。

▲長沙湖南出版社於一九九六年一月初出版墨人費時十多年精心修訂批註的《張本紅樓夢》，分上下兩大冊精裝一萬一千套。立即銷完，因未經墨人親校，難免疏失，墨人未同意再版。

Mo Jen's Works

1950 *The Flames of Freedom*（poems）《自由的火焰》

1952 *Lament for My Mother Country*（poems）《哀祖國》

1953 *Glittering Stars*（novel）《閃爍的星辰》

The Last Choice（short stories）《最後的選擇》

1955 *Black Forest*（novel）《黑森林》

The Hindrance（novel）《魔障》

The Rainbow and An Isolated Island（novel）《孤島長虹》（全集中易名爲富國島）

1963 *The spring Ivy and Old Tree*（novelette）《古樹春藤》

1964 *Narcissus*（novelette）《水仙花》

A Typhonic Night（novelette）《颱風之夜》

Ms.Pei Mong-lan (novelette)《白夢蘭》

The Joy of the Whole Family (novel)《合家歡》

Flower Marriage (novelette)《花嫁》

1965 *White Snow and Green Mountain* (novel)《白雪青山》

The Short Story of Miss Chung Mei (novel)《春梅小史》

The Powerless Spring Breeze and Faded Flowers (novel)《東風無力百花殘》(《江水悠悠》)

Flower Blossom in Loyang (novel)《洛陽花似錦》

1966 *The Writing Technique of the Dream of Red Chamber* (literature theory)《紅樓夢的寫作技巧》

Out of The Wild Frontier (novelette)《塞外》

1967 *A Heart-broken Story* (novel)《碎心記》

1968 *Miss Clever* (novel)《靈姑》

Trifle (prose)《鱗爪集》

1969 *The Road to Promotion* (novelette)《青雲路》

1970 *A Sex-change Story* (novelette)《變性記》

The Biography of the Dragon and the Phoenix (novel)《龍鳳傳》

1971 *A Brilliantly lighted Garden* (novel)《火樹銀花》

1972 *My Floating Life* (prose)《浮生記》

Selection of Mo Jen's Poems《墨人詩選》

A Heart-broken Woman（novelette）《斷腸人》

Phoenix Valley（novel）《鳳凰谷》

Mo Jen's Works（five volumes）《墨人自選集》

Selection of Mo Jen's short stores《墨人短篇小說選》

1978 *Hu Han-ming, the Poet and Revolutionist*（novel）《詩人革命家胡漢民》

1979 *The Mokey in the Heart*（i.e. The Purple Swallow renamed）《心猿》

1980 *The Hermit*（prose）《心在山林》

A Collection of Mo Jen's Prose（prose）《墨人散文集》

A Praise to Mountains（poems）《山之禮讚》

1983 *Mountaineer's Remarks*（prose）《山中人語》

1985 *My Candle Burns at Both Ends*（prose）《三更燈火五更雞》

Flower Market（prose）《花市》

1986 *A Mundane World*（novel, four volumes, over 1.9 million words）《紅塵》

1987 *Remarks on All Poems of the Tang Dynasty*（theory）《全唐詩尋幽探微》

1988 *Remarks On All Tsyr*（prose poem）*of the Tang and Sung Dynasties*（theory）《全唐宋詞尋幽探微》

1991 *The Breeze That Came From The East Last Night in My Little garden Again*（prose）《小園昨夜又東風》

1992 *Travel for Literature in Mainland China*（prose）《大陸文學之旅》

1995 *Selection of Mo Jen's Poems, 1992-1994*《墨人半世紀詩選》

1996 *I'll look upon the World*《紅塵心語》

Chang Edition of the Dream of Red Chamber《張本紅樓夢》（修訂批註）

1997 *Cherish thy guests and the Muses*《年年作伴寒窗》

1999 *Saha Shih Gai*《娑婆世界》

1999 *Remarks on All Poems of the sung Dynasties*《全宋詩尋幽探尋》

1999 *Mo Jen's Classical Poems and Prose Poems*《墨人詩詞詩話》

2004 *Poussiere Rouge*《紅塵》法文譯本

墨人博士創作年表（二〇〇五年增訂）

年度	年齡	發表出版作品及重要文學紀錄摘要
民國二十八年己卯（一九三九）	十九歲	在東南戰區《前線日報》發表〈臨川新貌〉。淪陷區著名的上海《大美晚報》隨即轉載。
民國二十九年庚辰（一九四〇）	二十歲	在《前線日報》發表〈希望〉、〈路〉等新詩作品。
民國三十年辛巳（一九四一）	二十一歲	在《前線日報》發表〈評夏伯陽〉書評等文。
民國三十一年壬午（一九四二）	二十二歲	在各大報發表〈苦難的行列〉、〈贛州禮讚〉〈長詩〉、〈老船夫〉、〈盲歌者〉、〈自己的輓歌〉、〈抹去那怯弱的眼淚吧〉、〈生命之歌〉、〈快活鳥〉、〈鷂鷹與雲雀〉等詩及散文多篇。
民國三十二年癸未（一九四三）	二十三歲	在各大報發表長詩〈鋤奸隊長〉、〈搜索連長〉、〈遙寄〉、〈寫在第七個七七〉、〈父親〉、〈受難的女神〉、〈城市的夜〉及〈火把〉、〈擊柝者〉、〈橋〉、〈古鐘〉、〈汽笛〉、〈山居〉、〈沙灘〉、〈夜行者〉、〈孤芳〉、〈蛟蟲〉、〈蒼蠅〉、〈闌珊〉、〈陽光〉、〈深秋〉、〈贈某詩人兼寫自己〉、〈哀亡命詩人〉、〈自供〉、〈自堅詩抄〉、〈哀歌〉、〈生活〉、〈給偶像崇拜者〉、〈戰書〉、〈燈下獨白〉、〈夜歸〉、〈失眠之夜〉、〈悼〉、〈殘英〉、〈黃昏曲〉、〈補綴〉、〈復活的季節〉、〈擬戀歌〉、〈晨雀〉、〈春耕〉、〈天空的搏鬥〉等長短抒情詩。另發表散文及短篇小說多篇。

民國三十三年甲申（一九四四）	三十四歲	發表〈山城草〉五首及〈沒有褲子穿的女人〉、〈襤褸的孩子〉、〈駝鈴〉、〈無聲的哭泣〉、〈長夜草〉、〈春夜〉、〈擬某女演員〉、〈蛙聲〉、〈麥笛〉等詩及散文多篇。
民國三十四年乙酉（一九四五）	三十五歲	發表〈最後的勝利〉及〈煉獄裏的聲音〉、〈神女〉、〈問〉等長詩與散文多篇。
民國三十五年丙戌（一九四六）	三十六歲	發表〈夢〉、〈春天不在這裡〉等詩及散文多篇。
民國三十六年丁亥（一九四七）	三十七歲	發表〈冬天的歌〉、〈流浪者之歌〉、〈手杖、煙斗〉及長詩〈上海抒情〉等與散文多篇。
民國三十七年戊子（一九四八）	三十八歲	主編軍中雜誌，撰寫時論，均不署名。
民國三十八年己丑（一九四九）	三十九歲	七月渡海抵臺，發表〈呈獻〉、〈滿妹〉，及長詩〈自由的火燄〉、〈人類的宣言〉等及散文多篇。
民國三十九年庚寅（一九五〇）	四十歲	發表〈站起來，捏死他！〉、〈滾出去，馬立克！〉、〈英國人〉、〈海洋頌〉等詩。出版《自由的火燄》詩集。
民國四十年辛卯（一九五一）	四十一歲	發表〈春晨獨步〉、〈炫與殉〉、〈悼三閭大夫屈原〉、〈詩聯隊〉、〈心獵之歌〉、〈子夜獨唱〉、〈真理、愛情〉、〈友情的花朵〉、〈啊，西風啊！〉、〈歲暮吟〉、〈師生〉、〈往事〉、〈天書〉、〈歷程〉、〈雨天〉、〈火車飛馳在海岸線上〉、〈帶路者〉、〈送第一艦隊出征〉等詩、及〈哀祖國〉長詩。
民國四十一年壬辰（一九五二）	四十二歲	發表〈未完成的想像〉、〈郎上吟〉、〈窗下吟〉、〈白髮吟〉、〈秋夜輕吟〉、〈秋訊〉、〈渴念、追求〉、〈寂寞、孤獨〉、〈冬眠〉、〈我想把你忘記〉、〈想念〉、〈成人的悲歌〉、〈訴〉、〈詩人〉、〈詩〉、〈貝絲〉、「春天的懷念」五首、〈利颱〉、〈夜雨〉、〈臺灣海峽的霧〉等及散文、短篇小說多篇。出版《哀祖國》詩集。

民國四十二年癸巳（一九五三）	三十三歲	發表〈寄台北詩人〉等詩及散文短篇小說多篇。高雄百成書店出版短篇小說集《最後的選擇》，收入〈華玲〉、〈生死戀〉、〈梅蘭馨〉、〈敵人的故事〉、〈最後的選擇〉、〈蔣復成〉、〈姚醫生〉等七篇。大業書店出版長篇小說《閃爍的星晨》一、二兩冊。
民國四十三年甲午（一九五四）	三十四歲	發表〈野萊〉、〈海鷗〉、〈鳳凰木〉、〈流螢〉、〈鵝鑾鼻〉、〈海邊的城〉、〈長夏小唱〉及散文、短篇小說多篇。
民國四十四年乙未（一九五五）	三十五歲	發表〈雲〉、〈F-86〉、〈鑿GK〉等詩及散文、短篇小說多篇。香港亞洲出版社出版長篇小說《黑森林》，並獲中華文獎會國父誕辰長篇小說第二獎（第一獎從缺）。
民國四十五年丙申（一九五六）	三十六歲	發表〈四月〉等詩及散文、短篇小說多篇。
民國四十六年丁酉（一九五七）	三十七歲	發表〈月亮〉、〈九月之旅〉、〈雨和花〉等詩及長篇小說《魔障》。
民國四十七年戊戌（一九五八）	三十八歲	暢流半月刊雜誌社出版長篇連載小說《魔障》。
民國四十八年己亥（一九五九）	三十九歲	發表短篇小說、散文多篇。文壇雜誌社出版長篇小說《孤島長虹》（全集中易名為《富國島》）。
民國四十九年庚子（一九六〇）	四十歲	發表〈橫貫小唱〉等詩及散文、短篇小說多篇。
民國五十年辛丑（一九六一）	四十一歲	發表〈熱帶魚〉、〈豎琴〉、〈水仙〉等詩及短篇小說甚多。奧國維也納納富出版公司編選的《世界最佳小說選》選入短篇說〈馬腳〉，同時入選者有諾貝爾文學獎得主威廉福克納、拉革克菲斯特等世界各國名作家作品。

民國五十一年壬寅（一九六二）	四十二歲	發表〈青鳥〉、〈兩腳獸〉、〈晚會〉、〈祈禱〉等詩及短篇小說甚多。 奧國維也納納富出版公司又將短篇小說《小黃》（以江州司馬筆名撰寫者）選入《世界最佳小說選》、同時入選者有諾貝爾獎得主蕭洛霍夫、郭沫若及世界各國名作家作品。
民國五十二年癸卯（一九六三）	四十三歲	香港九龍東方文學出版社出版中篇小說《古樹春藤》。發表短篇小說、散文甚多。
民國五十三年甲辰（一九六四）	四十四歲	香港九龍東方文學社出版短篇小說集《花嫁》、收入〈教師爺〉、〈劉二爹〉、〈二媽〉、〈異鄉人〉、〈花嫁〉、〈扶桑花〉、〈南海屠鮫〉、〈高山曲〉、〈古寺心聲〉、〈誘惑〉、〈隱情〉、〈美珠〉、〈新苗〉、〈心聲淚影〉等十四篇。 高雄長城出版社出版中短篇小說集《水仙花》、收入〈水仙花〉、〈銀杏裘嫂〉、〈閨房記〉、〈江湖兒女〉、〈天鵝〉、〈賭徒〉、〈搶親〉、〈黃龍〉、〈風雪歸人〉、〈花子老爺〉、〈豐豐等的居士〉、〈人與樹〉、〈過客〉、〈阿婆〉、〈馬騮〉、〈小黃〉等十六篇。 高雄長城出版社出版中短篇小說集《白夢蘭》。收入〈情敵〉、〈空手〉、〈師生〉、〈斷夢〉、〈黃昏曲〉、〈白夢蘭〉、〈平安夜〉、〈凱塞琳・萊蒙托夫與我〉、〈陽春白雪〉、〈亂世佳人〉、〈傷心之旅〉、〈白衣清淚〉、〈護士與病人〉、〈如夢記〉、〈除夕〉等十五篇。 高雄長城出版社出版《中華日報》連載的二十五萬字長篇小說《白雪青山》。 發表短篇小說、散文甚多。
民國五十四年乙巳（一九六五）	四十五歲	高雄長城出版社出版連載長篇小說《洛陽花似錦》、《春梅小史》、《東風無力百花殘》三部。 發表短篇小說、散文甚多。 省政府新聞處出版長篇小說《合家歡》。
民國五十五年丙午（一九六六）	四十六歲	是年五月赴馬尼拉華僑文教講習會講授「紅樓夢的寫作技巧」及新詩課程一個月。 商務印書館出版文學理論專著《紅樓夢的寫作技巧》、全書共十五萬字。 商務印書館出版中短篇小說集《塞外》。收入〈塞外〉、〈騙子〉、〈百合花〉、〈天山風雲〉、〈白金龍〉、〈白狼〉、〈秋爾紫鵑〉、〈齊萬秋的衣缽〉、〈半路夫妻〉、〈百鳥聲喧〉、〈風竹與野馬〉、〈美人計〉、〈夜襲〉、〈花燭劫〉等十四篇。

民國五十六年丁未（一九六七）	四十七歲	發表短篇小說、散文甚多。小說創作社出版連載長篇小說《碎心記》。
民國五十七年戊申（一九六八）	四十八歲	小說創作社出版《中華日報》連載長篇小說《鄉姑》。水牛出版社出版散文集《鱗爪集》，收入〈家鄉的魚〉、〈家鄉的鳥〉、〈雪天的懷念〉、〈秋山紅葉〉、〈學問與創作之間〉等散文七十六篇、舊詩三首。
民國五十八年己酉（一九六九）	四十九歲	商務印書館出版中短篇小說集《青雲路》。收入〈世家子弟〉、〈青雲路〉、〈空棺記〉、〈久香〉等四篇。
民國五十九年庚戌（一九七〇）	五十歲	商務印書館出版中短篇小說集《變性記》。收入〈變性記〉、〈嬌客〉、〈歲寒圖〉、〈泥龍〉、〈祖孫父子〉、〈秋風落葉〉、〈老夫老妻〉、〈恩愛夫妻〉、〈布販與偷雞賊〉、〈芳鄰〉、〈沙漠王子〉、〈沙漠之狼〉、〈世界通先生〉、〈寶珠的祕密〉、〈奇緣〉等十五篇。幼獅文化事業公司出版長篇小說《龍鳳傳》。臺北立志出版社出版長篇《火樹銀花》出版全集時易名《同是天涯淪落人》。
民國六十年辛亥（一九七一）	五十一歲	立志出版社出版長篇小說《火樹銀花》。發表散文多篇及在高雄《新聞報》連載長篇小說《紫燕》。
民國六十一年壬子（一九七二）	五十二歲	闢道出版社出版散文集《浮生集》。收入〈文藝的危機〉、〈貝克特高風〉、〈五十年華〉等散文十三篇、舊詩六首。學生書局出版短篇小說散文合集《斷腸人》。收入短篇小說〈斷腸人〉、〈薇薇〉、〈相見歡〉、〈滄桑記〉、〈恩怨〉、〈夜宴〉等七篇及散文〈文學系與文學創作〉、〈大學國文教學我見〉、〈作家之死〉等十五篇。中華書局出版《墨人自選集》五大冊，包括長篇小說《白雪青山》、《鄉姑》、《鳳凰谷》、《江水悠悠》（《東風無力百花殘》易名）及《短篇小說、詩選》（精選短篇小說二十八篇、抒情詩一〇六首），共一百五十萬字。
民國六十二年癸丑（一九七三）	五十三歲	發表散文多篇。列入英國劍橋國際傳記中心（International Biographical Centre Cambridge England）出版的《國際詩人名錄》（*International Who's Who in Poetry, 1973*）。

民國六十三年甲寅（一九七四）	五十四歲	出席第三屆世界詩人大會。發表散文多篇。
民國六十四年乙卯（一九七五）	五十五歲	列入正中書局出版的《中華民國文藝史》（1975）。發表〈臺北的黃昏〉新詩一首及散文多篇。
民國六十五年丙辰（一九七六）	五十六歲	列入英國劍橋國際傳記中心出版的 *Men of Achievement 1976*。發表〈歷史的會晤〉新詩及散文、短篇小說多篇。
民國六十六年丁巳（一九七七）	五十七歲	應 I.B.C 邀請於三月間赴義大利翡冷翠出席國際文藝交流大會（The 3rd I.B.C. International Congress on Arts and Communications）。會後環遊世界。發表〈羅馬之夢〉、〈羅馬之松〉、〈翡冷翠的女郎〉、〈翡冷翠之柳〉、〈塞納河〉等詩及羅馬掠影」、〈羣城記〉、〈威尼斯之旅〉、〈藝術之都翡冷翠〉、〈西雅奈與比薩斜塔〉、〈美國行〉、〈江戶、皇宮、御苑〉、〈環球心影〉等遊記。在《中國時報》發表有關中國文化論文〈中國文化的三條根〉，在《新生報》發表〈文藝界的『洋』瘋癲〉等多篇。
民國六十七年戊午（一九七八）	五十八歲	近代中國社出版長篇傳記小說《詩人革命胡漢民傳》。列入英國劍橋國際傳記中心出版的《國際名人辭典》（*Dictionary of International Biography 1978*）、《國際知識分子名錄》（*International Who's Who of Intellectual 1978*）、《國際人名剪影》（*International Register of Profiles*）、《國際社會名人錄》（*International Who's Who in Community Service*）、發表〈六月之荷〉詩一首。在各報發表〈中國文化的宇宙觀〉、〈中國文化的真面目〉、〈文化、社會形態與當代文學創作（為亞洲文學會議而作）〉、〈人與宇宙自然法則〉等。出席亞洲文學會議。列入中華書局出版的《中華民國當代名人錄》（*Who's Who of R.O.C. 1978*）。列入行政院新聞局編印的一九七八年英文《中華民國年鑑名人錄》（*China Yearbook Who's Who*）。

民國六十八年己未（一九七九）	五十九歲	學人文化事業有限公司出版長篇小說《心猿》（《紫燕》易名）。發表短篇小說〈春〉、〈杏林之春〉，長詩〈亞吉米・卡特〉及〈山之禮讚〉五首。短篇〈客從故鄉來〉、〈人瑞〉。理論〈中國古典小說戲劇〉、〈抗戰文學的整理與再創作〉（《中央日報》）等多篇。
民國六十九年庚申（一九八〇）	六十歲	秋水詩刊社出版詩集《山之禮讚》，收集六十四年以後新詩四十四首及七言絕律詩十首。　中華日報社出版散文集《心在山林》，收集〈花甲豐中過〉、〈老當益壯〉、及抒情寫景散文數十篇。臺中學人文化事業出版有限公司出版《墨人散文集》收集〈文化、社會形態與當代文學創作〉、〈人與宇宙自然法則〉、〈中國文化的三條根〉、〈宇宙為心人為本〉、〈文藝界的"洋"[illegible]〉等理論性散文數十篇。在《中央日報・副刊》發表〈紅樓夢研究的正確方向〉，《中華日報・副刊》發表〈人生六十樹常青〉、《青年戰士報・新文藝副刊》發表〈山中人語〉專欄文章〈山水之間〉、〈生命長短價值觀〉、〈寶刀未老〉、〈七進七出鬼門關〉、〈報人甘苦〉、〈杏壇生涯〉等。接受《大華晚報》採訪組副主任程榕寧兩次訪問，一為談胡漢民生平，一為談《易經》、《道德經》、命學，並發表〈醫學命學與人生〉專文。
民國七十年辛酉（一九八一）	六十一歲	繼續撰寫《山中人語》專欄。應臺中市《自由日報》特約撰寫《浮生小記》專欄。應行政院新聞局邀請參觀本省農漁畜牧事業單位、並在《中央日報》發表〈人在福中〉散文。接受臺灣廣播公司《成功之路》節目訪問，於四月廿七日晚八時半播出。在高雄《新聞報》發表〈撥亂反正說紅樓〉（六月十七、十八日）論文。
民國七十一年壬戌（一九八二）	六十二歲	九月赴漢城出席第二屆中韓作家會議，並在東京參加中日作家會議，曾暢遊南韓、北海道、大阪至東京名勝地區，歸後撰寫〈韓國掠影〉、〈秋遊北海道〉，發表於《中央日報》。列入中華民國名人傳記中心出版的《中華民國現代名人錄》。

		列入英國劍橋國際傳記中心出版的《傑出男女傳記》（*Men and Women of Distinction*）並附照片。列入美國 MarQuis 公司出版的《世界名人錄》（*Who's Who in the World*）第六版。接受義大利藝術大學授予的文學功績證書。
民國七十二年癸亥（一九八三）	六十三歲	商務印書館出版散文集《山中人語》，收集散文七十篇。
民國七十三年甲子（一九八四）	六十四歲	商務印書館出版《論墨人及其作品》上、下兩冊，包括評論文章六十餘篇。列入義大利 Accademia Itlia 出版英、法、德、義四種文字的《國際文學史》（*The History of International Literature*）及《百科全書：當代人物（*The Encyclopaedia: Contemporary Personalities*）》。端午節（六月四日）開筆撰寫已構思準備十餘年的一百餘萬字的大長篇小說《紅塵》，年底完成初稿四十餘萬字。十月在韓國漢城舉行的第四屆中韓作家會議，事忙未能出席，但提出一萬餘字的論文〈古典與現代〉一篇。
民國七十四年乙丑（一九八五）	六十五歲	由江山出版社出版《三更燈火五更雞》、《花市》散文集等兩本，前者收入散文、理論二十四篇，後者收入散文遊記二十七篇。八月一日退休，專心寫作《紅塵》，於十二月底完成九十二章，告一段落，共一百二十萬字，超出《紅樓夢》十餘萬字，內有絕律詩（聯）三十二首。
民國七十五年丙寅（一九八六）	六十六歲	年初開始研讀《全唐詩》，撰寫《全唐詩尋幽探微》，十一月完成，共十三萬餘字，一面在《新聞報・西子灣》發表，並連同歷年所作絕律詩三十七首，定名為《墨人絕律詩集》，一併交與臺灣商務印書館簽約出版。列入美國 A.B.I. 出版的 5000 Personalities of the World；英國 I.B.C. 出版的 *The International Authors and Writers Who's Who.*

民國七十六年丁卯（一九八七）	六十七歲	訪問考察東南亞地區、國家馬來西亞、新加坡、泰國、菲律賓、香港十七天、並出席多次座談會。 商務印書館出版《全唐詩尋幽探微》（附《墨人絕律詩集》）。 《紅塵》長篇小說於三月五日開始在《臺灣新生報》連載。 七月四、五日出席在臺北市召開的抗戰文學研討會。 八月一日出席在高雄市召開的第七屆中韓作家會議。
民國七十七年戊辰（一九八八）	六十八歲	元月二日完成《全唐宋詞尋幽探微》（附《墨人詩餘》）全書十六萬字。設於美國深受世界尊重的「國際大學基金會」（The Marguis Giuseppe Scicluna 1855-1907 International University Foundation）（Founded 1973）授予榮譽文學博士學位。
民國七十八年己巳（一九八九）	六十九歲	臺灣商務印書館出版《全唐宋詞尋幽探微》。 臺北大地出版社三版長篇小說《白雲青山》。 世界大學（World University）授予榮譽文學博士學位。
民國七十九年庚午（一九九〇）	七十歲	五月應大陸黃河文化實業公司邀請，作四十天文學之旅，與北京、上海、杭州、九江、武漢、西安、蘭州等地作家座談中華文化、文學創作、坦誠交換意見、獲得一致共識、真摯友情與尊敬、廣州電視臺並全程錄影、製作專輯播出、六月底返臺後即撰寫《大陸文學之旅》專著。 艾因斯坦國際學院基金會（Albert Einstein 1879-1955 International Academy Foundation）授予榮譽人文學博士學位。 榮列英國劍橋國際傳記中心出版的IBC Book of Dedications，占全書篇幅五頁，刊登照片五張、介紹五十年創作生涯、十分翔實、篇幅之大、為全書冠、並禮聘為IBC副總裁。
民國八十年辛未（一九九一）	七十一歲	二月底新生報出版《紅塵》，二十五開本、上、中、下三鉅冊。黎明文化事業公司出版《小園昨夜又東風》散文集。 應香港廣大學院禮聘為中國文學研究所客座指導教授。 《紅塵》榮獲新聞局著作金鼎獎及嘉新優良著作獎。

民國八十一年壬申（一九九二）	七十二歲	文史哲出版社出版《大陸文學之旅》。 應聘香港廣大學院中研所客座指導教授。 一月五日開筆寫《紅塵續集》，自九十三章起至一百二十章止，共四十萬字，六月十日完稿，《紅塵》全書共一百九十萬字。續集自十二月一日開始在《臺灣新生報‧副刊》連載近年，雙破長篇鉅著及連載紀錄。中國廣播公司《中廣小說選播》節目，亦於十二月一日十四時三十分，在AM657千赫第一廣播網開始播出長篇鉅著《紅塵》上、中、下三冊，由戴愛華小姐導播，集該公司播音精英，通力合作，龍老夫人一角由播音元老白銀飾演，其餘人物均為一時之選，效果奇佳，前所未有。北京「中國文聯出版公司」出版《也無風雨也無晴》。 墨人故鄉九江《師專學報》，於本年起開闢《墨人研究》專欄，與《陶淵明研究》、《黃山谷研究》，並稱三大專欄，甚受教育、學術界重視。
民國八十二年癸酉（一九九三）	七十三歲	十月下旬，偕《秋水》詩刊同仁涂靜怡、雪柔、麥穗、汪洋萍、風信子、林蔚穎等為慶祝《秋水》創刊二十周年，訪問哈爾濱、北京、西安三大都市，與當地詩人座談交流，水乳交融，兩岸詩人因而建立深厚友誼。十一月初，隻身訪問昆明、探親，昆明作協主席曉雪，八十多歲老作家李喬，小說家張昆華、《春城晚報》副總編輯熊廷武，副刊主編原因，理論家教授余斌，作家湯世傑、李錦華等集會歡迎，其中多為白族、彝族等少數民族作家，乃以雲南少數民族文化資源努力創作相勉，深獲共鳴。資深作家彭荊風，晚間並來下榻處暢談。 繼續應聘香港廣大學院中研所客座指導教授三年。 十二月新生報社出版《紅塵續集》，全書共四大冊，其實前後一貫，為一整體，該報為方便，乃以《續集》名之。一生心血得以完成，在輕、薄、短、小及商品文學獨占市場情況下，亦一大異數。北京「中國文聯出版公司」出版《紅樓夢的寫作技巧》。

民國八十三年甲戌（一九九四）	七十四歲	一月開始研讀自北京購回的《全宋詩》、擬續寫《全宋詩尋幽探微》。 四月十一日接受臺北復興廣播電臺《名人專訪》節目主持人裴雯小姐訪問；談一生寫作歷程及大長篇《紅塵》寫作經過。 臺北《世界論壇報》副社長兼副刊主編詩人評論家周伯乃先生，特自五月三十一日起一連三天出版特刊，慶祝七十晉五誕辰暨創作五十五周年，除刊出〈小傳〉、〈七五人生一首詩〉、〈中國新詩與傳統詩詞的整合〉、〈叩開生命之門〉三篇新作外，並刊出蒙古族女詩人作家薩仁圖婭的〈墨人：屈原風骨中華魂〉，及馬來西亞彭亨州立女子中學校長、詩詞家、散文作家彭士麟女士論《紅塵》與大陸作家作品比較的書信、墨人著作校長、詩詞家、散文作家彭士麟女士論《紅塵》與大陸作家作品比較的書信、墨人著作目錄、美國兩個榮譽文學博士、一個人文學博士照片三張、《紅塵》獲獎照片一張、及周伯乃〈無限的祝禱〉文等。 八月七日、中國時報系的《工商日報．讀書版．大書坊》刊出蓓齡的《紅塵》墨人專訪文章、並配合攝影記者何日昌拍攝的墨人及《紅塵》四冊照片。 大陸廣州暨南大學中文系教授兼臺港暨海外華文文學研究中心主任、評論家潘亞暾、費時月餘撰寫《紅塵續集》論文達一萬餘字的〈偉大史詩的歸結〉、於九月二十一至二十五日在臺北市《世界論壇報．副刊》全文刊出，見解不凡，對《續集》的成功更使他大吃一驚，因此，更肯定《紅塵》的史詩價值、地位。 八月二十八日第十五屆世界詩人大會在臺北召開、儘提出〈中國新詩與傳統詩詞的整合〉論文一篇、並未出席、論文則由《中國詩刊》主編曾美霞女士代讀。
民國八十四年乙亥（一九九五）	七十五歲	一月、臺北文史哲出版社出版《墨人半世紀詩選》（一九四二——一九九四）。 一月十日應臺北廣播電臺《藝文夜話》主持人宋英小姐訪問、許導播秀玲決定十日開播《紅塵》全書四冊，每日廣播兩次。 中國詩歌藝術學會主辦、中國文藝協會協辦、於五月二十二日在臺北市中國文藝協會舉行《墨人世半紀詩選》學術研討會、與會詩人、評論家六十餘人、討論情況熱烈、並印發海峽兩岸評論家王常新、古繼堂、古遠清、李春生、楊允達、周伯乃等十三家論文專集。各家均推崇、肯定新舊詩兩方面的成就與半個多世紀的貢獻。

		英國劍橋國際傳記中心頒贈二十世紀文學傑出成就獎。 榮列一九九五年英國劍橋國際傳記中心出版的 The Definitive Book of the Deputy Directors General of the IBC，佔全書篇幅五頁，刊登照片五張，為全書之冠。
民國八十五年丙子（一九九六）	七十六歲	臺北圓明出版社出版涵蓋儒、釋、道三家思想的散文集《紅塵心語》。卷首有珍貴的文學照片十餘張。 臺北中國詩歌藝術學會出版《十三家論文》論《墨人半世紀詩選》。
民國八十六年丁丑（一九九七）	七十七歲	臺北中天出版社出版與《紅塵心語》為姊妹集的散文集《年年作客伴寒窗》，各篇亦均以五、七言詩作題，內中作者詩詞亦多，並附錄珍貴文學資料訪問記、特寫、著作目錄等十餘篇。出任「乾坤」詩刊顧問，並主編該刊古典詩詞。 完成《墨人詩詞詩話》、《全宋詩發幽探微》兩書全文。
民國八十七年戊寅（一九九八）	七十八歲	構思六年的以佛學精義結合修行心得化為文學創作的長篇小說《娑婆世界》，於三月二十八日開筆，十二月脫稿。共三十八章，五十多萬字。 英國劍橋國際傳記中心（IBC）出版《二十世紀傑出人物》以照片配合文字將墨人傳記刊卷首重要位置，並頒發獎狀。大陸中國國際經濟文化交流促進會、燕京國際文化藝術研究會等七大單位編纂出版的《世界華人文學藝術界名人錄》，中國國際交流出版社出版的《世界名人錄》，均為十六開巨型中文本。
民國八十八年己卯（一九九九）	七十九歲	本年為來臺五十周年、創作六十周年、中國習俗八十歲，昭明出版社出版長篇小說《娑婆世界》。 美國傳記學會（ABI）出版二十世紀《五百位有影響力的領袖》，以照片配合文字將墨人傳記刊於卷首重要位置並頒發獎狀。照片及詩詞五首編入中國《當代吟壇》巨著。　美國「世界智庫」與艾因斯坦國際學會基金會」聯合頒贈墨人傑出成就榮譽獎，以紀念千禧年，並榮列中國出版的《中華精英大全》。 英國傳記學會頒贈墨人「二十世紀成就獎」。

民國八十九年庚辰（二〇〇〇）	八十歲	臺北昭明出版社陸續出版定本長篇小說《白雪青山》、《滾滾長江》、《春梅小史》；文學理論《紅樓夢的寫作技巧》、連同民國八十八年出版的長篇小說《娑婆世界》，並列爲墨人一系列代表作品，以慶祝墨人八十整壽。 臺北詩藝文出版社出版《墨人詩詞詩話》。 臺北文史哲出版社出版《全宋詩尋幽探微》。
民國九十年辛巳（二〇〇一）	八十一歲	臺北昭明出版社出版長篇小說定本《紅塵》全書六冊及長篇小說《紫燕》定本。
民國九十一年壬午（二〇〇二）	八十二歲	五月三日偕長子遐翰赴上海訪友小住。 英國劍橋國際傳記中心授予「終身成就獎」。
民國九十二年癸未（二〇〇三）	八十三歲	八月底偕夫人及在臺子女四人經上海轉往故鄉九江市掃墓探親並遊廬山。
民國九十三年甲申（二〇〇四）	八十四歲	準備出版全集（經臺北榮民總醫院檢查無任何疾病。）巴黎 you-Feng 書局出版豪華典雅法文本《紅塵》。
民國九十四年乙酉（二〇〇五）	八十五歲	此後五年不遠行，以防交通意外，準備資料。計劃百歲前開筆撰寫新長篇小說。北京「中央出版社」出版《確國丰碑》，以著名文學家張萬熙爲題刊出墨人傳略，爲臺灣及海外華人作家唯一入選者。並先後接到北京電話，書函邀請寄送資料編入《一代名家》、《中華文化藝術名家名作世界傳播錄》。
民國九十五年丙戌（二〇〇六）至民國一百年（二〇一一）——	八十六歲至九十二歲——	重讀重校全集，已與臺北市文史哲出版社簽訂出版《墨人博士作品全集》合約，民國一百年年內可以出版。此爲「五四」以來中國大陸與臺灣所未有者。